マルクスとエコロジー——資本主義批判としての物質代謝論

凡例

・マルクスとエンゲルスの著作からの引用は、基本的に、ＭＥＷ（Marx Engels Werke）とＭＥＧＡ（Marx Engels Gesamtausgabe = 新メガ）からなされており、文中でその巻数と頁数を表記した。ただし、原文が英語と韓国語の論文はその限りでない。参照した邦訳は巻末の文献一覧と照応している。
・原文でイタリック体で強調された箇所には傍点を附した。
・〔 〕原著者による註、【 】は訳者による註とした。
・訳者による訳語の補足・説明などは〔 〕とした。
・原語を〔 〕でかこっている場合は訳語に対応する原文の表示、（ ）でかこっている場合は原文からの転記である。

序文

岩佐　茂

地球は揺らぎ、対立や混迷の度を深めている。グローバル化した社会関係のなかで、貧困や格差が広がっているし、中東が火種になり、テロリズムが拡散している。自然との関係では、工業化に伴う温暖化がのっぴきならぬ事態になりつつある。今起きている諸問題にはそれぞれの具体的要因があるとしても、「最終審級」にあるのは利潤を最大化しようとする資本の論理である。それは人間を収奪（搾取）し、自然を収奪する。人間の搾取も自然の収奪も資本主義的な生産、経済活動のなかでおこなわれる。本書は、自然の収奪による環境破壊に焦点を当てて、マルクスを論じようとするものである。

マルクスは環境破壊や環境保護についてどのようにとらえていたのであろうか。まとまったかたちで論じてはいない。だが、マルクスには、それらについての数多くの言説がある。若い時には、人間を「自然の一部」としてとらえ、人間的労働は自然からの離反を示すものではなく、自然との一体化の証としてとらえていた。経済学研究、とくにその成果である『資本論』においては、生活を人間と自然の物質代謝ととらえる視点から、資本の論理による経済活動のなかで、物質代謝が「攪乱」され、「亀裂」をひき起こす事態を環境や人間の健康の破壊として批判した。晩期では、「略奪」ではない農業のもつ意義の見直しにつながる「抜粋ノート」を残している。本書は、マルクスの思想のうちにあるエコロジー的視点を積極的に展開することを試みたものである。

本書のタイトルにある「エコロジー」は、もともとヘッケルが「生態学」の意味で、つまり有機体（生物）とその環境のあいだの諸関係の学問という意味で用いた言葉であるが、今日エコロジー運動といわれる場合は、おおむね環境保護の意味で用いられている。本書では、エコロジーを環境保護の意味で用いるが、ヘッケルの語るエコロジーともまったく無関係とはいえない。人間と自然の物質代謝の視点から環境の破壊や保護を論じるのは、生物と自然のあいだの諸関係を論じたヘッケルの生態学と共鳴するからである。

各章の内容は、次の通りである。

第一部「マルクスのエコロジー論」は、現代的課題を見据えながら、マルクスのエコロジー思想を原典に立ち返って論じようとするものである。

岩佐論文（第一章）は、人間と自然の物質代謝とその攪乱という視点からマルクスのエコロジー論を考察する。正常な物質代謝を重視するのが生活の論理である。資本の論理は、物質代謝を攪乱し、環境と人間の健康の破壊を不可避とする疎外された工業化を推進してきたが、両者のせめぎ合いのなかで、生活の論理もとづく「社会的な顧慮」によって環境保護のシステムもつくられてきた。「社会的な顧慮」の方向もマルクスの思想圏内にあることを指摘するとともに、疎外された工業化の止揚の方向を、マルクスの農業にかんする言説や「農業と工業の新しい、より高次の総合、結合」の視点に求めようとした。

フォスター論文（第二章）は、著書『マルクスのエコロジー』において、マルクスの「自然と社会との物質代謝」アプローチを全面展開したが、本論文は、それに対する左派の批判に反論することで、物質代謝論、弁証法および唯物論との関連や、物質代謝論の現代的意義について明快に展開している。マルクスの物質代謝の亀裂論は、決して一九世紀の時代遅れの議論ではない。というのも、現在の地球システムにおける「大亀裂」は、現代資本主義のもとで人間と自然との物質代謝が徹底的に破壊された結果として生じたものであるからだ。

　バーケット論文（第三章）は、エコロジー問題にかんしてこれまでマルクスに向けられてきた批判を念頭に置きながら、マルクスが描いた将来社会のビジョン（共産主義）がいかなるものであったかについて論じている。既存の批判論とは逆に、マルクスは、資本主義社会における自然を含む労働の対象的諸条件の「疎外された形態」を問題視していた。そして、資本主義的な必要生産手段からの生産者の社会的分離の克服、すなわち労働力の完全な脱商品化と新たな共同的所有という共産主義の基本的な特徴、またそれを論じるための種々の概念には持続可能な人間的発展というエコロジカルな観点が多分に含まれるものであったことが示される。

　第二部「経済学批判とエコロジー」は、マルクスの経済学批判のなかで、エコロジーの視点が具体的にどのように展開されているかを論じたものである。

　佐々木論文（第一章）では、経済学批判における物質代謝概念の意義について考察する。これまでの経済学批判あるいは『資本論』の研究において、物質代謝概念が注目されることは例外的であった。というのは、先行研究の多くが注目したのはむしろ経済的形態規定の方であり、形態規定の担い手となり、不可避的に形態規定から影響をうける素材的な（stofflich）世界については当然の前提とされ、改めて考察の対象とされることは少なかったからである。しかし、マルクスの経済学批判の核心はなによりも物象的な経済的形態規定と素材的世界における物質代謝との絡み合いに存する。それゆえ、これまで経済学批判において注目されることが少なかった物質代謝概念に注目し、その意義について考察した。

明石論文（第二章）は、資本の弾力性について、素材の次元と価値の次元の対立という観点から論じている。資本の弾力性とは、労働力や機械設備、自然などの素材の次元からもたらされる作用範囲の幅であり、それが可変・不変資本部分の節約や剰余価値の増大といったかたちで価値の次元に反映される。素材の次元の弾力性が認識されれば、一定の効率化・合理化が進展する一方で、資本蓄積とそれによる素材の酷使が加速する。人間と自然の回復・自浄能力が発揮され、資本の価値増殖に支障をきたさないあいだに、エコロジー危機は潜在化し、深刻化するのである。

羽島論文（第三章）では、これまであまり取り上げられてこなかった——むしろマルクスへの批判の文脈で用いられてきさえした——「無償の自然力」という概念に着目し、マルクスの資本主義批判において重要な意味を持つ物象化および形態規定との関係から「無償性」の意義、そしてそれが、マルクスのエコロジー的視座において、彼の資本主義批判とどのように関連し、位置づけられるかが明らかにされる。さらに、自然の無償性を媒介に、資本が自然を度外視するのみならず、積極的に介入することによって、深刻な環境破壊、物質代謝の攪乱を引き起こすということが示される。

第三部「新ＭＥＧＡ《メガ》とエコロジー」は、現在刊行中の『マルクス・エンゲルス全集（MEGA^2）』（新ＭＥＧＡと略）の研究成果から見えてくる新たなマルクスのエコロジー思想に焦点を当てて、論じる。

斎藤論文（第一章）は、近年、新ＭＥＧＡによって、マルクスの「抜粋ノート」が刊行されるようになり、晩年のマルクスの思想を解明しようとする研究が発表されるようになっている実情を踏まえ、「抜粋ノート」から浮かび上がりつつあるマルクス像を描き出している。それは、旧来の「プロメテウス主義」とは正反対の、「エコロジーの思想家」としてのマルクスである。具体的には、一八六八年の初めにマルクスが抜粋を行ったドイツの農学者カール・フラースの著作を検討することで、『資本論』第一巻第一版刊行後に、マルクスのエコロジーが大きく深化し、よりいっそう本格的に自然科学研究に取り組むようになったことが示される。

フォルグラーフ論文(第二章)は、長年の新MEGA編集者として培った知見を発揮し、未刊行の抜粋ノート群にエコロジーという新しい光を当てている。マルクスの一八六八年以降の自然科学の取り組みはひじょうに幅広い領域を扱っているが、フォルグラーフはそれを当時の自然資源の有限性をめぐる論争との関連で把握することで、マルクスの問題関心の所在を説得力ある形で描き出している。晩年のマルクスは、「資本主義的領有法則」や「利潤率の傾向的低下法則」よりも、エコロジーに理論的重点を置くようになっていたかもしれないというフォルグラーフの予測は、「抜粋ノート」を見ればあながち誇張ではないということがわかるだろう。

第四部「マルクスのエコロジー論の現代的射程」は、マルクスのエコロジーの視点から、今日的課題を論じる。

隅田論文(第一章)は、三・一一以後、マルクス経済学の側からも物質代謝論への着目は広く見られるが、「日本の社会主義」の「原子力の平和利用」論を鑑みると、その理論的基礎にあった技術論の再検討が不可欠である実情を踏まえて、マルクスの経済学批判における技術論を再考することで、原子力技術を理論的に考察することを目的とする。マルクスの視点を応用するならば、資本主義システムの高度な発展によって、大工業の原理および技術学が生産過程を極限まで「合理化」した結果、原子力技術が素材的次元において根本から変容させられた点が重要である。

オボム論文（第二章）は、マルクスを批判して「資本主義の第二の矛盾」論を展開したジェイムズ・オコンナーと、マルクスのエコロジー的批判を評価するジェイソン・ムーアの両者が共有する「過少生産」説を、二一世紀の食糧危機を分析するなかで理論的かつ実証的に否定する。確かに彼らは、「自然の希少性」や「自然の領有」に着目し、自然が資本蓄積をどのように制約するかを分析した。しかし、『資本論』におけるマルクスのエコロジー的批判は、価値と使用価値との矛盾を考慮した多次元的なものであって、「過少生産」説では二一世紀の複合的な食糧および経済危機を説明することはできない、とみなすものである。

本書は、人間と自然の物質代謝の視点を共有し、それをベースにしたマルクスのエコロジー論である。だが、各論文はそれぞれオリジナリティのある主題を追究しており、すべての論文がマルクスの物質代謝論に言及しているわけではない。また、それぞれの論文は、細部にわたっては意見の微妙な違いもあるものと思われる。それは、それぞれの論文の個性であり、オリジナリティを示すものである。多様性を包み込みながらも、本書は、現代的課題に応えうるマルクスのエコロジー論の生命力・可能性を探る試みである。

第一部

マルクスのエコロジー論

第一章　マルクスのエコロジー論の意義と射程
——物質代謝論の視点から

岩佐　茂

はじめに

マルクスの思想は、エコロジーの思想であるのか、ないのか。あるいは、マルクス主義はエコロジーの視点を内包しているのか、どうか。いろいろな議論があり、意見の分かれもある。

非マルクス主義のサイドからは、環境破壊にたいするマルクス主義批判があっても、マルクスの思想がエコロジーの思想であるという評価はほとんど耳にしない。代表的なものは、マルクス主義は「大きな物語」として近代思想であり、近代がひき起こした環境破壊にも責任を負っているというポストモダン的な考え方であろう。

マルクス主義は、日本の産業公害にたいしてもそうであるが、資本の論理による環境破壊に対しては厳しい批判をおこなってきた。だが、自らのうちにエコロジーの視点を内包しているかどうかということとについては、かならずしも十分な理論展開をおこなってこなかったように思われる。そのために、マルクス主義周辺から、「エコ・マルクス主義」や「エコ社会主義」が提唱されたりしてきた。

その背景には、二つの事情があるように思われる。一つには、既存のマルクス主義が環境保護の視点を視野にいれないままに、生産力の発展を肯定的にとらえていることへの反発であった。もう一つは、崩壊した東欧社会主義体制や「社会主義を目指している」中国が、現実に深刻な環境汚染を抱えていたし、抱えているという現実認識であった。

わたくしは、マルクスの思想は本質的にエコロジーの思想であると思っている。その理由は、マルクスは人間と自然の物質代謝を理論構築の基礎に据えているからである。

1　エコロジーのマルクス的視点

(1)人間と自然の物質代謝とその攪乱

マルクスの物質代謝論には、二つのことが含意されている。一つは、『資本論』で「人間と自然の物質代謝、つまりは人間の生活」(MEW 23, 57, 邦訳五八頁)と語られているように、人間と自然の物質代謝をベースにして、そこから人間生活を考察していることである。もう一つは、環境や生活の破壊を「人間と自然の物質代謝の攪乱」(MEW 23, 528, 邦訳六五六頁)[1]としてとらえていることである。

これら二つの視点から出てくることは、マルクスは非人間中心主義的な環境思想とは異なり、人間の生活という視点からエコロジーを考察していたこと意味する。そのことは、マルクスが人間中心主義的な環境思想の立場に立っていたことを意味するものではない。わたくしは、マルクスの立ち位置は人間の生活という「人間の立場」であるけれども、自然を手段化し支配するという人間中心主義の立場ではないと思う。

人間の生活を重視するマルクスの立場は若いときより一貫している。『経済学・哲学手稿』では「生活活動」や「生活の疎外」が、『ドイツ・イデオロギー』では「生活過程」が重視される。『経済学批判』序言」では、物質的・社会的・政治的・精神的生活の総体が人間の生活としてとらえられた。衣食住の充足を充たす「物質的生活」は、『資本論』の「人間と自然の物質代謝」と結びついている。

物質代謝は、人間が外的自然を生体内に摂取して消化・血肉化し（同化）、排泄（異化）する過程をいう［2］。環境が汚染され破壊され、有害なものを摂取すれば、人間の健康は損なわれる。それが、物質代謝の「攪乱」である。環境や健康の破壊は、日本では公害と呼ばれ、深刻化した。

［1］物質代謝に注目したマルクスのエコロジー研究としては、吉田文和（吉田一九八〇）、フォスター（Foster 2002）、韓立新（韓二〇〇一）らの研究がある。わたくしも、人間の生活を人間と自然の物質代謝としてとらえる視点からマルクスの環境思想を論じた（岩佐一九九四）。

［2］わたくしは、かつて、人間と自然の物質代謝を「同化（食物の摂取）と異化（排泄）」と規定した（岩佐一九九四）が、同化は、より正確には「食物の摂取と（体内における）消化・血肉化」の過程としてとらえるべきであると思う。この点については、浅川雅巳（浅川二〇〇四）に教えられた。

（2）環境破壊の二つの要因

公害の考察にあたって、物質代謝の「攪乱」の視点からいち早くアプローチしたのは、中村孝俊である。かれは、公害を「人間と自然の正常な物質循環の破壊」（中村一九七〇、六頁）としてとらえた。「物質循環の破壊」は、マルクスの用語法をそのまま用いれば、「物質代謝の攪乱」ということになる。「攪乱」のない物質代謝は「正常な物質代謝」ということができよう。

物質代謝の攪乱は、環境汚染物質や大量生産・大量消費・大量廃棄、自然の大規模な乱開発、有害な人工化学物質の摂取などによってひき起こされる。三・一一後は、内部被曝による物質代謝の攪乱も深刻な問題として浮上している。これらの攪乱は、突き詰めれば、産業技術と資本の論理の絡み合いのなかでひき起こされてきた。大量生産や人工化学物質の生産も産業技術に負っているからである。

とくに、新しい産業技術が実用化されるときには、物質代謝の攪乱が生じやすい。そうなるのは、新しい産業技術が、自然環境や人間の健康にどのような負荷を与えるかを十分顧慮しないままに実用化されるからである。B・コモナーも「環境破壊は主として、新しい工業技術や農業技術を導入したことによって起こっている。こういう技術は、単一の独立した問題の解決だけを目的としており、天然ではすべての部分が生態学の網目でつながっているために、必然的に起こる〝副作用〟について考慮していないので、生態学的には不完全なものである」（コモナー一九七二、二一七頁）と、指摘している。

「副作用」が生じるのは、一つには、その技術が生態系にどのような影響をあたえるのか、そのことについての科学的知見の不十分さによるものである。もう一つの理由は、利潤を最大化しようとする資本の論理によるものである。資本の論理は、より性能の良い商品を生産する産業技術に関心を集中させるが、その技術が環境へ与える負荷には無関心であるからである。そのため、科学的知見の不十分さには考慮を払わないし、たとえ有害なものや有害性が疑われるものであっても、法的規制がないかぎり、環境や人間への負荷を考慮することなく利益をあげるために新しい産業技術に飛びつくのである。

たとえば、アスベスト問題をとりあげてみよう。耐熱性や絶縁性があるために建設用材などに本格的に使用され始めたのは、高度経済成長期以降である。最初は、どのような健康被害が及ぼすかが分からないままに、有用であるということで使用され始めた（科学的知見の制約による）が、その細かな繊維が肺の奥深く入り込んで、悪性中皮腫などの健康被害がひき起こすことが明らかになっても、日本では、部分的禁止にとどまり、かなりのあいだ有益であるということで有害性が過小評価されたまま使用され続けられてきた（資本の論理による）。アスベストが全面的に禁止された（三製品が二〇一一年度まで猶予されたが）のは、二〇〇六年のことである。

（3）環境破壊を不可避とする資本の論理

実際、環境破壊は、資本の論理と産業技術の絡み合いのなかでひき起こされてきた。日本で公害が深刻化したときに、その要因として、資本の論理に求める見解と、産業技術そのものに求める見解が対立していた[3]。後者は、新しい技術によって必然的に公害が起こるが、それを解決するのもまた技術であるとみなした（「技術解」と言われた）。技術は、その影響についての科学的知見の限界を不断に抱え込んでいるとみなすからである。工業化や都市化によってひき起こされるとみなすのも、そのバリエーションである。公害を政府や産業界に支持された見解である。それにたいして、前者は、主としてマルクス主義者によって主張された。それにも、バリエーションがある。

一つは、資本主義的な生産関係ないしは制度が公害をひき起こす原因であるという考え方である。「生産関係説」といわれた。生産関係説は、政府や産業界が、公害の発生は技術の発展や工業化、都市化などによってひき起こされると主張したのにたいして、公害をひき起こした企業にその責任があることを明確にして、その加害責任を問うた。公害の被害者や反対運動にかかわった人たちから多くの支持を得た。だが、論理的にみた場合、理論的厳密さを欠く表現でもあった。公害は、資本主義的生産関係によってではなく、その関係を担っている一方の、しかも支配的な極である資本の論理によってひき起こされるからである。

さらに、「不変資本充用上の節約」に公害の要因を求める考え方もある。「不変資本充用上の節約」とは、生産で用いる原料や機械、設備などの不変資本をできるだけ節約することを意味する。そうすることが利潤をあげることにつながるとみなされるからである。そのために、工場から廃棄される汚水や煤煙なども、法的規制がないかぎり、資本の論理は浄化装置をつけようとはしない。

ただ、マルクスは、『資本論』の「不変資本充用上の節約」の節では、生産過程で廃棄物が出た場合自然に捨てられる（それが環境破壊の要因となる）が、廃棄物が多量に出た場合には、「廃棄物の多量性は……それが再び売れるものになる程度に応じて原料費を安くする」(MEW 25, 89f, 邦訳一〇一頁）ことからリサイクルされるとみなしている。リサイクルが新たな環境破壊をひき起こさなければ、不変資本充用上の節約は環境破壊にはつながらない。あるいは、「生産手段の集中」(MEW 25, 89, 邦訳一〇〇頁）による設備の集中化や大型化は不変資本の節約につながるが、労働の衛生環境を整備しなければ、労働者の健康は損なわれる。それゆえ、厳密には、不変資本充用上の節約が必然的に環境破壊をひき起こすとみなすのではなく、不変資本充用上の節約の衝動に駆られる資本の論理こそが環境破壊の原因というべきであろう。

（4）生活の論理による環境保護運動

マルクスは、資本の論理が環境や健康の破壊を不可避にすることを洞察していただけではない。同時に、それに抵抗する力が社会のうちに芽生えることも洞察していた。そのことは、「『わが亡きあとに洪水は来たれ！』これが、すべての資本家、資本家国の標語なのである。だから、資本は、労働者の健康や寿命には、社会によって顧慮を強制されないかぎり、顧慮を払わないのである」（MEW 23, 285，邦訳三五三頁）と言うマルクスの言説に表明されている。

資本の論理は、環境や健康の破壊には「顧慮を払わない」が、「社会によって顧慮を強制され」れば、顧慮せざるをえなくなるというのがマルクスの考えである。環境や健康の破壊を恥じない資本の論理と環境保護とのせめぎ合いも射程に入っていよう。環境保護を主張するのは、資本の論理との対抗でいえば、生命や健康を守ろうとする生活の論理ということができる。生活するためには、良き環境や健康が

［3］ 詳しくは、拙著（岩佐一九九四、二一〇～二三三頁）参照。そこでは、わたくしはまだ、環境破壊が新しい技術によるものか、社会システムによるものかという二者択一的な議論にとどまっていた。その不十分さを意識しつつ、その後、両者が「密接に絡んでいる」ことに力点をおいて論じるようになった（岩佐二〇〇七、一三四頁）。

必要不可欠だからである。

「生活の論理」は、安全で快適な生活環境のなかでよく生きるために自らの生活を他者とともに大切にし、他者の生活を自らの生活と同じように尊重しながら、労働生活を含めて、生活を享受する価値的態度のことである。生活の論理は、マルクスの生活や生活者の思想を貫いている考え方である。生活者（生活活動の主体、生活する者）とは、たんに消費者としての生活者を意味するのではなく、労働し、消費し、余暇を楽しみながら、自らの生を主体的に生きぬく人間のことである。マルクスは、「生活者」をカテゴリー化はしていないが、生活者の立場に立っていた（岩佐二〇一三、一七三〜一九〇頁）[4]。

労働者は生活者である。『資本論』では、資本の論理が「労働力そのものの早すぎる消耗と死滅とを生産する。それは、労働者の生活時間を短縮することによって、ある与えられた期間のなかでの労働者の生産時間を延長する」(MEW 23, 281, 邦訳三四八頁）衝動に駆られるのにたいして、生存のための労働者の闘いが「標準労働日のための闘争」として描かれている。ここにも、資本の論理と生活の論理とのせめぎ合いがある。

（5）環境保護運動の成果

このせめぎ合いをとおして、環境保護のための法規制や被害者救済がなされてきた。一九七〇年の「公害国会」で制定された環境関連一四法は、生活の論理にもとづく環境保護運動や世論の力によるところが大きい。マルクスの言う社会的な「顧慮」である。

一九七〇年代以降、環境保護のための法的制度につながるものとして、次のような考え方が国際的に確立されてきた。

第一は、発生源防止の原則である。これは、汚染物質を発生源から絶つという原則である。工場から出される煤煙や排水、自動車の排ガスの規制は、環境汚染を発生源から食い止めるという考え方によって基準値が定められ、規制されてきた。日本の産業公害の対策においても重視された考え方である。

第二は、未然防止の原則である。これは、環境汚染がひき起こされることが事前に分かっている場合、被害が生じる前に環境汚染を防止するという考え方である。「公害国会」で決められた大気や土壌、水質の基準は、未然防止の原則にもとづいていた。

第三は、汚染者負担の原則（ＰＰＰ）である。これは、汚染をひき起こしたものが汚染された環境を修復する義務を負うという考え方である。日本では、被害者救済も含まれ、「日本的ＰＰＰ」(宮本一九八九、

［4］庄司光・宮本憲一は、『日本の公害』の「まえがき」にあたるところで、「三島・沼津・清水二市一町」の「コンビナート誘致反対運動」は「『市民の論理』が『資本の論理』を打ち破ったのであった」(庄司・宮本一九七五、ⅱ）と記しているが、わたくしは『環境の思想』で「生活の論理」と「資本の論理」の対立を提起したときは、残念ながらまだ両氏の問題提起は知らなかった。だが、立ち位置としては、その延長線上にある。

［5］ＰＰＰは、経済協力開発機構（ＯＥＣＤ）の第四回環境委員会が「環境政策の国際経済的側面に関するガイディング・プリンシプル」(一九七二年二月）として採択し、同年五月の「汚染者負担原則に関する理事会勧告」によって各国へ勧告されたものである。ＯＥＣＤの勧告の趣旨は、環境汚染の防除費用を市場に「内部化」することによって、国際市場において対等な競争を促そうとするものであった。日本では、ＰＰＰは、一九六〇年代の産業公害の激化と公害訴訟の経験を踏まえて、ＯＥＣＤが提起した汚染防除費用だけではなく、環境復元費用や被害救済費用も含めて考えられている（中央公害審議会費用負担部会答申「公害に関する費用負担の今後のあり方について」一九七六年三月)。そのため、「日本的ＰＰＰ」といわれている。

二一五頁)[5]といわれている。

第四は、予防原則である。これは、不可逆的リスクがある場合には、科学的データに細部にわたる不確かさがあるとしても予防的対策をとるべきであるという考え方である。フロンガスの規制や温暖化対策など、国際的な取り組みを支えてきた考え方である。

第五は、拡大生産者責任の考え方である。これは、消費のあとに排出される廃棄物にたいしても生産者が責任を負うという考え方であり、廃棄物が環境問題でもあるという自覚が高まるなかで確立された原則である。だが、日本の廃棄物行政では、消費の後に出される廃棄物については消費者に責任があるという考え方が根強くあり、拡大生産者責任は不十分なままにとどまっている。

上述の五つの原則のうち、拡大生産者責任の考え方をのぞいては、ＥＵの創立を定めたマーストリヒト条約(一九九二年)の第一三〇条ｒで、「欧州の環境政策は、予防原則および未然防止、汚染者負担、発生源原則にもとづかなければならない」と定められている。ここに拡大生産者責任の拡大が入っていないのは、この考え方が確立されたのが一九九〇年代であるからである。これらの原則はいずれも、社会的な「顧慮」によって獲得された原則である。

2　疎外された工業化による物質代謝の攪乱

(1)マルクスの大工業論

物質代謝の攪乱が深刻化するようになったのは、具体的には、資本の論理に主導された近現代の工業化の進捗のなかでのことである。とくに、二〇世紀型の重化学工業は、環境汚染を深刻にした。『資本論』では「大工業」論が展開されているが、それと環境汚染との関係はどうなっているのだろうか。

マルクスの大工業論は、「相対的剰余価値の生産」のなかで論じられている。近現代の資本主義的生産を特徴づける概念である。『資本論』では、マニュファクチュア(工場内手工業)との対比で、「機械システム」による生産の意味で用いられている。マルクスは、「すべて発達した機械は、三つの本質的に違う部分から成っている。原動機、伝達機構、最後に道具機または作業機がそれである」(MEW 23, 393, 邦訳四八七頁)と、語った。マルクスが語ったことも語らなかったことも含め、三点ほど、確認しておきたい。

第一に、発達した機械システムは、諸々の作業機とそれを動かす動力(エネルギー)、そのエネルギーを作業機に伝達する機構が必要となることである。発達した機械システムは自動制御の仕組みをもった「機械の自動システム」(MEW 23, 402, 邦訳四九七頁)となるが、「最も発達したかたち」では「一つの中央自動装置」(MEW 23, 402, 邦訳四九八頁)によって制御される。今日、最先端の機械システムでは、オートメーション化がすすみ、コンピュータ・ITによって個々の機械から独立し機械システム全体を制御する制御機構が採用されてきている。

第二に、マルクスが「道具機の創造こそ蒸気機関の革命を必然的にした」(MEW 23, 396, 邦訳四九〇頁)と語っているように、作業機の開発がそれに見合った動力機・エネルギーの開発を促したのである。その逆ではない。大量のエネルギーを必要とする今日の重化学工業がそれを支えるエネルギー形態を生み出したのである。大量のエネルギーをつくり出す原発も、そのために開発された。

第三に、「大工業の本質(Wesen)」(MEW 23, 508, 邦訳六三一頁)〔6〕は、発達した資本主義的生産のあり方であるということである。機械システムは、当然のことながら、利潤を最大化するために、エネルギー効率を高め、作業効率を高める方向で活用される。環境リスクを軽減する視点はなく、その結果環境破壊を不可避にした。

第三の点については、もう少し説明が必要であるように思われる。マルクスは、「大工業の本質」をマニュファクチュア的分業との「矛盾」(Ibid.)のなかで論じているからである。「大工業は、一人の人間の全身を一生涯一つの細部作業に縛りつけるマニュファクチュア的分業を技術的に廃棄するのであるが、それと同時に、大工業の資本主義的形態はそのような分業をさらにいっそう奇怪なかたちで再生産する」(Ibid.)、あるいは「古い〔マニュファクチュア的〕分業をその骨化した分枝をつけたままで再生産する」(MEW 23, 508, 邦訳六三一頁)、と。マルクスは、「大工業の本質」で、機械システムだけではなく、それにかかわる協業や分業の労働様式まで射程に入れて論じている。それゆえ、「大工業の本質」は、経済効率やエネルギー効率には関心を払うが、環境保護には無関心な機械システムをつくり出す一方、チャップリンが「モダンタイムズ」で描いたように、労働者が機械に振り回される事態をつくり出し、労働者への略奪を強めることになる。「大工業の本質」は、「大工業の資本主義的形態」(MEW 23, 508, 邦訳六三一頁)

として疎外されているのである。

他方、マルクスは、「大工業の本質」とは区別して、「大工業の本性」(MEW 23, 511, 邦訳六三四頁)についても語っている。「大工業の本性」は、動力機・伝達機構・作業機からなる発達した機械システムそのものである。発達した機械システムそのものは、ポスト資本主義においても継承・存続されていくことは疑いない。生活や生産のための道具が、素材や様式を変えながらも、人類の歴史のなかで継承されていくのと同じである。そうであるとしても、機械システムの具体的な内実やそれがつくり出す生産物は、歴史的に変遷していくものである。どのような機械システムなのか、その内実が問われる必要がある。環境破壊を不可避とする機械システムもあれば、汚染物質の浄化装置などを組み込んだ機械システムもあるからである。

マルクスが「大工業の本質」と「大工業の本性」を区別して論じたことは重要である。大工業が生産力の増大をもたらすことはいうまでもない。マニュファクチュアと比べれば、そのことは一目瞭然であ

［6］ Wesenは、ヘーゲルが『論理学』で重視したカテゴリーで、「本質」と訳されるのが定説となっている。ヘーゲルは、カントが現象を支える基体として、不可知な「物自体」を定立したのに対して、物自体を、現象のうちに内在し、現象として映現する可知的な「本質」としてとらえなおした。なお、ヘーゲルは、「日常生活で、Wesenという言葉が用いられる場合、それはしばしば総括とか総体というような意味しか持っていない。例えば、人々はZeitungswesen（ジャーナリズム）、Postwesen（郵便制度）、Steuerwesen（租税制度）、等々と言う。そしてその意味するところは大体、これらの事柄がその直接態において個別的ではなく、複合体として、そしてさらにまたさまざまな関係において理解されなければならないということである」(Hegel 1970, 232f, 邦訳一二頁）と述べているが、マルクスの「大工業の本質」は、この意味で用いられている。

る。だが、大工業そのものは、大規模な大量生産を導く生産、あるいは環境破壊を不可避にする生産を意味するものではない。そのことを明らかにしているのが、「大工業の本性」の概念である。それにたいして、「大工業の本質」は、「大工業の資本主義的形態」が抱え込んでいる現実の大工業の疎外されたあり方をとらえる概念である。

疎外は、疎外された現実を批判しながら、疎外のうちにある肯定的契機を対自化することによって克服される。「大工業の本性」も、疎外された「大工業の資本主義的形態」を批判し、その機械システムを改良したり、他の機械システムに代替することによって、継承されていくものである。問われているのは、環境破壊をひき起こす機械システムか、環境破壊をひき起こさない機械システムかということ、あるいは大工業による協業・分業の労働様式のあり方である。とくに前者は、大工業論の枠内で論じる問題というよりは、環境破壊を伴う工業化か、環境保護の工業化かという、工業化のあり方として具体的に論じられる必要がある問題である。

(2)疎外された工業化——二〇世紀型の重化学工業

疎外された工業化では、資本の論理が主導してきた近現代の工業化のあり方が問い返されなければならない。工業化は、科学・技術の発展に依拠して、軽工業から重工業へ、さらに重化学工業へと発展した。それに伴って工業化に必要なエネルギーも木炭や風車・水車からダムや化石燃料、さらには原子力発電へと推移してきた。工業化によって、私たちの生活は快適になり、便利になった。生活様式も大きく変化した。

だが、資本の論理による工業化は、労働者から略奪するだけではなく、自然から大規模に略奪し、環境汚染を不可避に伴ってきた。環境汚染が深刻化するなかで、人間と自然の物質代謝が攪乱され、健康破壊も生じた。工業化は、疎外された形態で一面的にいびつに展開されてきたのである。

とくに二〇世紀型の重化学工業は、資源においても、エネルギーにおいても、石炭や石油の化石資源・化石燃料に依存していたところに、その特徴があった。鉄鋼や金属などの重工業だけではなく、石炭や石油を資源とした化学産業も大量のエネルギーを消費する。大量のエネルギー消費は、化石燃料や巨大ダム、原子力発電によって賄われた。化石燃料はSO_2、NO_2による環境汚染をひき起こし、CO_2の増大は温暖化をひき起こす。原発は、解決の展望もない放射性廃棄物を増やし続けるだけではなく、一度過酷事故を起こせば、制御不能に陥り、深刻な放射能汚染をもたらす。チェルノブイリやフクシマのように。

原発も化石燃料も疎外されたエネルギーである。脱原発と脱炭素化は、今日、焦眉の課題となっている。脱原発にかんしては、『脱原発と工業化の岐路』(岩佐・高田二〇一二)で論じたので、ここでは、脱炭素化について論じてみたい。化石燃料による温暖化を防止するために、「脱炭素社会(post-carbon society)」や「低炭素社会(low-carbon society)」が提唱されてきた。国連が発展途上国のことも考慮して「低炭素社会」の用語を用いたこともあって、近年では、もっぱら「低炭素社会」の用語に収斂されてきたきらいがある。だが、工業先進国は、曖昧な「低炭素社会」ではなく、明確に「脱炭素社会」の目標を掲げるべきであろう。

脱炭素化は、二つの方向で遂行される必要がある。

その一つは、脱化石燃料化である。これは、風力や太陽光、潮力、地熱、バイオ燃料といった自然エネルギーや省エネへのエネルギー転換である。将来的には水素エネルギーをも展望する必要もある。世界的には、自然エネルギーが急速に拡大しているが、日本では、原発と化石燃料に固執して自然エネルギーを抑え込もうとする勢力と自然エネルギーへの転換を目指す勢力とのせめぎ合いがある。

もう一つは、脱化石資源化である。ナフサ・エチレンを原料とした石油化学製品は、プラスチックや衣料品、農薬など、私たちの身の回りに溢れている。合成された人工化学物質である。なかには、食品添加物として食用に供されるものもある。これらの多くは、これまで大量に、石油化学工業によって生産されてきた。安くて便利であるが、大量のエネルギー消費を必要とするだけではなく、農薬や食品添加物、環境ホルモンのように、人間と自然の物質代謝に異物を差し挟み、攪乱するものも多い。有機化合物である石油化学製品の多くは、微生物を活用した酵素法によって生産することが原理的には可能で、今日、技術的にはかなり代替されつつある（岩佐二〇一五、一七二〜一八七頁、参照）。しかも、常温・常圧でおこなわれ、大量のエネルギー消費を必要とせず、環境調和的である。

脱炭素化は、脱化石燃料化の方向で追求されなければならないが、それだけではなく、脱化石資源化の方向でも可能なかぎり追求される必要があるであろう。

3 農業による物質代謝の攪乱

(1)工業化された農業

農業の場合は、どうであろうか。農作物は、光合成と、水、土壌の栄養分の吸収によって生育する。食されることをとおして、人間と自然の物質代謝に直接かかわる。近代以前では、焼畑農業や三圃《さんぽ》式農業のように、土壌に栄養分を補給しながら農業は営まれてきた。だが、近代に入り、工業化の進捗に伴い、農業のあり方も大きく変わった。機械化が進み、化学肥料や農薬が用いられるようになったからである。工業生産物が農業に取り込まれていったのである。工業化された農業として特徴づけられる。

工業化された農業は、農作物の収穫量の増大を目指した。だが、農薬を用いれば、害虫だけではなく、生命あるものを殺傷する。人体に影響を及ぼさないはずがない。実際に、農薬を散布する人や残留農薬による消費者の健康被害をもたらしてきた。人体に取り込まれ、物質代謝の攪乱をひき起こすからである。

殺虫剤や農薬が害虫を殺すだけではなく生態系を破壊することを告発したのは、レイチェル・カーソンの『沈黙の春』であった。一九六二年のことである。彼女の問題提起は、殺虫剤や農薬の法的規制のきっかけとなった。有害な農薬の禁止や、農薬の適量使用、減農薬のすすめもおこなわれてきた。その一方で、有害性が疑われる、ポストハーベスト農薬(防腐剤や殺虫剤、酸化防止剤など)やミツバチ大量死をひき起こした浸透性農薬、ネオニコチノイドの使用が増えている現実がある。

化学肥料も問題を抱えている。窒素、リン酸、カリウムが、化学肥料の三要素といわれる。化学肥料の多用によって、土壌からミミズなどの虫や微生物が減少する。土壌の有機質が失われ、砂漠の土のように固くなって、劣化する。有吉佐和子は、『複合汚染』で「土が死んでいる」(有吉一九七九、一九〇頁)と表現した。多くの野菜の栄養素の減少も、ハウス野菜や水耕栽培とともに、化学肥料による土地の疲弊がその一因であるといわれる。「夕刊フジ」(二〇〇四年九月一四日)によれば、ほうれん草に含まれる栄養素について、一九五〇年と二〇〇四年を比較すると、「ビタミンCは五〇年の間に三分の一弱、鉄分は五分の三、カルシウムは二分の一に減少」しているとのことである[7]。野菜本来の味が昔に比べて薄くなったといわれるのも、このためである。有機農法が推奨される所以である。

(2)リービッヒとフラースからマルクスが学んだこと

農薬や化学肥料の大量の投与など、工業化された農業は問題を抱え込んでいる。そのような農業について、マルクスはどう考えていたのであろうか。彼は、大工業が農業にも「革命的に作用する」(MEW 23, 528, 邦訳六五六頁)とみていた。「資本主義的農業のどんな進歩も、ただ労働者から略奪するための技術の進歩であるだけではなく、同時に土地から略奪するための技術の進歩でもあり、一定期間の土地の豊度を高めるためのどんな進歩も、同時にこの豊度の不断の源泉を破壊することの進歩である」(MEW 23, 529, 邦訳六五七頁)、と。

マルクスのこの言説は、近代の工業化された農業の本質を突いている。「土地から略奪する」略奪農業批判は、J・リービッヒから学んだものである。リービッヒは、近代の「略奪農業」による「土地の疲弊」「消耗」にたいして、化学肥料の重要性を指摘した。そのため、彼は、「近代農芸化学の父」といわれた。窒素、リン酸、カリウムという化学肥料の三要素のうち、窒素は空中から取り入れられる（これは、J・B・ローズやJ・H・ギルバートによって批判された）と考えたために、リン酸やカリウムを「補充」する必要があると主張した。『資本論』で引用された『農芸化学』第七版（一八六二年）では、略奪農業批判がよりいっそう強められている。

リービッヒがマルクスに与えた影響は大きい。その柱の一つは略奪農業批判であり、もう一つは物質代謝論である。だが、『資本論』初版（一八六七年）出版後には、リービッヒを批判したC・フラースに共鳴している。この変化は、『資本論』初版と第二版（一八七二年）における、リービッヒ評価の微妙な変化に見ることができる。

『資本論』で、マルクスは、「自然科学の立場からの近代農業の否定的側面の展開が、リービッヒの不朽の功績の一つである」(MEW 23, 529, 邦訳六五七頁）と、語っている。「近代農業の否定的側面」とは、近代農業が略奪農業であることを意味する。だが、それに続くリービッヒにたいするさらなる評価について、K・E・フォルグラーフは、初版の「現代の全経済学者の諸著作を合わせたよりも多くの光明を含んでいる」(MEGA II/5, 410）という表現が、第二版では、たんに「光明を含んでいる」(MEW 23, 529, 邦訳六五七頁）という表現に変更されたことを指摘している（大谷・平子二〇一三）。

［7］ほうれん草の栄養素の比較は、「日本食品標準成分表」によってなされたものである。食品成分表は改訂をとおして分析法も異なってきている（現在は、五訂）ので、単純な比較はできないが、ほうれん草のビタミンCの場合、分析法の変更があっても実測値にほぼ対応しているとみられている。

この変化がどうしてなされたのかということについては、マルクスのエンゲルス宛ての二通の手紙のうちに読み取ることができる。一八六八年一月三日付けの手紙で、マルクスは、エンゲルスに問うている。「ショルレンマーに、農芸化学の最新最良の本（ドイツ語のもの）はどれか、聞いてもらえないだろうか？　さらに、鉱物肥料論者と窒素肥料論者とのあいだの論争問題は今どうなっているのか、についても」（MEW 32, 5, 邦訳五頁）。鉱物肥料論者とはリービッヒのことであり、窒素肥料論者とはローズやギルバートのことである。エンゲルスは、マルクスの質問に直接応えていないが、同年三月二五日付けのマルクスの手紙では、「農業について新しいものを、そして最新のものを、精密に調べる必要がある。自然学的な学派は化学的な学派に対立している」（MEW 32, 53, 邦訳四五頁）とエンゲルスに書き送っている。自然学的な学派とはフラースのことであり、化学的な学派とはリービッヒ、ローズらのことである。

鉱物肥料論者（リービッヒ）と窒素肥料論者（ローズ、ギルバート）の対立軸から自然学的な学派（フラース）と化学的な学派（リービッヒ、ローズら）の対立軸への変更は、明らかに、マルクスがフラースを読んだためと思われる（一八六四年二月から一八六八年八月に書かれたマルクスの抜粋ノートには、フラースからの抜粋もある）。最初の手紙で、マルクスはフラースの「沖積理論」に興味を示し、後の手紙では、フラース『気候と植物界の時間的変化――両者の歴史について』（一八四七年）における「フラースの結論は、耕作は、――もしそれが自然発生的に前進していって意識的に支配されないならば、……――荒廃をあとに残す、ということだ。ペルシアやメソポタミアなど、そしてギリシアのように」（MEW 32, 53, 邦訳四五頁）と、エンゲルスに伝えている。マルクスのフラースにたいする高い評価が読み取れる。

沖積理論は、沖積平野の肥沃さが、河川による堆積作用によってもたらされるという考えである。フラースは、化学肥料の役割を無意味であると主張したわけではない。リービッヒの主張が「誇張」であるとみなした。沖積、風化、灌漑、雨や霧に含まれる大気中の含有物、肥料やあらゆる排泄物の残滓といった自然のもっている力に依存した農業を提唱したのである。略奪農業によって土地が消耗していくとみなすのは、フラースもリービッヒも（さらには、ローズやギルバートも）一致している。相違は、リービッヒが土地の消耗を補充するのに、もっぱら化学肥料の必要を説くのにたいして、フラースは自然の力に頼るべきであると主張しているところにある［8］。

化学肥料は、近代の科学的知見や工業化の産物である。工業化された農業の視点に立脚している。マルクスがフラースに「無意識的に社会主義的傾向」があるとみて評価するのは、資本の論理によって主導された工業化された農業をのり超える視点を内包しているからであろう。

［8］ フラースの意義については、本書第三部第一章の斎藤幸平「『フラース抜粋』と『物質代謝論』の新地平」を参照されたい。なお、エンゲルス宛てのマルクスの手紙における「鉱物肥料論者」と「窒素肥料論者」の対立が、「自然学的な学派」と「化学的な学派」の対立に変わった経緯については、斎藤論文（Saito 2016a）に拠っている。

4　農業と工業の高次の総合・結合

(1)ベントンとグルントマンの論争

工業化された農業は、自然の本来もっている地力に依存しない疎外された形態である。マルクス自身は、大工業や農業の疎外された現実を見つめながら、農業と工業の「新しい、より高次の総合、結合」(MEW 23, 528, 邦訳六五六頁)に言及している。農業と工業の関係をとらえるさいの一つの理念となる視点である。一九九〇年前後に『ニュー・レフト・レヴュー』誌上で、T・ベントンとR・グルントマンが農業労働と工業労働をめぐって論争している(Benton 1989 and 1992, Grundmann 1991)ので、それを参照しながら、この問題を考えてみたい。

ベントンは、マルクスの「労働」概念は人間の「意図」にしたがって自然を「変形」させる生産的労働がモデルになっていると論じた。このような「変形的な生産的労働」は「自然の限界」を無視して自然の支配を目指すもので、その結果自然破壊をひき起こしているというのが、ベントンの主張である。彼の意見によれば、自然環境の破壊を防ぐためには、工業における「変形的な生産的労働」ではなく、「有機体の成長に深く依存して」おこなわれる農業における労働のように、環境に適応して、環境を規制し、調整する「環境調整的労働」でなければならないということになる。それにたいして、グルントマンは、農業における労働を「環境調整的労働」とみなして工業における「変形的な生産的労働」と区別立てをするのは不適切で、いずれの労働も目的意識的な「意図」をもった労働として自然を支配する活動である主張した。そのさい、彼は、マルクスにおいては、自然の支配とは自然の制御のことであると断っている。

かつて、わたくしが『環境の思想』で二人の論争を紹介した（岩佐一九九四、一四五～一五三頁）とき、その視点は、マルクスの労働は、労働手段を用いた目的意識的な自然への働きかけであり、そのことは、農業労働にもあてはまるということであった。ベントンのように、農業労働を環境調整的労働、工業労働を変形的な生産労働とみなして、マルクスの労働は後者をモデルにしたものであるととらえるのは適切ではなく、「変形的な生産労働」も環境保護を視野に入れた「環境調整的な労働」としてとらえかえす必要があるからである。また、グルントマンのように、二つの労働の区別立てに反対しながらも、労働を自然の支配・制御とみなすのも適切ではないからである。マルクスの労働観は自然の支配・制御を意味するものではなく、人間と自然の関係の制御のなかで把握する必要があることを考えれば、どちらも一面的である。これが、その当時のわたくしの論争評価であった。

だが、このような評価だけでは不十分であると、いまは思っている。ベントンが、農業における環境調整的労働が「有機体の成長過程にも深く依存し」ていると主張したことにもっと注目すべきではなかったのか、「変形的な生産的労働」も、「有機体の成長過程にも深く依存し」た農業労働をモデルにした工業化の方向に転換していく必要があるのではないか。マルクス自身は、農業と工業の「新しい、より高次の総合、結合」を提起したが、その意味と可能性を考えてみる必要がある。

（2）玉野井芳郎の「生命系の経済学」

ベントンに先立って、ベントンと類似の議論を展開したのは玉野井芳郎である。一九七〇年代のことである。玉野井は、「機械的生産」である工業と、人間と自然との物質代謝に根ざした「有機的生産」である農業との「本質的差異」を指摘した（玉野井一九七八、七八頁）。彼は、工業と市場にもとづく経済を「狭義の経済学」とみなし、「広義の経済学」である本来の経済学は、人間と自然との物質代謝に根ざした生活の営みである「生命系の経済学」であると言う。「生態系から独立し、生態系の自立系とは不整合な一環を形成して」いる「人間の工業世界」を、「自然・生態系と関連させて、したがって広義の物質代謝の過程としてとらえなおす」こと、「自然・生態系に適合したかたちへと転換する」ことの必要性を主張したのである（同右、五五～五六頁、参照）。

その点で、玉野井はマルクスを高く評価する。「ひとりマルクスだけはStoffwechselということばを用いて、生産と消費の関連を人間と自然のあいだの物質代謝の基礎上にとらえようとした」（同右、四二頁）からである。「けれども彼は、この物質代謝の過程そのものを自然・生態系の基礎上にとらえるという研究をこれ以上に進んでは行なわなかった」（同右）とも語っている。つまり、マルクスは、他の経済学者とは異なり、「生命系の経済学」を「暗黙の前提」として視野に入れてはいたが、そのことを「主題」としなかったというのである。その理由として二点ほど指摘している。一つは、マルクスにおいては、「商品経済的構造を解明することが経済学の主題とされた」こと、もう一つは、「紡績業という工業化段階を対象とし」ていたために、「物質の連続的な再生産が自然に可能となるような生態系の循環システム」が「暗黙に想定されていた」ことである（同右、四二～四三頁）。玉野井がマルクスの「暗黙の前提」を「主題」にしたのは、彼がイメージしていた工業は、「紡績業という工業化段階」ではなく、重厚長大な重化学工業であったからである。

玉野井は、「機械的生産」である工業を全面的に否定するのではない。彼の問題提起は、人間と自然の物質代謝に根ざした「広義の経済学」のうちに、工業と市場にもとづく「狭義の経済学」をどのように位置づけていくかということにあった。そのために、太陽エネルギーを重視し、工業と本質的に異なる農業や、E・F・シューマッハーの言う「中間技術」、B・コモナーの言う「環境生物学」に基礎をおいた科学・技術などを重視する。だが、工業を「広義の経済学」のうちにどのようにして取り込んでいくのかということについてはいまだ「模索」(同右、ⅶ頁)の過程であるように思われる。農業に軸足を置いた「広義の経済学」を主張するが、農業そのものが今日工業化された農業になっていることの問題点についての論究はない。

わたくしは、「広義の経済学」は、マルクスの言う、農業と工業の「新しい、より高次の総合、結合」の方向で構想される必要があると考えている。しかも、現在では、生物の営みや農業に学びながら、二〇世紀型の重化学工業中心の工業やエネルギーのあり方をのり超える「もう一つの工業化」の可能性は、玉野井が問題提起をした一九七〇～八〇年代とは異なり、産業技術の面から見え始めている。そのことにこだわるべきだと思っている。その具体的展望については、拙著『生活から問う科学・技術』(岩佐二〇一五、一七二～一八七頁)で試論として論じた。

おわりに

本稿は、マルクスの「人間と自然の物質代謝、つまりは人間の生活」にこだわって議論をおこなってきた。人間と自然の物質代謝は、人間生活のベースとなるものである。というより、生活は、何らかのかたちで、人間と自然の物質代謝にかかわって営まれる。人間は自然のなかで生き、自然によって生かされているからである。

人間と自然の物質代謝は、労働を媒介にしておこなわれる、生命体と外的自然の関係のあり方である。マルクスは、「この物質代謝を合理的に規制し、自分たちの共同的制御のもとにおく」(MEW 25, 828, 邦訳一〇五一頁) 必要を指摘し、物質代謝を人間と自然の関係の制御という関係論的視点からとらえている。関係の制御とは、関係の一方の極である外的自然ともう一方の極である人間主体、および人間と外的自然の関係そのものを制御することを意味する。先に引用したエンゲルス宛ての手紙で「耕作は、……意識的に支配されないならば、……荒廃をあとに残す」と述べられているように、マルクスは、耕作の、つまり人間自身の活動の自覚的な制御・支配について語っている。自らの活動の制御による人間と自然の関係の制御を重視していることがわかる。関係論的視点からは、自然の制御はつねに部分的・一時的なものにとどまる[9]。自然が無限なもので、人間の認識が有限なものである以上、人間が自然を完全に支配・制御することはそもそも不可能なことであるからである。

人間と自然の物質代謝は、人間による自然の支配・制御によっておこなわれるのではない。むしろ、歴史を振り返れば、人間は、正常な物質代謝に心を砕き、自然との関係をどう制御するかということに腐心してきた。近代の科学・技術の発展と工業化のなかで、自然の支配・制御という観念が生まれたが、それはマルクスの物質代謝論の圏外にある。

〔9〕マルクスは人間による自然の支配という近代的な観念ではなく、人間と自然の関係の制御という視点に立脚しているというわたくしの主張を振り返ってみれば、少しずつではあるが深められてきたと思う。『環境の思想』では、ベントンとグルントマンの論争にコミットしながら、労働は「かならずしも自然の支配を意味するものではな」く、「人間と自然との物質代謝を制御しつつ人間が自然に適応していく過程」としてとらえることを主張した（岩佐一九九四、一五三頁）。その後、『環境保護の思想』では、自然の制御は「部分的な制御にとどまらざるをえない」（岩佐二〇〇七、四三～四四頁）と記し、また翌年の「実践的唯物論のエコロジー的形態」では、「人間は、自然を部分的、一時的にしか制御することができない」（岩佐二〇〇八、六六頁）と書いた。最近の著である『生活から問う科学・技術』では、「自然にたいする人間の制御は、一時的に、限られた範囲で、ごく部分的」（岩佐二〇一五、一二〇頁）であると述べた。具体的には、制御可能な自然として、人間がつくり変えた自然である労働生産物や人工化された自然、都市空間に言及するとともに、異常な自然現象や異常気象、原発の過酷事故などによって、その制御は自然の側からも脅かされるものであることを指摘した（同右、一二四～一二六頁）。

なお、マルクスの文章のうちに、自然の支配・制御と関連した表現がまったくないわけではない。わたくしの知っているかぎり、少なくとも二か所で用いられている。（1）「富は、自然諸力にたいする、すなわち、いわゆる自然がもつ諸力、ならびに、人間自身の自然がもつ諸力にたいする、人間の支配の十全な発展ではなくてなんであろう？」（MEGA II/1, 392, 邦訳一三八頁）。（2）「この〔資本主義的〕生産様式は、人間による自然の支配を前提する。……一つの自然力を社会的に制御する必要……は、産業史の上で最も決定的な役割を演じている」（MEW 23, 536f, 邦訳六六五～六六六頁）。どちらの言説も、労働生産物として自然力を支配・制御すること、それゆえ自然を部分的に支配・制御することを意味したものである。

第二章

マルクスと自然の普遍的な物質代謝の亀裂

ジョン・ベラミー・フォスター
〔訳〕隅田聡一郎

本稿は、私が二〇一三年一〇月二〇日にストックホルムで開催されたマルクシズム・カンファレンス二〇一三でおこなった、同タイトルの基調講演を拡張してわずかに修正したものである。また、この講演は、私が二〇一三年五月二八日にベルリンで開催されたローザ・ルクセンブルク財団でおこなった、「大亀裂」と題したローザ・ルクセンブルク講義で紹介したアイデアに基づいている。

ここ一五年にわたって、物質代謝の亀裂〔metabolic rift〕に関するマルクスの理論が再評価されてきた。多くの左派は、今ではこの理論が、自然と現代資本主義社会とのあいだの疎外された関係を鋭く批判できると考えるようになった。その結果として、自然科学と社会科学の分断を乗り越えた、より統一的なエコロジー的世界観が発展しつつあり、私たちは、具体的にどのようにして、資本蓄積の矛盾がエコロジーの危機とカタストロフィーを引き起こしているのかを理解できるようになった。

だが、こうしたマルクスのエコロジー論の復活にともなって、次のような新たな問題と非難が生じている。自然と社会との物質代謝に関するマルクスの分析は、伝統的にマルクス主義理論内部で争点とみなされてきた、「自然弁証法」の問題とどのように関係するのか。近年、多くの左派の論者が非難しているように、「物質代謝の亀裂」論は、弁証法的論理を侵害するものであって、単純なデカルト的二元論の餌食になってしまうのではないか[1]。また、一部の人々が疑問視するように、一九世紀のマルクスの研究は、今日の私たちがエコシステムとエコロジーの複雑性に対する人間の関わりを理解するにあたって、有意義なエコロジー的考察を提供できていると本当に考えられるのだろうか。マルクスは、一九世紀に自然と社会との物質代謝を考察していたが、今日のより発展した科学技術の時代において、彼の考察が「時代遅れ」であるのは当然ではないだろうか[2]。

以下の議論で、私はこれらの問いに一つずつ簡潔に応答しようと思う。その過程で、地球システムにおいて新たに生じている大亀裂〔Great Rift〕と、その結果として、既存の自然と社会との物質代謝における新時代を切り拓く転換が必要になる理由とを理解するために、私自身がなぜマルクスのエコロジー的唯物論が極めて重要であると考えているのかを強調したい。

［1］ Moore 2011, 1–2, 8, 11; Schneider 2010, 478, 482; Stoner 2013, 6–7.
［2］ Schneider 2010, 481–82; De Kadt and Engel-Di Mauro 2001, 50–56 も参照。

1　自然弁証法

自然弁証法は、マルクス主義理論において問題含みな地位を占めているが、それはジェルジ・ルカーチが弁証法に言及した、『歴史と階級意識』の有名な脚注に由来する。

このように方法を歴史的・社会的な現実に限定することは、きわめて重要なことである。エンゲルスの弁証法にかんする叙述から生じてくるさまざまな誤解は、本質的には、エンゲルスが——ヘーゲルの誤った例にしたがって——弁証法的方法を自然の認識にも拡大していることに根ざしている。弁証法の決定的に重要な諸規定、すなわち主体と客体との相互作用、理論と実践との統一、思考におけるカテゴリーの変化の基礎としてのその土台の歴史的な変化、等々の諸規定は、自然認識のなかには存在しない〔3〕。

「西欧マルクス主義」として知られる学派は、一般的にこの文章を次のように解釈してきた。すなわち、弁証法は、社会と人間の歴史に対してのみ適用され、人間の歴史から独立した自然に対しては適用されない、と〔4〕。こうした見解によれば、『自然弁証法』のなかで弁証法的論理を自然に対して直接に適用しようとした点で、エンゲルス、そしてエンゲルスにしたがった多くのマルクス主義科学者および理論家も、誤りを犯しているのである〔5〕。

西欧マルクス主義は、こうした非難がマルクスをエンゲルスから区別し、自らを第二・第三インターナショナルのマルクス主義から区別する主要素の一つであると考えているが、この非難の重要性を強調し過ぎることはできないだろう。というのも、この非難がきっかけとなって、それまでの多くのマルクス主義者が、物質的自然と自然科学の問題に直接関心をもたなくなったからである。ルシオ・コレッティが『マルクス主義とヘーゲル』で考察したように、これまでの数々の研究は、哲学的唯物論／実在論と自然弁証法との差異が「「西欧マルクス主義」」と「弁証法的唯物論」を区別する主要な特徴」であるという点に、「つねに賛同してきた」。また、ラッセル・ジャコビーによれば、「西欧マルクス主義者」は、ほぼ必ず「マルクス主義を社会的・歴史的実在性に制限して」おり、マルクス主義を外的自然と自然科学に関する問題から切り離している［6］。

［3］ Lukács 1968, 24, 邦訳二八頁。

［4］「西欧マルクス主義」という名称は、モーリス・メルロ＝ポンティによって、その著書『弁証法の冒険』(Merleau-Ponty 1973) においてはじめて導入された。それは、ルカーチの著作（『歴史と階級意識』）、カール・コルシュ、フランクフルト学派、そしてアントニオ・グラムシに由来し、ほとんどの西欧マルクス主義哲学者を含むと見なされている。この学派の主な着想は、マルクス主義における実証主義的傾向、とりわけ自然弁証法の概念を拒絶することにある。Jacoby 1983, 523–526を参照。

［5］この点に関してエンゲルスを擁護する重要文献として、Stanley 2002, 1–61を参照。レヴィンスとレウォンティンは、彼らの画期的著作『弁証法的生物学者』の献呈において次のように書いている。「多くの誤ちを犯したが、要所においては常に正しかったフリードリヒ・エンゲルスのために」。Levins and Lewontin 1985, v.

［6］ Colletti 1973, 191–93; Jacoby 1983, 524. Merleau-Ponty 1973, 32, 邦訳四四頁; Sartre 2004, 32, 邦訳二八～二九頁も参照。Marcuse 1960, 314, 邦訳三五〇頁; Schmidt 1971, 59–61, 邦訳五四～五六頁; Vogel 1996, 14–19.

なぜ自然弁証法に対する非難が、西欧マルクス主義の伝統にとってこれほどまでに中心的な事柄であったのか。それは、弁証法的唯物論——エンゲルスに由来し、第二・第三インターナショナルによって採用されたもの——が、主体的要因（あるいは人間の行為者性）の役割を過小評価し、マルクス主義を客観的な自然法則への単なる服従に還元し、一種の機械的唯物論さらには実証主義を生み出したとされているからである。西欧マルクス主義とは全く対照的に、たとえ条件付きであれ自然弁証法を擁護し続けている史的唯物論者の多くは、私たちが、自然弁証法を完全に退けてしまうことによって、まったくもって唯物論を喪失し、観念論的な思考の枠組みへ逆戻りする恐れがあると考えている［7］。

皮肉なことに、主要な理論的転回において、自然弁証法がエンゲルスのみならずマルクスの存在論の核心そのものをついているとして、それを見境なく放棄することに最も強く反対したのは、ほかでもないルカーチ自身であった。ルカーチは、『歴史と階級意識』においてさえも、ヘーゲルにならって、「関与しない傍観者にとっての運動の弁証法」からなる、限定的で「たんに客観的な自然弁証法」の存在を認識していた［8］。ルカーチは、この著作の新版への有名な序文（一九六七年）において、以前のいくつかの立場から距離をとって、当初の議論が自然弁証法の批判を強調しすぎた点で誤りであったと述べている。というのも、彼が言うように、「マルクス主義の基本カテゴリーである、社会と自然との物質代謝の媒介としての労働が欠落しており……このことは明らかに」、それ自体が自然条件から分離され得ないところの「労働の存在論的客体性が不在であることを意味している［9］」からだ。この序文と同年の、よく知られた彼の『対話』において説明されているように、「人間の生活は自然との物質代謝にもとづいているため、言うまでもなく、私たちがこの物質代謝をおこなう過程のなかで獲得したいくつかの真理は、一般的な妥当性を持っている。たとえば、算術や幾何学、物理学などの真理がそうである」〔10〕。

そのため、『歴史と階級意識』以降のルカーチにとって、自然世界を弁証法的に理解するための鍵は、マルクスが人間と外的自然との物質代謝的関係として、労働と生産を概念化したことにあった。人間は、自身の物質代謝的関係を通じて有機的に自然の一部となっているため、自然を一定の限界内で弁証法的に理解できるのである。自然弁証法を鋭く批判する『マルクスの自然概念』の著者アルフレート・シュミットでさえ、「人間の自然との関係のまったく新しい理解を導入している」マルクスの「物質代謝」概念の用法に限り、私たちが「「自然弁証法」について語るならば、それは意味のあることであろう」と認めている〔11〕。

ソビエト文書保管所において、ルカーチの草稿『追随主義〔Tailism〕と弁証法』が、一九二〇年代半ば（『歴史と階級意識』の執筆からほんの数年後である）に著されてから約七〇年越しに発見されたことは、注

〔7〕グラムシは明示的に、自然弁証法を完全に否定することは、「観念論」や「二元論」に陥り、唯物論的見解を破壊することになると述べ、ルカーチの『歴史と階級意識』を批判している。Gramsci 1971, 448. また、西欧マルクス主義哲学者が、唯物論や自然条件に関するいかなる考察からも遠ざかることに対する痛烈な批判は、Timpanaro 1975 を参照。

〔8〕Lukács 1968, 207, 邦訳三六四頁。

〔9〕Lukács 1968, xvii.

〔10〕Lukács 1974 43, 邦訳六一～六二頁。ルカーチは社会的側面の説明を、同じ段落で次のように付け加えている。「社会と自然との物質代謝もまた社会的過程であるため、そこから獲得された概念が歴史上の階級闘争に作用する可能性は常に残されている」。

〔11〕Schmidt 1971, 78–79, 邦訳七七～七八頁。

目に値する。この草稿によって明らかとなったのは、ルカーチ自身の理解が、社会的およびエコロジー的物質代謝に関するマルクスの概念をとおして、この時までに決定的な移行をおおむね果たしていたという事実である。そこで彼は次のように説明している。「自然との物質代謝」は労働や生産によって「社会的に媒介されている」。人間と自然との物質代謝の一形態としての労働過程は、——生産の歴史的発展によって制限された仕方で——人間が存在の客体的諸条件を知覚することを可能にした。そのような自然と社会との物質代謝における「素材〔matter〕の交換」は、自然過程（人々に先んじて存在し、人々から独立して機能する）に関する一定程度客観的に正しい知識を人間がもつことなしには、——もっとも原始的なレベルにおいてさえも——おそらく達成されることができない」とルカーチは書いている。まさに、この生産を通じた物質代謝における「素材の交換」の発展こそが、ルカーチのマルクス弁証法解釈によれば、「近代科学の物質的基礎」を形成するのである［12］。

マルクスにとって社会的物質代謝概念が中心的なものであったというルカーチの強調は、彼の助手であり若き同僚であるイシュトヴァン・メーサロシュの『マルクスの疎外理論』によって発展させられることとなった。メーサロシュにとって、マルクス疎外論の「概念構造」は、人間と自然とのあいだの媒介の一形態をなす生産という、人間‐生産‐自然の三者関係を含んでいる。このようにして、人間は自然の「自己媒介的」存在として理解されうる。それゆえ、メーサロシュその人が、一九七一年のドイッチャー賞受賞講演——ローマ・クラブによる『成長の限界』の一年前に行われた——において、惑星レベルでのエコロジー危機が生じつつあることに対して包括的なマルクス主義的批判をはじめておこなったのは、まったく驚くべきことではない。彼は、『資本を超えて』において、資本の疎外された社会的物質代謝を、そのエコロジー的影響を含めて全面的に批判するという観点で、この批判をさらに発展させた。それは、「社会的物質代謝の再生産条件の破壊」に関連した「資本の絶対的制限の活性化」の議論においておこなわれている〔13〕。

このように、ルカーチとメーサロシュは、マルクスの社会的物質代謝論を、マルクス主義内部における弁証法と社会的(および自然的)存在論との分断を克服するための一手段と見なしていた。その結果、自然と社会、社会の歴史と自然の歴史に関して、一方を他方に完全に還元することなく、両者を統合するような実践にもとづいたアプローチが可能となる。現代のエコロジー時代において、こうした複雑な理解——複雑であるというのは、こうした理解が部分と全体との、そして客体と主体とのあいだの関係を弁証法的に包含しているからだが——が、いかなる合理的な社会的移行においても必要不可欠な要素

〔12〕Lukács 2003, 96, 106, 113–14, 130–31. 晩期ルカーチは、マルクスのように、エピクロスやベーコン、フォイエルバッハ、そして近代科学に関する唯物論をより熟考することによって、とりわけ(エンゲルスが強調したように)実験において、感覚の認識と合理的抽象の過程をとおした科学上の真の発見が生み出されうることを認めていた。しかし、究極的にはこれらすべては、社会関係と同じように、人間と自然との物質代謝を絶えず変形する生産関係の発展に関連づけられているのである。Lukács 1968, xix–xx and Lukács 2003, 130–32; Foster 2010a, 229–31 を参照。私のルカーチ弁証法の解釈全体は、この論文の執筆時から幾分変化していることに注意されたい。

〔13〕Mészáros 1970, 99–119, 162–65, 195–200, 邦訳一四八〜一七八、二四三〜二四八、三〇一〜三〇九頁 and Mészáros 1995, 170–77, 872–97. メーサロシュは、『マルクスの疎外理論』のなかでマルクスの概念構造を叙述する際に、「I」を生産〔production〕よりも産業〔industry〕に対して使用しているが、それは所有〔property〕に対応する「P」との混同を避けるためである。しかし、ここでの産業は明らかに生産を意味している。

となるのである。

2 マルクスと自然の普遍的な物質代謝

このことをより十全に理解するために、私たちはマルクスの思考におけるエコロジー的次元を実際に考察する必要がある。マルクスが著作において物質代謝概念を用いたのは、単に（それどころか主として）哲学的問題を解決するためではなく、むしろ当時の自然科学による人間‐自然関係の理解をつうじて、経済学批判を唯物論的に基礎づけるためであった。この概念は、使用価値生産と労働過程の両者に関するマルクスの分析の中心をなしている。マルクスは、この枠組みに基づいて、物質代謝の亀裂、あるいは彼が述べているように、「社会的物質代謝、つまり生命そのものの自然法則によって規定される物質代謝の独立的な過程における取り返しのつかない亀裂[14]」に関する、主要なエコロジー的批判を発展させることができたのだ。

この重要な見解は、一九世紀の工業的農業と、同時代のそれに付随した農芸化学革命——とりわけ土壌の化学的特性の理解における革命——における歴史的矛盾から生み出されたものであった。農芸化学の分野では、ドイツのユステゥス・フォン・リービッヒとイギリスのジェームズ・F・W・ジョンストンの両者が、一九世紀前半から半ばにかけて、資本主義的農業による土壌養分の喪失を強く批判し、イギリスの集約農業をやり玉に挙げた。じじつ、この集約農業は、他国による一国の土壌掠奪にまでおよんでいたのである。

アメリカにおいて、農業における土地掠奪の分析を行った初期の環境プランナー、ジョージ・ワーリングや、ワーリングの影響を受けたヘンリー・ケアリのような人物は、土壌の基本的構成要素を含む食物と繊維が、農村から都市へと一方向的に長距離輸送された結果、土壌養分が喪失されてしまうので、自然の（のちには化学合成の）肥料によって土壌が回復されなければならないという点を強調した。リービッヒは、一八四〇年に名著『有機化学の農業および生理学への応用』（一般には『農芸化学』として知られている）のなかで、窒素・リン酸・カリウムの枯渇を原因としてこの問題を診断し、これらの必要不可欠な土壌養分が、ついには人口がますます増大する都市に行き着き、都市汚染を引き起こすと考えた。一八四二年には、イギリスの農芸化学者J・B・ローズが、リン酸の溶解方法を発展させ、合成肥料の発達の初期段階として過リン酸生産用の工場を建てた。だが、一九世紀の大半にわたって、多くの国は土壌の回復を自然肥料にほぼ全面的に頼っていたのである。

土壌養分の枯渇の結果、農業上の困難が深刻化したこの時代において、イギリスは自然肥料のグローバルな収奪の先頭に立っていたが、この収奪には、リービッヒが指摘しているように、ナポレオン戦争の戦場やヨーロッパのカタコンベにある遺骨の発掘と移送、さらに重要なのは、ペルー沖の島々における強制労働を用いたグアノ（海鳥の排泄物からなる）の採掘が含まれており、後者は世界規模でのグアノ・

［14］ Marx 1981, 949, 邦訳一四二六頁。
［15］ Foster 2000a, 149–54, 邦訳二三七～二四七頁を参照。

ラッシュを引き起こした[15]。リービッヒは、一八六二年版の『農芸化学』序文において、イギリス・モデルの資本主義的な工業的農業を痛烈に批判し、次のように述べている。「もしわれわれが、農業者が生産している諸条件について彼により多くの知識を与えることができず、また農業者にその生産高を増大するために必要な手段を与えることに成功しなかったならば、戦争・移住・飢僅・流行病によって必ずや新たな均衡のための条件が創り出されるに至り、そのもとではすべての人々の福祉の根抵が損なわれ、ついには、農業は荒廃に帰するに至るであろう」[16]。

マルクスは、土壌枯渇に関連したエコロジー危機の傾向について深く懸念していた。彼は、『資本論』第一巻出版前の一八六六年に、エンゲルスに宛てて次のように書いている。第三巻における地代批判を発展させるにあたって、「ドイツにおける新しい農芸化学、ことにこの問題に関してはすべての経済学者をひっくるめてもそれ以上に重要であるリービッヒやシェーンバインを、苦労して読み進めなければならなかった[17]」。リービッヒの著作を一八五〇年代から研究していたマルクスは、一八六二年版の『農芸化学』序文における批判的考察に影響され、リービッヒの議論を自身の経済学批判へ組み入れたのである。

一八五七―五八年の『要綱』以来、マルクスは、物質代謝〔Stoffwechsel〕――一八三〇年代に細胞生物学と生理学の新発見を行った科学者によってはじめて展開され、その後、化学（とりわけリービッヒによって）と物理学へと適用された――の概念を、生産を通じた自然と社会との相互作用を説明する際に、議論の中心に据えてきた。彼は、労働過程を人間と自然とのあいだの物質代謝的関係として定義した。この物質代謝は、人間にとって必然的に、社会的に媒介された形態をとるのであって、すべての生命に共通する有機的条件を含んでいるが、さらに、生産を通じた特殊に人間‐歴史的な性格をも帯びるのである〔18〕。

この枠組みに基づいて、マルクスは『資本論』において、工業化された資本主義農業における土壌循環の破壊が、人間と自然との物質代謝的関係の「亀裂」をもたらすほかないと強調している。

> 資本主義的生産様式は、それが大中心地に堆積させる都市人口がますます優勢になるに従って、一方では、社会の歴史的原動力を蓄積するが、他方では、人間と土地とのあいだの物質代謝を、すなわち、人間によって食料および衣料の形態で消費された土地成分の土地への回帰を、したがって持続的な土地豊度の永久的自然条件を攪乱する。……あの物質代謝の単に自然発生的に生じた諸状態を破壊することをつうじて、……社会的生産の規制的法則として、また完全な人間の発展に適合した形態において、その物質代謝を体系的に再建することを強制する。……資本主義的農業のあらゆる進歩は、単に労働者から掠奪する技術における進歩であるだけでなく、同時に土地から掠奪する技術における進歩でもある。……それゆえ資本主義的生産は、すべての富の源泉すなわち土地および労働者を同時に破壊することによってのみ社会的生産過程の技術および結合を発展させる〔19〕。

〔16〕 Liebig quoted in Kapp 1971, 35. 邦訳三九頁。
〔17〕 Marx and Engels 1987b, 227. 邦訳一四九頁。
〔18〕 Foster 2000a, 155–62. 邦訳二四七～二五九頁。
〔19〕 Marx 1976b, 637–38, 邦訳八六三～八六四頁。

マルクスは、リービッヒにならって、こうした自然と社会との物質代謝の亀裂がもつグローバルな性格を強調している。たとえば、次の議論である。「イングランドがここ一世紀半このかた、その耕作者に土地成分の補償手段すらも与えずに、アイルランドの土地を間接に輸出した」[20]。マルクスは、自らの分析を、エコロジー的持続可能性、すなわち「連綿と繋がる幾世代もの人間の固定した生活諸条件全体」を保持する必要性と関連させた。マルクスは、社会主義下での生産の本性を最も包括的に叙述する際に、次のように述べている。「この領域における自由は、ただ、社会化した人間、アソーシエイトした生産者たちが、人間の自然との物質代謝を合理的に規制し、……最小の力の支出で、自らの人間性に最もふさわしい、最も適合した諸条件のもとでこの物質代謝をおこなうこと、この点にだけありうる」[21]。

ここ一五年間、エコロジーの研究者は、物質代謝の亀裂に関するマルクスの分析がもつ理論的視座を応用し、多様で幅広い分野において展開する資本主義的矛盾を分析してきた。すなわち、地球システムの境界、炭素の物質代謝、土壌枯渇、肥料生産、海洋の物質代謝、漁場の収奪、森林伐採、森林火災管理、水文学的循環、山頂除去、家畜の管理、農作物燃料、グローバルな土地の横領、都市と農村とのあいだの矛盾などである[22]。

しかしながら、最近少なくない左派の論者から、この見解に対する理論的反対が提起された。こうした非難の一つは、物質代謝の亀裂という観点が、自然と社会を別個の存在として二元論的に把握する、「デカルト的二元論」に陥っていると指摘する[23]。それゆえ、物質代謝論が弁証法的分析の根本原理を侵害しているというのだ。それと関連した非難は、まさに自然と社会との物質代謝の亀裂という概念こそが、「生物物理学的環境の弁証法的相互作用」を否定する点で、「非反省的〔non-reflexive〕」であると攻撃する[24]。さらに、それ以外の論者は、物質代謝の亀裂それ自体の実在性が、「認識論的亀裂」あるいは二元論的世界観を生み出すため、結局のところ、マルクス自身の価値論が侵害されることになり、マルクスも自らの分析においてエコロジー的関係を過小評価することになったと主張する[25]。

[20] Marx 1976b, 860. 邦訳一一九八～一一九九頁 ; Clark 2012, 68–82.

[21] Marx 1981, 754, 959. 邦訳一〇九〇、一四四一頁。

[22] Wishart 2013; Foster, clark and York 2010; Burkett 2006を参照。

[23] Moore 2011, 1-2, 8, 11.

[24] Stoner 2013, 7. ストーナーが、物質代謝の亀裂に対する「非反省性」という批判を、マルクスに直接向けるというよりは、むしろ私に向けているという点に注意すべきである。彼は次の主張にもとづいて批判している。「私たちは、物質代謝の亀裂に関する理論をマルクスに帰することに慎重にならなければならない。というのも、彼はこの術語を使用しておらず、そのような術語にもとづいた理論を発展させようとしていないからである」。しかし、ストーナーは、自然と社会との物質代謝と社会的‐エコロジー的物質代謝の亀裂に関するマルクスの全叙述（一八五七～五八年の『要綱』から一八七九～八〇年の『ワーグナー評注』に至るまで）がなぜ実際に存在しないか、あるいは誤って彼に帰されているのかについて、（アドルノへのもっともらしい言及のほかに）どのような説明も与えていない。

[25] Schneider and McMichael 2010, 478–82. シュナイダーとマクミヒャエルは、自然と社会との物質代謝の亀裂が、「認識論的亀裂」を生み出し、自然と社会が思考内部で分離され、弁証法的視座を失った結果、様々な二元性が生じると述べている。驚くべきことに、彼らはこの分析をマルクス理論それ自体の部分的批判に持ち込んでいる。彼らが言うに、マルクスは、価値分析において、絶えず「社会‐自然関係の片方のみを表現する危険を冒して」おり、彼自身が時おりそのような方法論的二元論に陥っている。というのも、「価値の抽象あるいは自然の抽象は、資本の理論においてエコロジー的関係を捨象する」からである。ここで彼らは、マルクスが価値関係の扱いにおいて、資本の価値構造それ自体の批判に取り組んでいる点を理解できていない。マルクスの概念において、資本はその価値抽象をエコロジー的関係において基礎づけることに失敗しており、この点は疎外された生産様式としての資本の性格に固有なものである。マルクスは、資本主義下の価値を富から鋭く区別することによって、――前者に対立する後者は、その源泉を労働と土地の両方に持っている――このことを明らかにしている。Marx 1938, 3, 邦訳一五頁参照。

ここで、物質代謝の亀裂に関するマルクスの理論は、私がよく詳論しているように、エコロジー危機――マルクスが捉えた、人間社会が絶えず有機的存在の条件に依存するという関係が破壊される――の理論であるという点を強調することが重要である。彼の見方では、この危機は、資本主義的商品生産に関連する克服不可能な矛盾を表しているのだが、その含意を十分に理解することができるのは、自然－社会の物質代謝というより大きな理論だけなのである。

人間社会がより幅広い自然領域において誕生し、かつ存在せざるをえなかったという事態を説明するために、マルクスは「自然の普遍的な物質代謝」という概念を用いた。生産は、人間存在とこの「普遍的な物質代謝」とのあいだを媒介する。それと同時に、人間社会と生産は、人間生活それ自体の誕生に先行する、この広大な地球規模の物質代謝の内部にあり、それに依存しつづけている。マルクスは、このことを「自然と人間とのあいだの物質代謝にとっての普遍的条件、そしてそのような人間生活の自然的条件」であると説明した。人間は、その生産をとおして、この「自然の普遍的な物質代謝」から自然的－物質的使用価値を「維持」あるいは抽出し、同時に、「［社会的な］再生体の要素としての」自然諸条件のなかに「［新しい］生気を与える」のであって、それによっていわば第二の自然を生み出すのである。しかしながら、資本主義的商品経済において、この第二の自然の領域は疎外された形態をとり、使用価値ではなく交換価値によって支配され、この普遍的な物質代謝の亀裂を招くことになる［26］。

私の考えでは、この理論は、自然－社会関係を唯物論的－弁証法的に理解するための基本的骨格を提供するものであって、マルクスの時代において最も発展した自然科学（新興の熱力学を含む）と明らかに親和的であるだけでなく、今日のさらに進歩したエコロジー的理解に対してもそうなのである［27］。この見方は、決して二元論的あるいは非反省的なものではない。じじつ、マルクスの唯物論的弁証法において、社会（主体／意識）も自然（客体）も一方が他方に完全に包摂されることはなく、したがって、この見方は絶対的観念論や機械論的科学に陥ってはいない[28]。人間は生産をとおして自然を変形するが、ただ意のままにそれをおこなっているのではない。むしろ、人間は、（自然史および社会史両方の）過去から受け継いだ諸条件のもとで生産しているのであって、生命と物質的存在の基礎にあるダイナミクスに依存しつづけるのである。

この概念枠組みと格闘する一握りの左派の論者は、「物質代謝の亀裂」理論をデカルト的二元論の一形態として特徴づけたが、その主な原因は、明らかに、次のことを理解し損なっている点にある。すなわち、唯物論的弁証法の観点では、分析のために総体内部の一「契機」（あるいは媒介）を一時的に分離するという抽象を行うことなしには、有意義な方法で世界を分析することができない[29]。こうした概念使用は、一見すると——全体のダイナミクスから分離された際には——一面的で機械的、二元論的あるいは還元主義的に見えるかもしれない。マルクスにしたがえば、「自然と人間との物質代謝」に言及する際

[26] Marx and Engels 1989, 54–66, 邦訳八三～一〇三頁。

[27] このような分析は、もちろん、マルクスの価値論にもとづいた批判と結びつけられていなければならない。これはBurkett 1999において成し遂げられた。

[28] もちろん社会もまた、物質的に生産されているのだから、客体的なものであって、自然と人間との物質代謝の歴史的顕現である。Lukács 2003, 100-1, 115を参照。

[29] 科学と知識に対する弁証法的アプローチにおける抽象の鍵となる「分離」の役割については、Levy 1933, 31–81 and Levy 1938, 30–36; Ollman 1993, 24–27; Paolucci 2007, 118–23, 136–42; Paolucci, Lewontin and Levins 2007, 149–66を参照。

に、「人間」（人類）が実際に完全に「自然」から独立して、あるいは「自然」の外部に存在する——さらには今日において自然が完全に人間から独立して（あるいは影響を受けずに）存在する、などと決して想定されてはならない。そのような抽象作用の目的は、単により豊かな具体的総体性を把握することであって、この抽象は、歴史的発展の文脈のなかでこの総体性を構成すると合理的に判断される、特殊な諸媒介を吟味することによって行われる[30]。マルクスの見解からすれば、私たちの自然に関する知識とは、人間‐社会の物質代謝、すなわち自然世界に対する生産的関係の産物にほかならないのである。

マルクスの「自然と社会との物質代謝」に関する分析は、世界に対する二元論的あるいは非反省的なアプローチを提示するものではなく、きわめて弁証法的であって、より豊かな具体的総体性の把握を目指している。私は、デヴィッド・ハーヴィーが二〇一一年にドイッチャー賞受賞講演でおこなった次の考察に賛同する。すなわち、マルクスの「自然に対する物質代謝的関わり」の概念に関連した「普遍性」は、実在性概念におけるいわば一連の外的諸条件および境界をなしており、この実在性内部においてマルクスの経済学批判のあらゆる「異なる「諸契機」」が潜在的には相互に関連しているのである。ハーヴィーが言うように、確かにマルクスは、資本を批判する際に、こうしたより壮大な境界問題を脇におき、世界経済と自然の普遍的な物質代謝の問題を後に残しておこうとしていたと思われる[31]。じじつ、マルクスのより幅広いエコロジー的視点は、ある点では、未分化で抽象的なままであるほかなく、具体的総体性のレベルまで到達することができていない。というのも、共進化的な自然‐社会の弁証法と関連した、特殊歴史的な媒介を議論する前提として、通読されるべき科学文献が一見しても膨大な数存在すると思われるからである。

それでもマルクスは、このまったくもって巨大な仕事との格闘を避けることはなかった。彼は、晩年に、地質時代初期における気候変動と関連した、等温線（地球の温度帯）の変化がどのようにして地球史における大絶滅を引き起こしたか、について注意深くノートをとっていた。アメリカの卓越した気候学者ジェームズ・ハンセンは、まさにこの等温線の移動を、地球温暖化の結果、今日の動植物が直面する主要な脅威と見なしたが、この等温線は種よりも速く極地の方へ移動するのである［32］。さらに、こうした自然科学に対する深い関心の例として、ジョン・チンダルの王立協会での講義にマルクスが興味を示していたことが挙げられる。この講義は、地球の気候を規定する太陽光の放射と多様なガスとの相互関係に関する彼の実験を紹介するものであった。マルクスは、これらの講義のいくつかに出席していたので、気候に大きな影響を与える温室効果について実験を通じた説明をチンダルが初めて行った講義にも、実際に出席していた可能性は十分にある［33］。マルクスのこうした自然条件へ着目は、自然の普遍的な物質代謝の問題と、より特殊的な、生産における社会と自然とのあいだの社会 - 物質代謝〔socio-metabolic interaction〕の両方について、彼が真剣に考察していたことを明らかにしている。人間と生命一般

［30］Mészáros 1972, 61–91を参照。
［31］Harvey 2012, 12–14, 36.
［32］MEGA IV/26, 214–19, Jukes 1872, 476–512; Hansen 2009, 146–47, 邦訳二二一～二二三頁も参照。
［33］Hulme 2009, 121–23; Yergin 2011, 425–28; 邦訳五九～六二頁、Lessner n.d., 161; Uranovsky 1935, 140; Weart 2003, 3–4; 邦訳九～一〇頁、Henderson 1976, 262.
［34］この点について、マルクスの友人ランケスターが、とりわけ彼の小論文「人間による自然の抹消」において、人間による地球上の種の壊滅的な破壊について、二〇世紀前半において最も辛辣な論者として登場することになるのは興味深い。Lankester 1913, 373–79を参照。

の未来は、マルクスがはっきりと理解していたように、「人間世代の連鎖」という観点からみた、これらの物質代謝的関係の持続可能性に依存しているのである[34]。

3　地球の物質代謝の亀裂

マルクスの「物質代謝の亀裂」理論に対する反論も、残すところ三つ目だけになった。曰く、今日のより発展した状況と分析においては、彼の理論は時代遅れと見なされ、もはや現代世界のエコロジー分析にも直接適用できない。こうして、物質代謝の亀裂は、さらに発展させられ、エコシステムとダイナミックな自然循環を説明し、労働過程を考慮に入れないかぎり、「自然的経路および過程における攪乱を叙述する方法としては時代遅れである」という批判がなされてきたのである[35]。

しかし、このような弁証法的綜合は、はじめからマルクスの「物質代謝の亀裂」理論の強みであった。なぜなら、それは明らかに人間と自然との物質代謝としての労働過程理解にもとづいており、したがって、生物地球化学的循環、そして一般的な物質とエネルギーの交換との関連において人間社会の重要性を指摘しているからである[36]。エコシステムの概念それ自体は、この弁証法的体系アプローチにその起源を持ち、その概念の展開においては、イングランドでダーウィン後の世代のなかでも第一線にて活躍したダーウィン主義生物学者で『資本論』を賞賛した、マルクスの友人E・レイ・ランケスターが先導的役割を果たすことになる。ランケスターは一八七三年に、彼が監訳したエルンスト・ヘッケル

『創造の歴史』のなかで、はじめて「œcology」という語（のちのエコロジー）を英語に導入した。のちにランケスターは、エコロジーの同義語とされる術語「生態学〔bionomics〕」という自身の概念によって、一八八〇年代に複雑なエコロジー的分析に着手し、それを発展させる。さらに、ランケスターの生態学研究の影響を受け（また、イギリスのマルクス主義数学者ハイマン・レヴィの初期システム理論の影響を受け）、一九三五年にエコロジー的関係を唯物論的に説明するためにエコシステム概念を導入することになるのは、ランケスターの弟子アーサー・タンズリーであった［37］。

物質代謝概念は二〇世紀のシステム生態学の基礎となったが、それは、とりわけユージーンとハワード・オダムの記念碑的著作において顕著である。フランク・ゴレイが『エコロジーにおけるエコシステ

［35］ Schneider and McMichael 2010, 481–82. いっそう批判的な他の論者においては、マルクスが「エコロジー」という言葉（ヘッケルによって一八六六年に生み出されたが、マルクスとエンゲルスの生きた時代には一般的に用いられていなかった——オックスフォード英語辞典によれば、英語でこの言葉がはじめて言及されたのは、ヘッケルの著作の翻訳書を別にすると、一八九三年になってのことであった）を用いていないこと、そして彼が「ＰＣＢｓ、ＣＦＣｓ、ＤＤＴを生み出した化学の発展」を知りえなかったことを理由に、マルクスの分析はエコロジー的であるとは考えられないと主張する。De Kadt and Engel-Di Mauro 2001, 52–54.

［36］ 生物地球化学循環と生物圏に関する地球システムの考え方は、一九二〇年代のソビエトの科学者Ｖ・Ｉ・ベルナドスキーの著作にその起源を持ち、とりわけ一九三〇年代のエコロジストに対する粛清に先立つ時代の、ソ連における弁証法的エコロジーの著しい発展を反映している。Foster 2000, 240–244, 邦訳三七六～三八一頁を参照。

［37］ "Ecology," *Oxford English Dictionary*, 1975; "Ecology," *Oxford English Dictionary Online*; Haeckel 1880, 354; Lankester 1890, 287–387; Tansley 1935, 284–307; Foster, Clark, and York 2010, 324–34; Ayres 2012, 42–44 を参照。

ム概念の歴史』のなかで説明しているように、オダムは、「システム全体の物質代謝」を決定するために、「定常状態のもとでインプットとアウトプットの差異を測定することで、［エコ］システムのダイナミクスに関する研究方法を開拓した」。オダムの基礎研究にもとづいて、いまでは、単細胞から始まりエコシステムに至る（そして地球システムをこえた）、すべての生物学的レベルに言及するために、物質代謝論が用いられている。のちに、人間社会をこの幅広いエコロジー的なシステム理論に統合する試みにおいて、とりわけ「帝国主義的資本主義」における、自らの提唱するエコロジー的「不等価交換」の理論を発展させる際に、オダムはマルクスの著作を大いに利用したのである［38］。

実際、今日私たちが、人間‐社会的物質代謝と土壌養分の循環問題に関するマルクス自身の問題構成に立ち返るならば、エコロジー科学の観点からみて議論は次のように展開されるであろう。生物有機体は、互いの、そして無機的世界との標準的な相互作用において、ほかの有機体を補食することによって、あるいは緑色植物の場合は、光合成と土壌からの養分摂取を行うことによって、養分とエネルギーを絶えず獲得する。その後、養分とエネルギーは、複雑な「食物環」のなかで、ほかの有機体へと受け渡され、その食物環において養分が循環し、最終的にはもとの場所近くに回帰する。この過程のなかで、抽出されたエネルギーは有機体の機能において使い果たされるが、最終的には、その一部は分解困難な土壌有機物の形態で残されることになる。植物は、その根をとおして養分を吸い上げつつ、根の周りに活発な微生物学的領域を作り出すような、エネルギーに富んだ化合物を放出することで、絶えず土壌と生産物の交換を行っている。植物やほかの動物を食べる動物は、通常、摂取した養分のほんのわずかな部分しか使用せず、残りを大小便として付近に放出する。動物が滅ぶと、土壌有機体がその養分と、死物に含まれるエネルギーを使用する。生物有機体と物質（鉱物や生物、もしくは死物）との相互作用は、一般的にエコシステムがほとんど影響を受けないようなものであって、養分は循環して最初に獲得された場所の近くへ回帰する。同じく、地質学的な時間尺度では、鉱物に閉じ込められた養分の風化が、未来の有機体によるその利用を可能にする。したがって、一般的に、養分が枯渇し、豊かな土壌のような他の健全な諸環境が失われた結果、自然のエコシステムが「機能不全」に陥るなどということは考えられない。

人間社会が発展するにつれて、とりわけ資本主義の成長と拡大にともなって、自然と人間との相互作用は、以前よりも大きく強力になり、はじめに局地的環境を、次に地域的環境を、そして最後にはグローバルな環境にまで影響をおよぼすようになる。今や食物と動物飼料が日常的に長距離輸送される結果として、一九世紀にリービッヒとマルクスが主張したように土壌は枯渇し、穀物農場においては日常的に商業肥料を利用するほかなくなった。それと同時に、こうした穀物の栽培場所と人間や家畜の消費場所との物理的分離は、都市の下水中の、さらに工場式農場施設が集中する地区周辺に堆積した肥料中の、大量の養分をどう処分するかという大問題を生み出した。そして、この養分循環における分断の問題は、現在発生している多くの物質代謝の亀裂の一例にすぎないのだ。特定の動物――人間――と残りのエコシステム（ほかの種を含む）との物質代謝の性質が変化しているという事実は、私たちが直面して

［38］ Odum 1969, 262–70; Golley 1993, 70; Odum and Scienceman 2005, 17–43; Odum 2007, 303, 276; Foster and Holleman 2014.

いるエコロジー問題の核心なのである[39]。

これらのエコロジー的過程に関する私たちの理解は、マルクスとエンゲルスの時代からずいぶんと発展したが、資本主義社会によって引き起こされた物質代謝の亀裂を正確に指摘している点で、彼らが現代のエコロジー問題の本質を捉えていることは明らかである。エンゲルスがマルクスの『資本論』における議論の要約で述べたように、工業化された資本主義的農業は「土地の掠奪、つまり資本主義的生産様式の極致がいっさいの富の源泉である土地と労働者を蝕むこと」によって特徴付けられる[40]。マルクスとエンゲルスにとって、このことは、都市と農村のあいだの矛盾と、都市の発展にともなう人間と自然との物質代謝の極端な破壊とを防ぐ必要性を反映したものであった。エンゲルスは『住宅問題』のなかで、次のように書いている。

都市と農村の対立を廃止することがユートピアでないのは、資本家と賃労働者の対立を廃止することがユートピアでないのと、なんら変わらない。この対立の廃止は、工業生産にとっても農業生産にとっても、日ごとにますます実際的な要求になっている。リービッヒが農芸化学についてのその著書のなかで要求したほどに、声高くこのことを要求したものは誰もいない。そこでは、人間が土地から受け取ったものは土地に返すということが、つねに彼の第一の要求になっており、また、都市、とりわけ大都市の存在だけがこれを妨げていることが証明されている。ここロンドンだけでも、ザクセン王国全体が作り出すよりももっと大量の糞尿が日々莫大な費用をかけて海に流されていることを知り、そしてこの糞尿が全ロンドンを汚染しないように防ぐのにどんなに大掛かりな設備が必要とされるかを知るとき、都市と農村との対立の廃止というユートピアはきわだって実践的な基礎を持つようになる[41]。

養分循環と廃棄物処理の問題は、都市と農村の関係と同様に一九世紀以降変化したとはいえ、人間－社会の物質代謝によって生じる自然循環の亀裂という根本問題は依然として残っている。

したがって、マルクスとエンゲルスの弁証法と唯物論へのアプローチは、現代のエコロジー的批判の発展と複雑な仕方で交錯していると見ることができる。この点がこれほどまでに知られていない理由は、自然弁証法を探求する（卓越した科学者さえも含めて）すべての人々を――おそらくばかげた体制への屈服（特にソビエト連邦でのルイセンコ事件）を思い起こさせる様々な場合を除いたとしても――見限る傾向のあった、西欧マルクス主義にさかのぼることができる[42]。ここで私が言及しているのは、イギリスの文脈ではレヴィ、クリストファー・コードウェル、J・D・バナール、J・B・S・ホールデン、ジョセフ・ニーダム、ランスロット・ホグベン、そしてベンジャミン・ファリントンのような非常に重要な人物、そして同様に、ランケスターやタンズレーのような非マルクス主義的な唯物論者や社会主義者であ

[39] ここで記述した、近代土壌学の視座と、養分循環に関する人間の物質代謝の変化がもたらす影響について、私はフレッド・マグドフに負っている。Magdoff and Es 2009を参照。
[40] Engels 1956, 95, 邦訳二八七頁。
[41] Engels 1975, 92, 邦訳二七七～二七八頁。Marx and Engels 1987a, 460–462, 邦訳四九一～四九三頁も参照。
[42] ルイセンコ論争に関する筋立った説明については、Levins and Lewontin 2011, 163–96を参照。

る[43]。後に、私たちは、ハワード・オダム、バリー・コモナー、リチャード・レヴィンズ、リチャード・レウォンティン、そしてスティーヴン・ジェイ・グールトといった思想家の著作において、マルクスを部分的に利用したエコロジー的批判の発展を目にすることになる[44]。フランクフルト学派の思想家が、現代の産業技術によるネガティブな環境影響と同様に、「啓蒙の弁証法」によって「自然の支配」に関して注目すべき考察をおこなったにもかかわらず、エコロジー思想への主要な社会主義的貢献が現れたのは、フランクフルト学派ではなく、むしろよりオーソドックスな唯物論者と科学的伝統の内部においてであった[45]。

今日、エコロジー的亀裂を批判的に理解する点において、私たちは極めて前進している。自然-社会関係に対するマルクスの物質代謝アプローチは、彼自身の著作で叙述されたような、資本関係に対する徹底的に弁証法的な批判を取り入れるものは滅多にないとはいえ、幅広く環境保護思想に採用されるようになっている。例えば、都市部に関連した物質フローを取り扱う「産業物質代謝」の学際的研究の伝統が、ここ数十年間で発展してきたのである。ウィーンの社会生態学協会の設立者であり、今日の物質フロー分析の第一人者マリナ・フィッシャー=コワレフスキーは、一九九〇年代後半に、物質代謝が社会・生態学思想の内部で「概念の希望の星」になったと書き留めている。また、「一九世紀の社会理論を基礎づけた人々の中で、「物質代謝」という言葉を社会へ適用したのはマルクスとエンゲルスであった」と彼女は述べた[46]。

グローバルなエコロジー危機は、いまや社会科学の内部でも、人間の自然に対する物質代謝的関係が、世界のエコシステムを犠牲にして産業化され、その結果としてまさに社会の存在基盤が掘り崩されるという観点から、ますます理解されるようになっている。マルクスの「社会的物質代謝」（「社会 - エコロジー的物質代謝［socio-ecological metabolism］」として言及されることもある）概念は、批判的なエコロジー経済学者によって、現在のエコロジー的不安定性の状況を含め、人間 - 自然間の相互作用の全歴史を記述するために使用されてきた。これは、「社会 - 物質代謝的な移行」への要求と並んで、生産様式を継起的な「社会 - 物質代謝的体制」として分析することを可能にする［47］。また、マルクスの「物質代謝の亀裂」論を資本主義社会批判とより直接的に結合することによって、環境社会学の研究者は、エコロジー問題

［43］ Foster 2010, 106–120 を参照。

［44］ Commoner 1976, 236–244; 邦訳二五〇～二六〇頁、Levins and Lewontin 1985; York and Clark 2011 を参照。

［45］ フロムが、フランクフルト学派の発展において極めて決定的な形成的役割を果たした一九三二年の論文「分析的社会心理学の方法と機能」のなかで、自然 - 社会の弁証法を取り扱うことの必要性を強調し、「自然的要因を明白に強調している」と述べて、ニコライ・ブハーリン『史的唯物論』の重要性を指摘したことは注目に値する。ただしフロムは、ブハーリンがこの著作のなかでマルクスの物質代謝概念を使用したと単に述べただけであった（Fromm 1970, 153–154, 邦訳一九七～一九八頁）。しかし、フランクフルト学派は、自然弁証法がもつ扱いにくい問題全体をラディカルに再考する道をすすむことはなかった。その結果、フロム、ホルクハイマー、アドルノ、そしてマルクーゼといった思想家は、のちに自然の支配に関する多様で幅広い批判哲学的考察をおこなうことになるが、それらはすべて、エコシステム分析、エコロジー的科学、そしてエコロジー危機そのものに関する実体的で唯物論的な基準点を欠くことがあまりにも多かった。彼らが用いることができた批判的装置は、資本主義社会と環境とのあいだの一般的な衝突を認識することを可能にしたが、西欧マルクス主義と自然科学のあいだで生じた分離は、批判的あるいは弁証法的自然主義／実在論や自然それ自体のダイナミクスの認識を要求する分野が更に発展するのを妨げた。この一般的な問題については、Bhaskhar 1979 を参照。また、マルクスの社会的物質代謝概念の重要性に対するアドルノの一面的な理解については、Cook 2011, 24–26, 103–104 を参照。

［46］ Fischer-Kowalski 1997, 122.

の全範囲に対して——論点をエコロジー的不等価交換とエコロジー的帝国主義にまで拡張して——歴史的かつ実証的探求を貫徹することができるようになった［48］。

もちろん、これらの著作の多くは、世界が重要な「地球の境界」（この境界は、現在の地球が人間文明の成長を促進した完新世の諸条件からどれほど逸脱しているかによって定義される）を越えているという認識に基づいている。例えば、ストックホルム・レジリエンス研究所のヨハン・ロックストームによって切り開かれた批判的アプローチと、ハンセンのような卓越した気候学者がそうである。ここでの主な関心は、人間の自然に対する関係の大亀裂と呼ばれうるものであるが、この大亀裂は、気候変動、海洋酸性化、オゾンの枯渇、生物多様性の喪失（と種の絶滅）、窒素と亜リン酸循環の破壊、表土の喪失、新鮮な水源の喪失、エアロゾルの充満、そして化学汚染など、地球システムの境界を越えることによって引き起こされたのである［49］。

二〇〇三年のアース・デイに、NASAは、地球上の植物生命が光合成によってどの程度炭素を固定しているかに着目した、「地球の物質代謝」に関する量的な衛星測定と地図をはじめて公開した。このデータはまた、砂漠の拡大、干ばつの影響、森林の脆弱性、そしてその他の気候変動の展開を監視するためにも使われている［50］。もちろん、地球の物質代謝の問題は、直接的に人間と環境との相互作用に関連している。人間はいまや、光合成によるグローバルな地上の純一次生産量のうち相当な部分を消費しており、その分量は持続不可能な程度にまでふくれあがっている。その一方で、人間の生産による「炭素の物質代謝」の破壊は、もしほかの道をとらなければ、人類それ自体をも含んだこの惑星の生命に壊滅的な影響を与えるような仕方で、地球の物質代謝に根本的な影響を与えるだろう［51］。ハンセンは、とりわけ炭素の物質代謝の大亀裂が将来的に引き起こす結末を次のように述べている。

> したがって、もし私たちがすべての化石燃料を掘り尽くして燃やしたときに、遠い将来のいつか生じる地球のイメージは、……無氷の南極と無人の荒れ果てた惑星に一致する。ヒマラヤの気温が魅力的なものになるかもしれないとはいえ、少数の富者によってこの領域が独占されることをその他の大半の人々が承認することも、あるいはこの惑星に生きる他のほとんどの種が絶滅したなかで人間だけが生きのびることも疑わしい。すべての化石燃料を燃やし尽くした結果、この惑星が無氷となるだけではなく、無人にもなりうると主張することは、利用可能な最良の科学的根拠からすると、あながち誇張ではないのである〔52〕。

〔47〕Haberl, Fischer-Kowalski, Krausmann, Martinez-Alier and Winiwarter 2011, 1–14. この論文の執筆者は「社会的物質代謝」概念の起源をマルクスに帰することなく、R・U・アイレスとU・E・シモニスをこの概念をはじめて使ったケースとして好んで参照しているが、これはアイレスとシモニスが一九九四年の編著のなかで「産業物質代謝」というカテゴリーを使用したことにもとづいている。それにもかかわらず、この論文の著者フィッシャー＝コワレフスキーとマルティネス＝アリエの両者は、彼らの初期の著作において「社会的物質代謝」概念の起源がマルクスにあるとはっきり述べている。この論文で彼らがこの事実を注記しなかったのは、彼らが資本主義の問題を完全に避けようとして、現代のエコロジー問題を単に「産業社会」に由来するとした結果、この点において、少なくともこれらの著者の何人かの初期著作と矛盾するようになった、という事実に関係しているだろう。

〔48〕Wishart 2013.

〔49〕Rockström, et. al. 2009, 472–75; Foster, Clark and York 2010, 13–18.

〔50〕"NASA Satellite Measures Earth's Carbon Metabolism,".

〔51〕Canadell, et. al. 2000, 115–130.

4 マルクスと社会・生態学的革命

私たちがまったくもって深刻な地球の物質代謝の大亀裂に直面したときにこそ、マルクスの自然と社会との物質代謝アプローチが最も必要不可欠なものになる。マルクスの分析は、地球そのものの「掠奪」を生み出す、資本主義的生産による「永久的自然条件」の断裂を強調する[53]。だが、彼の分析の独自性は、蓄積と技術の強制力（すなわち、生産の踏み車）を超えて、商品経済における質的な使用価値構造、つまり人間の欲求とその充足の問題を指摘している点にある。マルクス理論において、自然的で素材的な人間労働それ自体の使用価値は、人間欲求の真の充足という意味での現実的な生産性のうちにある。彼が議論しているように、資本主義においては、この使用価値がもつ潜在的な創造力が歪められて、労働力は、資本家のために剰余価値を生み出す限りでのみ、「有用である」（資本主義的な交換価値の観点からみて）と見なされるのだ[54]。

なるほど、マルクスは、こうした使用価値の歪曲（と労働それ自体の有用性）について、詳細かつ十全に追及することはなかった。彼は、商品経済の質的な使用価値構造の問題を提起したとはいえ、経済学批判のなかではその大部分を考察の外におくことにした[55]。奢侈品生産という相対的に重要でない部門以外で生産された使用価値が、人間の真の欲求に適合するということは、まさに、概して一九世紀半ばの資本主義という文脈において仮定されているのである。一九世紀最後の四半世紀に始まる独占資本主義のもとで、またさらに最近の、グローバル化した金融・独占資本段階の出現にともなって、こうした事情はすべて変化した。このシステムは、慢性的な過剰蓄積という条件のもとでただ蓄積し続けるために、ますます否定的な使用価値生産と人間欲求の非充足を要求する〔56〕。このことは、労働過程の、すなわち人間と自然との物質代謝的関係の、絶対的疎外をもたらすのであって、この疎外状態は労働過程を極めて浪費的な形態に転化するのである。

このことを大々的に認識した最初の人物は、独占資本の成長、無益な財の大量生産と関連する浪費、そしてその結果生じる「無駄な骨折り労働」を強調した、ウィリアム・モリスであった〔57〕。マルクスの『資本論』――とりわけ労働過程と蓄積の一般的法則に関する分析――を入念に研究したモリスは、他のどの思想家よりも、社会的な生産の浪費と社会的な労働の浪費との直接的関係を強調し、人間の生活、創造性そして環境それ自体の観点から、この関係の帰結を描き出した。「その場しのぎ〔Makeshift〕」

〔52〕Hansen 2013.

〔53〕Marx 1976b, 637–638, 邦訳八六三～八六四頁。

〔54〕「現実的労働は、ある使用価値を作り出すための、特定の諸欲望にかなったある仕方で、ある自然素材を我がものにするための、合目的的な活動である」とマルクスは書いている。Marx and Engels 1989, 55, 邦訳八三頁。明らかに、労働過程が疎外され、それによってこれらの本質的な自然的・社会的諸条件から疎遠になればなるほど、労働過程は人工的で非現実的な形態をとるようになる。

〔55〕これによって、マルクスが、特殊資本主義的な使用価値とそれに関連する労働の浪費の問題をまったく考慮しなかったと言いたいわけではない。このことに関しては、Foster 2013a, 14を参照。

〔56〕今日の金融・独占資本段階における特殊資本主義的な使用価値の機能については、Foster 2013b, 1–12を参照。

〔57〕Morris 1936, 469–482 and Morris 1915, 98–120, 238–254を参照。ここでのモリスの立場は、一八九〇年のユートピア小説『ユートピアだより』で明らかにされた、全体的にエコロジー的な含意のある社会主義観と密接に関わっている。Magdoff 1982, 1–15も参照。

と題された一八九四年の講演で、モリスは次のように述べている。

私は先日、バルフォー氏が、社会主義が不可能であるのは、社会主義のもとで私たちはいまおこなっているよりもずっと少なくしか生産できないからだ、と言っていることを知った。そこで私は、たしかに私たちのいまの生産量が半分か四分の一だけになるかもしれないが、いまよりもずっと裕福で、結果的にはずっと幸福であるだろうと主張した。さらに、私たちがおこなうどんな労働も、有用物すなわち私たち皆が欲する物の生産に転化されることによって、そして無益物すなわち私たちの誰もが——愚人でさえもが欲しない物を生産する労働を拒否すること……によって、それは可能となると述べたのだった。……私の友人たちの、とてもすばらしい多くの人々は、有刺鉄線、一〇〇トン砲、空中広告、そして鉄道にそった草原の景観を損なう広告看板などといった、純粋に迷惑なものの生産に従事している。だが、これらの迷惑なものを別としても、どれだけのより多くの人々が、金持ちの人々のための商品を作ることに従事しているのだろうか。その商品というのは、この金持ちに、いわば「彼らのお金を使う」ことを可能にする以外に役に立たない代物にもかかわらず。繰り返すが、どれほどのさらに多くの人々が、それよりましなことを何もできないからといって、労働者階級にとって劣悪な、その場しのぎの生産に従事しているのだろうか［58］。

二〇世紀初めのソースタイン・ヴェブレン、一九六〇年代のポール・バランとポール・スウィージーらは、資本主義経済における浪費と使用価値の歪曲についての経済学批判をいっそう発展させ、いわゆる「相互貫通効果」を指摘したが、それは、販売努力が生産そのものを貫き、生産におけるあらゆる合理性要求をも破壊することを意味している〔59〕。しかし、資本主義的な商品交換過程の、労働過程そのものの質的本性に対する影響を強調したという点でモリスに勝る者はいない。この商品交換過程は、すでに搾取された労働力を、さらに無益で非創造的な、むなしい骨折り労働——もはや社会的欲求の充足に役立たず、それどころかむしろ資源や生命をも浪費する——に従事する労働力に転化させるのである。

この点でこそ、マルクスの理論、とりわけ独占資本の批判が、資本主義の無限の創造的破壊から抜け出すための方法を提示してくれる。マルクスの、自然と社会との物質代謝に対する弁証法的アプローチが力を発揮するのは、まさに経済の使用価値構造を政治化することによってであり、労働過程ならびに経済の質的構造全体に対する使用価値の関係によってである。アメリカにおける、軍事、マーケティング、公的・私的セキュリティ、高速道路そして個人の奢侈品といったものへの歳出は、年間あわせて数千億円にものぼるが、多くの人間が基本的な生活必需品とディーセント・ライフを欠いており、また生物圏のシステム全体が破壊されつつある〔60〕。このことは、——もし私たちが実質的平等、エコロジー的持続可能性、自由一般にもとづく社会を作りだそうとするならば——共同ニーズと環境コストの問題、そして、とりわけ計画の必要性を必然的に提起する。

もちろん、人間たちが自ら共進化の過程に結集し、多様な闘争を結びつけることなしには、生産の使

〔58〕Morris 1936, 479. この引用の第一段落にある「拒否する」という単語の前にある省略〔……〕が「not」で置き換えられているが、これは明らかに校訂中の印刷ミスである。

〔59〕Veblen 1923; Baran and Sweezy 1996; "The Last Letters," 2012, 68, 73.

用価値構造全体のいかなる転換も考えられない。私たちの時代における、資本がもたらすエコロジーと経済の複合的矛盾、さらには帝国主義的遺産の全体を考慮すれば、そのような移行をめざす闘争は、南半球の発展途上国で——今日そのような兆候は既に存在する——最初に生じるであろうと思われる〔61〕。しかし、人間たちが資本主義の容赦なき創造的破壊のもたらすカタストロフィーの瀬戸際から世界を引き戻すことに成功するためには、その根本的条件として、社会の革命的再構築が、地球全体と全人類を包含するような規模と目的をもった、真に普遍的なものでなければならない。結局のところ、それは人間の自然に対する物質代謝の問題であり、さらには人間の生産と人間の自由それ自体の問題である。

〔60〕 Foster, Hannah Holleman and Robert W. McChesney, "The U.S. Imperial Triangle and Military Spending," *Monthly Review* 60, no. 5 (October 2008), 10; "U.S. Marketing Spending Exceeded $1 Trillion in 2005," *Metrics 2.0*, January 26, 2006, http:// metrics2.com; U.S. Bureau of Economic Analysis, National Income and Product Accounts, "Government Consumption Expenditures and Investment by Function," Table 3. 15. 5, http://bea.gov; "U.S. Remains World's Largest Luxury Goods Market in 2012," *Modern Wearing*, October 22, 2012, http://modernwearing.com; "Groundbreaking Study Finds U.S. Security Industry to be $350 Billion Industry," *ASIS Online*, August 12, 2013, http://asisonline.org.

〔61〕 これについては、Foster (2013a), 16–18, Foster (2013b), 9–10を参照。

第三章　持続可能な人間的発展についてのマルクスのヴィジョン

ポール・バーケット
［訳］佐々木隆治

発展した資本主義国において、社会主義経済についての議論はおもに資源配分における情報、インセンティブおよび効率性の問題に集中してきた。このような「社会主義計算」にたいする注目は、これらの議論のおもに学問的な文脈を反映している。対照的に、資本主義の周辺部における反資本主義運動や革命後の体制にとっては、人間的発展の形態としての社会主義が主要な関心事であった。注目すべき例は、エルネスト・チェ・ゲバラの「キューバにおける人間と社会主義」についての著作である。それは「社会主義建設の時期の特徴は……国家のために個人を犠牲にすることである」という議論にたいして反論した。チェにとって、社会主義革命は「大多数の人々が自らを発展させ」、また「社会の全構成員が完全に発展する物質的可能性が、その仕事をずっと実り多いものにする」ような過程である［1］。

グローバル資本主義が貧困と環境危機を悪化させるにつれ、持続可能な人間的発展は、中心部でも周辺部でも同様に、二一世紀のすべての社会主義者が取り組まなければならない主要課題として現れてきている。これから論じるように、まさにこの人間的発展との関係において、マルクスの共産主義あるいは社会主義（マルクスが言い換え可能なものとして用いているふたつの術語）のヴィジョンがもっとも有益なものになりうるのである[2]。

マルクスの共産主義が人間的発展のより健全で、持続可能な、解放的である形態のための闘いを活気づけることができるという提起は、ここ数十年の間に流行したマルクスに対するさまざまなエコロジカルな批判を考慮するなら、逆説的にみえるかもしれない。マルクスが自然諸条件を実質的に無限なものとして取り扱っているとされてきたこと、実践および倫理の両面において技術的楽観主義と自然にたいする人間の支配を容認していると考えられてきたこと、これらのために、マルクスのヴィジョンはエコロジー的には持続不可能で望ましいものではないとされてきた。

たとえば、有名なエコロジカル経済学者であるハーマン・デイリーは、以下のように述べている。マルクスという「物質決定論者にとって、経済成長は、新しい社会主義的人間の出現にとっての客観的条件である圧倒的な物質的豊かさを提供するために、決定的なものである。成長にたいするエコロジカルな制限は「歴史的必然性」と矛盾するだろう……」と。環境政治学の理論家であるロビン・エッカースレイが言うには、問題は「マルクスが「文明化」と資本主義的生産力の技術的成果を完全に支持しており、科学と技術的進歩を、人類が自然に打ち勝ち征服することを可能にする手段としてみなしていたヴィクトリア朝的信念を完全に取り入れていた」ということである。明らかにマルクスは「一貫して、人間の自由を、人間の自然への依存と反比例するものとみなしていた」のだ、と。環境文化主義者のヴィクター・ファーキスは次のように主張する。「マルクスやエンゲルスおよび彼らの現代の支持者は、近代技術にたいする事実上の崇拝」を共有しており、これは、なぜ「彼らが、近代社会の基本的な技術的構造を批判することを回避するという点で、自由主義者と結合したのか」を説明する、と。別の環境政治学者K・J・ウォーカーは、共産主義的生産についてのマルクスのヴィジョンは、「自然資源は実質的に無限である」という「暗黙の前提」があるため、現実的あるいは潜在的ないかなる「自然資源の不足」も認識していない、と主張している。環境哲学者のヴァル・ルートリーは、共産主義についてのマルクスのヴィジョンを、エネルギー多消費型の「環境破壊的な」生産および消費という反エコロジカルな「自動化された楽園」として描いている[3]。それは、「(マルクスの)自然の支配という前提から生じているようにみえる」。

これらの見解を取り上げることが重要であるのは、とりわけ、それらが環境意識の高いマルクス主義者のあいだでさえ影響力をもつようになったからであり、彼らの多くが、マルクス主義においてはエコロジカルな導きが欠けていると考え、非マルクス主義のパラダイム、とくにカール・ポランニーのそれに関心を向けてきたからである。マルクスの共産主義的ヴィジョンにおける人間的発展とエコロジカルな要素が十分に活用されていないということは、また、社会主義のための闘いにたいする実践的なオル

[1] Lange and Taylor 1964; "Socialism: Alternative Views and Models," 1992; "Building Socialism Theoretically: Alternatives to Capitalism and the Invisible Hand," 2002; Guevara 1973, 337, 350.

[2] マルクスの共産主義のヴィジョンにかんする従来の議論については、次の文献を参照。Chattopadhyay 1986; Ollman 1979.

[3] Daly 1992, 196; Eckersley 1992, 80; Ferkiss 1993, 110; Walker 1979, 35–36; Routley 1981, 242. マルクスの共産主義に対するエコロジカルな批判についての補足的言及は、Foster 1995, 108–109; Burkett 1999, 147–148, 223参照。

[4] Polanyi 1944; Weisskopf 1991; Sandler 1994; Vlachou 2002.

タナティブとして、資本主義の「緑化」に賭けようとするマルクス主義者たちの結論にも反映されている〔4〕。

それゆえ、私はマルクスのポスト資本主義経済及び社会についてのさまざまなアウトラインを、持続可能な人間的発展というヴィジョンとして解釈するだろう。この領域においてはマルクスとエンゲルスの間に重要な不一致はないため、私は必要に応じて、エンゲルスの著作やマルクスとエンゲルスの共著も参照する。共同所有とアソーシエイトした（非市場的な）生産の人間的発展の諸特徴についてのマルクスの見解について概説した後、私は、マルクスのプロジェクトにたいするもっとも共通したエコロジカルな批判に応答することによって、これらの諸原理の持続可能的な側面を描き出す。私はマルクスの共産主義的ヴィジョンと彼の資本主義分析とのあいだの結びつきを簡潔に再考することによって議論を締めくくるが、そのさい、あの人間的発展の最も重要な形態、すなわち階級闘争に焦点をあてるだろう。

1　マルクスの共産主義の基本的な組織原理

どんなものであれ「社会主義的ユートピア……について憶測すること」を避けようとしたために、マルクスとエンゲルスが、資本主義につづくシステムについては非常にわずかにしか考えておらず、彼らがこの主題について書いたものの全内容は、「『ゴータ綱領批判』」によって「数ページの長さで」示されており、「それ以上のものはない」という見解が従来からある〔5〕。

実際には、ポスト資本主義経済および政治的諸関係は、マルクス主義の創設者の主要著作のすべてにおいて、そしてマイナーな著作の多くに頻出するテーマであり、これらの議論の分散的な性質にもかかわらず、一連の明確な組織原理にもとづく一貫したヴィジョンをそれらから容易に見いだすことができる。マルクスのプロジェクトにおける共産主義のもっとも基本的な特徴は、資本主義による必要な生産諸手段からの生産者の社会的分離を克服することである。この新たな社会的結合は、労働力の完全な脱商品化と一連の新たな共同的所有を含意している。共産主義的な、あるいは「アソーシエイトした」生産は、生産者および共同体自身によって、賃労働や市場および国家といった階級を基礎にした媒介なしに、計画され、実行される。マルクスはしばしば、これらの基本的な特徴を、アソーシエイトした生産の主要な手段および目的、すなわち、自由な人間的発展という観点から説明し、描写した。

（1）新たな結合と共同的所有

マルクスにとって、資本主義は「労働する人間と労働手段との分離」をともなうが、共産主義は「新しい歴史的形態で原結合を復活させる」。共産主義は、「労働条件が労働および労働者にたいして独立な力として分離されるということ」の「歴史的な転倒」である。資本主義の賃金システムのもとでは、「生産手段が労働者を使用する」が、共産主義のもとでは「労働者が、主体として、彼ら自身のための富を

［5］ Auerbach and Skott 1993, 195.

［6］ Marx 1976b, 邦訳一二九頁; Marx 1971, 271–272, 邦訳三三七頁、Marx 1968, 580, 邦訳『資本論草稿集⑦』八〇九頁（強調原文）。

生産するために……生産諸手段を使用する」〔6〕のである。

生産者と生産諸条件のこの新たな結合は、エンゲルスがそれを言いあらわしたように、「人間の労働力をその商品としての地位から解放」するだろう。もちろん、このような解放——ここでは労働者は生産を「社会化された労働者」（後述）として遂行する——は、「これが可能なのは、彼らが彼らの生産諸条件の所有者である場合だけである」。しかしながら、この労働者の所有権は、諸個人の占有権や資本主義的所有を特徴づける譲渡可能性を含意しない。むしろ、労働者の共同所有は、集合的な生産者および彼らの共同体と生産諸条件との新たな統一を整備し、強化する。それゆえ、マルクスは共産主義を、「協同的生産をもって資本主義的生産に代え、原古的な型の所有のより高次な形態、すなわち共産主義的所有をもって資本主義的所有に代えること」として描いている〔7〕。

生産諸条件における共産主義的所有が個人的な私的所有ではありえないということの理由のひとつは、後者の形態が「同じ生産過程のなかでの協業や分業、自然に対する社会的な支配や規制、社会的生産諸力の自由な発展を排除する」ことにある。言い換えれば、「個々の労働者が個々人として生産諸条件を所有されている状態が再建されることがありうるとすれば、それはただ、生産力と〔疎外された〕大規模労働の発展とが解体されることによってでしかないであろう」。『ドイツ・イデオロギー』において述べられているように、「プロレタリアートによる領有」は、次のようなものとなる。「生産用具の全体は、各人の目的および万人の所有ために従属されなければならない。近代の普遍的交通は、万人によって制御されることなしには、諸個人によって制御されえない。……結合した諸個人による全生産力の領有とともに、私的所有は終わりを迎える」〔8〕。

さらに、資本主義による重要な生産の社会化を考えるならば、生産諸手段の「私的」所有は、その社会的性格が階級搾取的であったとしても、すでにある種の社会的所有である。「個人的ではなく、［むしろ］社会的な力」としての資本の性格から、次のことが結論される。「資本が共同の所有、社会の全成員に属する所有に変えられても、個人の所有が社会の所有に変わるわけではない。所有の社会的な性格が変わるだけである。すなわち、所有はその階級的な性格を失うのである」[9]。

したがって、マルクスのヴィジョンは、「資本が生産者たちの所有に、といってももはや個々別々の生産者たちの私有としてのではなく、結合した生産者である彼らの所有としての、直接的社会所有として再転化する」ことを意味している。共産主義的所有は、まさに「物的生産諸条件が労働者」全体「の協同的所有」であり、特定の諸個人あるいは諸個人の部分集団の所有ではない限りで、集団的である。エンゲルスが述べているように、「「労働人民」は家屋、工場、労働用具の総体的所有者にとどまり、それらのものの用益権は……費用の補償なしに個々人またはアソシエーションに引き渡されること

［7］ Engels 1939, 221; 邦訳二〇七頁（強調原文）。Marx 1971, 525, 邦訳六七四頁、Marx 1989a, 362, 邦訳四〇一頁（強調原文）。

［8］ Marx 1976a, 762, 邦訳一二九八頁; Marx 1994, 109; 邦訳三九〇頁（強調原文）。Marx and Engels 1976, 97, 邦訳一六〇～一六一頁／六四頁。訳注：Marx and Engels 1976, の邦訳は、編集方法が同じである『【新版】ドイツ・イデオロギー』を用いたが、部分訳であるため、『マルクス＝エンゲルス全集』第三巻の頁数も併記した。以下、『【新版】ドイツ・イデオロギー』に該当部分が存在しない場合は、『マルクス＝エンゲルス全集』第三巻の頁数を付記する。

［9］ Marx and Engels 1968, 47; 邦訳四八九頁。Marx 1981, 437–440; 邦訳七五八～七六四頁、Marx 1994, 108, 邦訳三八九頁も参照。

はおそらくないであろう」。集団的計画および社会的生産の管理は、生産諸手段だけでなく、総生産物の分配をも明確な社会的制御に従属させることを求める。アソーシエイトした生産とともに、「各人に「彼の労働の全収益」を確保できるということは、いうまでもない……（このフレーズが）意味を持つのは、労働者の一人ひとりがこうした「彼の労働の全収益」の所有者になるのではなく、労働者だけからなる全社会が彼らの労働の総生産物の所有者となり、その総生産物の一部を消費のためにその成員のあいだで分配し、一部をその生産手段の補填と増加のために使用し、さらに一部を生産および消費用の予備ファンドとして貯蓄する、というところまで、その内容が拡大されるばあいだけである」。「労働の全収益」から後者ふたつを「控除することは経済上の必要であって」、それらは「すべての社会的生産様式に共通な……剰余労働と剰余生産物の形態」を表す。さらに控除は「一般管理費」のため、「学校や衛生設備等々のようないろんな欲求を共同でみたす」ため、そして「労働不能者等のための元本」のために必要とされる。その後にのみ、「アソシエーションの個々の生産者のあいだに分配される消費手段の部分に……われわれは達するのである」[10]。

しかしながら、共産主義の生産諸条件および生産の諸成果の明確な社会化は、個人的所有権の完全な欠如と誤解されてはならない。共同的所有は「生産者にとっての私有を再建しはしない」が、にもかかわらず、このことは「資本主義時代の成果を基礎とする個人的所有をつくりだす。すなわち、協業と土地の共有と生産手段の共有とを基礎とする個人的所有をつくりだすのである」。マルクスは「資本家の他人所有が止揚されることができるのは、ただ、彼の所有が……連合した、社会的な個人の所有として姿態をとることによってだけである」と断定している。共産主義は「現在おもに労働を奴隷化し搾取する手段となっている生産手段、すなわち土地と資本を、自由なアソーシエイトした労働（協同労働）の純然たる道具に代えることによって、個人的所有を事実に」するだろうとさえ、マルクスは述べている〔11〕。

こうした言明はしばしばたんなる修辞的な美辞麗句として解釈されるが、しかし、これらは共産主義の最も重要な使命、すなわち社会的諸個人としての個々の人間の自由な発展という文脈において見るとき、より理解可能なものとなる。マルクスとエンゲルスは「革命的プロレタリアの共同体」を、「諸個人の自由な発展と運動の諸条件――これまでは偶然にゆだねられていて、個々の個人にたいして独立していた――を彼ら自身の掌中ににぎらせる諸個人の結合」として描いている。別の言い方をすれば、「諸個人の全面的な実現は、諸個人の能力の真の発展を促す世界の力が、共産主義的欲望として、諸個人自身の制御のもとにある場合にのみ……ひとつの理想として考えられることをやめる」。階級搾取的な社会においては、「個人的自由は、支配階級という諸条件のもとで発展した諸個人にとってのみ存在してきた」が、共産主義の「真の共同体」のもとでは、「諸個人は、彼らの自由を彼らのアソシエーションにおいて、彼らのアソシエーションを通じて獲得する」。階級社会におけるように、諸個人の発展のための機会がおもに他人を犠牲して得られるのではなく、将来の「共同体」は「各個人に彼の天性を全面的に育成する手段を提供する。すなわち、人格的自由は共同体においてのみ可能になるのである」〔12〕。

〔10〕 Marx 1981, 437, 876; 邦訳七五八、一五三八頁、Marx 1966, 7–8, 11; 邦訳一九、二〇頁。Engels, 1979, 28, 94, 邦訳二一四、二八〇頁。Marx 1963, 107; 邦訳一一二頁. Marx 1976a, 530; 邦訳九〇一～九〇二頁〈Marx 1978, 819, 847, 邦訳一四三九、一四八八～一四八九頁も参照。

〔11〕 Marx 1976a, 763; 邦訳一三〇一頁、Marx 1994, 109; 邦訳三九〇頁（強調原文）、Marx 1985, 75, 邦訳三一九頁。

要するに、共同所有が、「いろいろな社会的機能を自分のいろいろな活動様式としてかわるがわる行うような」個人としての彼女／彼の発展のための水路として、社会の構成員として生産諸条件と生産の諸成果にたいするアクセスすることをもとめる各人の要求を確証するかぎりで、共同所有は個人的である。このような方法においてのみ、共産主義は「階級と階級対立のうえに立つ旧ブルジョア社会」を「各人の自由な発展が万人の自由な発展の条件であるようなひとつのアソシエーション」によって置き換えることができる[13]。

マルクスの共産主義が個々の人間的発展を促進するもっとも基本的なやり方は、（前述の控除を引いた後の総生産物において、彼女／彼の私的消費のための分け前への個人的権利を守ることである。この点について『共産党宣言』は明確である。すなわち、「共産主義は、社会的生産物を取得する力をだれからも奪うものではない。ただ、この取得を集団として他人の労働を隷属させる力を奪うだけである」。エンゲルスは、この意味で「社会的所有にはいるのは土地その他の生産手段であり、個人的所有にはいるのは生産物すなわち消費対象である」と述べている。「自由な人々の結合体」と等しい表現は、『資本論』第一巻で与えられている。すなわち、「この結合体の総生産物は、一つの社会的生産物である。この生産物の一部分は再び生産手段として役立つ。それは相変わらず社会的である。しかし、もう一つの部分は結合体成員によって生活手段として消費される」[14]。

こうしたすべては、もちろん、個々の労働者の消費要求の分配はどのように決定されるのだろうかという問いを生じさせる。『資本論』においてマルクスは、「この分配の仕方は、社会的生産有機体そのものの特殊な種類と、これに対応する生産者たちの歴史的発展度とにつれて、変化するであろう」と考察している。そして、マルクスは（「ただ商品生産と対比して見るために」）、「各生産者の手に入る生活手段の分け前は各自の労働時間によって規定されている」というひとつの可能性を提示している。『ゴータ綱領批判』において、個人的消費の権利を決定する要素としての労働時間の概念は、少なくとも「長い生みの苦しみののち資本主義社会から生まれたばかりの共産主義社会の第一段階」にとっては、より曖昧でないものになっている。ここでマルクスは、率直に以下のように考えている。

> 個々の生産者は、彼が社会にあたえたのと正確に同じだけのものを——控除をしたうえで——返してもらう。個々の生産者が社会にあたえたものは、彼の個人的労働量である。……個々の生産者の個人的労働時間は、社会的労働日のうちの彼の給付部分、すなわち社会的労働日のうちの彼の持分である。個々の生産者はこれこれの労働（協同の元本のための彼の労働分を控除した上で）を給付したという証明書を社会から受け取り、この証明書をもって消費手段の社会的貯蔵のうちから等しい量の労働が費やされた消費手段を引き出す。個々の生産者は自分がひとつのかたちで社会にあたえたのと同じ労働量を別のかたちで返してもらうのである。

［12］ Marx and Engels 1976, 86–89, 309, 邦訳一三七～一三八、一四三頁／七〇、七一、三〇一頁。
［13］ Marx 1976a, 488; 邦訳八三五頁、Marx and Engels 1968, 53, 邦訳、四九六頁。
［14］ Marx and Engels 1968, 49; 全集四、四九〇頁、Engels 1939, 144; 邦訳、一三七頁、Marx 1976a, 78, 邦訳、一三三頁。

労働にもとづいた消費要求の背景にある基本的な理論的根拠は、「いつの時代にも消費手段の分配は、生産諸条件そのものの分配の結果にすぎない」[15]ということである。生産諸条件が生産者の所有であることを考えれば、消費要求の分配が、貨幣が支配する資本主義におけるよりも、労働時間に密接に結びついていることは理にかなっている。この労働時間という基準は、ここでは言及できない重要な社会的また技術的問題を生じさせる。とりわけ、労働の強度や労働諸条件そして技能における違いが評価され補償されるか否か、それらがどのように評価、補償されるのかという問題である[16]。

しかしながら、マルクスが強調しているのは、個人の労働時間という基準が、その個人の発展にとっての含意を顧慮せずに、平等な交換の倫理を体系化するだけのものであるかぎり、それは依然として「ブルジョア的権利の狭い視界」によって汚染されている、ということである。それゆえ、マルクスはつづけて次のように述べている。「共産主義社会のより高度の段階で」は、労働にもとづく個人の消費要求は「完全に踏み越えられ、社会はその旗の上に、各人はその能力におうじて、各人はその必要におうじて！と書く」ことができるし、そうすべきである、と。まさにこの高次の段階においては、共産主義の「分配様式は、社会のすべての成員がその能力を可能なかぎり全面的に発達させ維持し行使することのできるよう」にする。ここで、「労働者の個人的消費」は「個性の十分な発展が必要とする」ものとなる[17]。

共産主義の低次の段階においてさえ、共同所有によって保証される個人的発展の手段は、諸個人の私的消費要求に制限されない。人間的発展はまた、諸個人への分配に先立った総生産物からの控除によって財源を確保される、拡大された社会的サービス（教育、健康サービス、公共施設、老齢年金）から利益をえる。それゆえ、「私的個人としての生産者から失われるものは、社会の一員としての彼に、直接間接、役立つ」。マルクスによれば、こうした社会的消費は、「今日の社会にくらべてひどくふえ、そして新社会が発展するのにつれてますますふえる」[18]だろう。

たとえばマルクスは「国民学校と結びつけての工業学校（理論的及び実践的な）」の拡大について描いている。マルクスは「労働者階級による不可避的な政権獲得は理論的および実際的な技術教育のためにも労働者学校のなかにその席を取ってやるであろう」と予測している。マルクスは、共産主義社会の若い構成員は「生産的労働と教育の早期の結合」を経験するだろう、とさえ述べている。もちろん、「種々な年齢の段階に応じた労働時間の厳格な規制、またその他の児童の保護のための安全手段」を前提してのことであるが。ここでの基本的なアイデアは、「男女両性の非常にさまざまな年齢層の諸個人から結合労働人員が構成されているということは……それに相応する諸関係のもとでは逆に人間的発展の源泉に一変するに違いない」ということである。「労働の共和国における」理論的及び実践的教育の、もう一つの関連する機能は、「科学を階級支配の道具から人民の力に転化し」、それによって、「科学者そのものを、階級的偏見の仲介人、官職あさりの国家寄生者、資本の同盟者から、自由な思想の代表者に転化するこ

[15] Marx 1976a, 78, 邦訳、一三三頁、Marx 1966, 8, 10, 邦訳二〇、二二頁。
[16] Engels 1939, 220–222, 邦訳二〇、二〇七～二〇八頁。
[17] Marx 1966, 10, 邦訳二二頁; Engels 1939, 221, 邦訳二〇七頁（強調原文）、Marx 1981, 876, 邦訳一五三八頁。Marx and Engels 1976, 566, 邦訳五八六～五八七頁も見よ。
[18] Marx 1966, 7–8, 邦訳一九頁～二〇頁。
[19] Marx 1966, 20, 22; 邦訳三二頁、Marx 1976a, 488, 490; 邦訳八三五、八三九頁、Marx 1985, 162, 邦訳五一三頁。

とができる」というものになるであろう[19]。

拡大した社会的消費にくわえて、共産主義の「労働日の短縮」は、諸個人に「社会的発展の……物質的かつ知的な利益」を享受するためのより多くの自由時間を与えることによって人間的発展を促進する。自由時間は、「個人の、自由な精神的・社会的活動のために獲得された時間」である。そのようなものとして、「自由時間、自由に利用できる時間は、富そのものである――一部は生産物の享受のための、一部は自由な時間のための。そして、この自由な時間は、労働とはちがって、実現されなければならない外的な目的の強制によって規定されてはいないのである。この目的の実現が自然必然性であろうと、社会的責務であろうと」。それゆえ、共産主義では、「富の尺度は……もはや、どのようなものであれ、労働時間ではなく、むしろ処分可能な時間である」。それにもかかわらず、労働はつねに自然とともに基本的な「富の実体」である以上、労働時間は「たとえ交換価値が廃棄されたとしても、(富の) 生産費用の」重要な「尺度である」[20]。

もちろん、共産主義社会は諸個人に一定の責任を負わせるだろう。自由時間が拡大するとはいえ、諸個人は、彼らが肉体的および精神的にそれが可能であるかぎり、依然として生産的労働(養育やその他のケア活動も含む)に従事する責任を負う。資本主義やその他の階級社会のもとでは、「ひとつの層」が「労働の自然必然性を自分から外して別の層に転嫁する力」を有している。しかし、共産主義のもとでは、「労働が解放されれば、人はみな労働者となり、生産的労働は階級的属性ではなくなる」。共産主義のもとでは、個人の自己発展はまた権利であるだけでなく、責任でもある。それゆえ、「労働者たちは、彼らの共産主義的扇動において、あらゆる人間の使命、本分、任務は、たとえば思考能力をふくむ、自分の能力の全面的な発展を達成することであると主張する」[21]。

マルクスのヴィジョンにおける人間的発展と生産力とのあいだの双方向の結びつきを認識することは重要である。この結びつきは、マルクスがつねに「人類そのもの」を「主要な生産力」としていかに扱っていたかを見れば、驚くことではない。そして、彼はつねに「生産力と社会的諸関係」を「社会的個人の発展の二つの異なる側面」として見ていた。それゆえ、共産主義は、それがそれぞれの個人にたいして彼女／彼の能力を最大限に高めるようにして生産諸条件の協同的利用および発展に関わる権利を保証する場合にのみ、すべての個々の生産者と生産諸条件との真の統一を表現することができる。高度に社会化された生産の性格は、「諸個人は自己活動を成し遂げるためだけでなく、また、たんにまさに彼らの現存を守るためだけにでも、現存する生産力の総体を領有しなければならない」ということを意味する。人間的発展の効果的手段であるためには、この領有は、「生産のための生産」の疎外された追求において諸個人の制御の外で作動する巨大な集合的生産機械における非常に小さな、交換可能な歯車に、諸個人を還元してはならない。そうではなく、それは「自己目的としての人間性の豊かさの発展」に即した人間的水準において、社会的生産を把握しコントロールすることができるような「人間の生産力の発展」

[20] Marx 1976a, 530; 邦訳六八六頁、Marx 1978, 819–820; 邦訳一四四〇頁、Marx 1971, 257; 邦訳三一四頁、Marx 1973, 708; 邦訳『資本論草稿集②』四九四〜四九五頁。

[21] Marx 1976a, 530; 邦訳九〇二頁、Marx 1985, 75; 邦訳三一九頁、Marx and Engels 1976, 309; 邦訳三〇一頁。

[22] Marx 1973, 190, 706; 邦訳『資本論草稿集②』三九、四九〇〜四九一頁、Marx 1968, 117–118; 邦訳一六〇頁（強調原文）、Marx and Engels 1976, 96, 465; 邦訳一五九頁／六三、四七五〜四七六頁。

を促進しなければならない。共産主義的「領有が生産諸力に……相応する普遍的な性格を（持っている）」にもかかわらず、それはまた「生産の物質的諸用具に相応する個人的能力の発展」を促進する。これらの諸用具が「総体性にまで発展させられ、……普遍的な交通のうちにのみ存在する」がゆえに、それらの実質的な領有は「諸個人自身における能力の総体性の発展」を必要とする。要するに、共産主義のもとでの「諸個人の真に自由な発展」は、「現存する生産諸力の基礎のうえにある諸個人の活動の普遍的性格」によって可能となるとともに、それに寄与するのである〔22〕。

(2)計画的、非市場的生産

マルクスの見解では、生産の必要条件と社会的に結合した、自由にアソーシエイトした生産者と彼らの共同体によって運営されるシステムは、当然、社会的再生産の主要な形態としての商品交換や貨幣を排除する。労働力の脱商品化にともなって、「社会」――市場のシグナルに反応する資本家や賃労働者ではない――が「労働力や生産手段をいろいろな事業部門に配分する」ような明確な「社会的生産」が現れる。結果として、（賃金の支払いを含む）「貨幣資本」は排除される。共産主義の低次の段階において、「生産者たちは、消費財の社会的供給から彼らの労働時間に対応する量を引き出す資格を彼らに与える証券を受け取る」が、しかし、「これらの証券は貨幣ではない。それらは流通しない」。別の言葉でいえば、「未来における生活手段の分配」は「一種のより高い労賃」としては扱われえない〔23〕。

マルクスにとって、市場による社会的生産の支配は、生産の必要条件からの生産者の社会的分離を基礎に、独立に組織された生産単位において生産が行われるという状況に固有なものである。ここで、互いに自律的な諸企業（マルクスが呼んだように、競争する諸資本）において拡大した労働は、市場において彼らの生産物が売れる価格にしたがって、事後的に社会の再生産的分業の一部分として認められることができるだけである。要するに、「諸商品は、直接には個別化された独立の私的労働の生産物であって」、それらは、直接的には「社会的労働の生産物として直接互いに関係しあう」ということはできず、それゆえ、「これらの私的労働は、私的交換の過程でのその外化によって、一般的社会的労働であるという実をしめさなければならない」[24]。

対照的に、「共同体的な労働時間、つまり直接に結合した諸個人の労働時間は……直接に社会的なものである」。そして、「労働が共同である場合には、人間の社会的生産における彼らの関係は「物」の「価値」としては表されない」。

> 生産手段の共有を土台にする協同組合的社会の内部では、生産者はその生産物を交換しない。同様にここでは、生産物に支出された労働がこの生産物の価値として、すなわちその生産物にそなわった物的特性として現れることもない。なぜなら、いまでは資本主義社会とは違って、個々の労働は、もはや間接にではなく直接に総労働の構成部分として存在しているからである[25]。

[23] Marx 1978; 邦訳五七一～五七二頁、Engels 1939, 221, 邦訳二〇七頁。
[24] Marx 1970, 84–85, 邦訳二九五頁。
[25] Marx 1970, 85; 邦訳二九六頁（強調原文）、Marx 1971, 129; 邦訳一九一頁、Marx 1966, 20, 22, 邦訳一九頁（強調原文）。

『経済学批判要綱』は、資本主義のもとでの社会的労働としての間接的で事後的な労働の確証と、共同取得と生産諸手段の制御の基礎のうえでの直接的な事前の労働の社会化とのあいだの対照をより拡張して描いている。

生産の共同社会的性格が初めから生産物を共同社会的、一般的なものにすることにあろう。本源的に生産の内部で行われる交換――諸交換価値の交換ではなくて、共同社会のもろもろの必要によって、共同社会の諸目的によって規定されている諸活動の交換――が、初めから個々人の共同社会的な生産物世界への参与を含んでいるであろう。諸交換価値の基礎の上では、労働は交換を通じて初めて一般的なものとして措定される。上記の生産の基礎の上では、労働は交換に先立ってそのような一般的労働として措定されているであろう。すなわち諸交換価値の交換は、およそ個々人の一般的生産への参加が媒介される媒体ではないであろう。媒介はもちろん行われなければならない。個々人の自立した生産から出発する前者の場合には……媒介は、諸商品の交換、交換価値、貨幣……によって行われる。第二の場合は、前提自体が媒介されている。すなわち、共同社会的生産、生産の基礎としての共同社会性が前提されている。個々人の労働は初めから社会的労働として措定されている。……生産物は、個々人にとっての一般的性格を受け取るために、まずひとつの特殊的な形態に転置される必要はない。諸交換価値の交換において必然的につくりだされる分業にかわって、個々人の共同社会的消費への参加を帰結としてもたらすような一つの労働の有機的組織ができてくるであろう［26］。

それゆえ、労働及び生産物の直接的な社会的性格は諸生産者と生産の必要諸条件との新たな共同的統一の論理的帰結である。この生産の脱外化は、生産者が彼らの労働の再生産的分配を確証する手段として貨幣交換をおこなう必要性を否定する。

個人的生産物および活動の交換価値への、貨幣への最初の転化の必然性こそは――彼らは彼らの社会的力をこの対象的形態において、獲得し、あらわにするのだが――次の二つのことを証明する。(1) 諸個人はいまや社会のためにのみ、そして社会においてのみ生産する。(2) 生産は直接的には社会的ではなく、それは労働を内的に分配する「アソシエーションの所産」ではない。諸個人は社会的生産のもとに包摂される。すなわち、社会的生産は、彼らの外側に、彼らの運命として存在する。しかし、社会的生産は、諸個人のもとには包摂されず、彼らによって彼らの共同的富として管理可能なものではない[27]。

市場における交換の回避と労働者の生産からの疎外の克服は、なぜマルクスが、少なくとも一つの例において、共産主義を「交換価値にもとづく生産様式と社会形態の解体。個人的労働を社会的なものとして真に位置づけること、またその逆」として簡潔に定義したかを説明する、同じ現象の二つの側面で

[26] Marx 1973, 159, 171–172, 邦訳〔『資本論草稿集①』〕一六〇～一六一頁（強調原文）。
[27] Marx 1973, 158, 邦訳〔『資本論草稿集①』〕一三九頁（強調原文）。

ある。共産主義の「直接に社会化された労働は……商品生産とは正反対の生産形態を前提とするものである」[28]。

先に述べたように、「社会主義経済」に関する学術的な議論は分配効率の技術的問題（「社会主義計算」）に焦点を当てる傾向にあった。マルクスとエンゲルス自身は、しばしば、ポスト資本主義経済は、資本主義に比べて優れた計画をおこない、分配する能力をもつだろう、と論じた。『資本論』において、マルクスは「自由に社会化された」生産を「人間の意識的計画的な制御のもとにおかれ」るものとして描いている。「共同の生産手段で労働し自分たちのたくさんの個人的労働力を自分で意識して一つの社会的労働力として支出する」ことによって、「社会的に計画的な配分はいろいろな欲望に対するいろいろな労働機能の正しい割合を規制する」。『フランスにおける内乱』において、マルクスは次のように展望している。「アソーシエイトした組合（協同組合）の連合体が一つの共同計画にもとづいて全国の生産を調整し、こうしてそれを自分の統制のもとにおき、資本主義的生産の宿命である不断の無政府状態と周期的痙攣とを終わらせる」だろう、と[29]。

それにもかかわらず、マルクスとエンゲルスは計画的な資源配分を、共産主義を資本主義から区別する最も根本的な要因としては扱わなかった。彼らにとって、共産主義のより基本的な性格は、生産者にたいする生産諸条件の脱疎外であり、この新たな統一がもたらすであろう自由な人間的発展にたいする効果を可能にすることである。別の言い方をすれば、彼らは共産主義の計画能力と分配能力を、生産者と彼らの存在諸条件の新たな共同性によって解放される人間的発展への衝動の徴候および道具として扱った。共産主義の生産の脱商品化は、前述のように、生産諸条件の脱疎外の裏面である。生産の計画化は、まさに、人間の存在の物質的及び社会的諸条件による人間の能力の成長を阻害することを弱めるための分配形態なのである。マルクスがいうように、商品交換は「特定の、狭隘な生産諸関係の内部にある諸個人を自生的に結びつけるもの」にすぎず、この結びつきが「諸個人に対立して存在する」ところの「疎遠性と独立性」は、「ただ諸個人がいまだ彼らの社会的生活の諸条件の創造に従事しており、まだ、これらの諸条件の基礎の上で、それを実践するには至っていない」ということを示すだけである。それゆえ、共産主義が「計画的な協働をおこなうように組織された社会」であるのは、それ自身の目的のために生産効率を追求するためではなく、むしろ、「社会のすべての成員に生活手段と彼らの能力を自由に発展させるための手段とを保障できる」ためである。この人間的発展の次元はまた、なぜマルクスのプロジェクトにおいては、共産主義の「全国的規模で発展した……協同労働」がなんらかの中央集権的な国家権力によって統治されるのではなく、むしろ「事は共同体の自己統治に始まる」のかを説明するのに役立つ。この意味で、共産主義は「自分のために自分で行動する人民」あるいは「国家権力が、社会を支配し圧服する力としてではなく、社会自身の生きた力として、社会によって再吸収されたもの」と定義することができる〔30〕。

〔28〕 Marx 1973, 264; 邦訳〔『資本論草稿集①』〕三一一頁、Marx 1976a, 94; 邦訳一六〇頁、Engels 1939, 337–338, 邦訳三一〇～三一一頁も参照。
〔29〕 Marx 1976a, 78–80; 邦訳一三三～一三五頁、Marx 1985, 76, 邦訳三一九～三二〇頁。
〔30〕 Marx 1973, 162, 邦訳〔『資本論草稿集①』〕一四五頁。Engels 1939, 167, 邦訳一五六頁、Marx 1974, 80; 邦訳一〇頁; Marx 1989b, 519, 邦訳六四四頁;、Marx 1985, 130, 153, 邦訳四九三、五一四頁。

2　マルクスの共産主義、エコロジー、そして持続可能性

多くの人々は、マルクスによって構想された共産主義の経済的実効性に疑問を呈してきた。マルクスのヴィジョンの人間的発展の次元について言及したのはわずかな人々であったが、ひとつの主要な例外は、それは、人間の技術的な支配と自然の乱用のもとでの自由な人間的発展を、実質的に無限なものとみなされた自然資源によって、根拠づけていると主張する批判者たちである。この環境的次元を三つのレベルで述べることは有益であろう。（1）自然諸条件の使用を管理する共産主義の責任、（2）拡大した自由時間のエコロジカルな重要性、（3）富の増大と生産費用の尺度としての労働時間の使用である。

（1）共有地を共同的に管理する

マルクスが「自然資源」を「無尽蔵のもの」とみなし、それゆえ「環境保護的な、環境意識をもった、ワークシェア社会主義（employment-sharing socialism）」の必要性をなんら考えていなかったという従来の知見からすれば、共産主義社会が自然諸条件の保護と改善に強く関与するだろうということは、驚くべきことであるように見える。たしかにマルクスは共産主義のもとでは「希少資源（油、魚、鉄鉱石、貯蔵物等々）は、希少ではないだろう」としている。従来の知見がいうところでは、マルクスの「改良された生産様式は永久に希少性を根絶できるという信念」は彼の共産主義的ヴィジョンが反エコロジカルな「人間の支配」からの「自然の解放にかんしてのなんらかの重要性を認識するための基礎」を提供しない

ということを意味している。マルクスの技術的楽観主義——彼の「創造的弁証法にたいする信念」——は、「地球の物理的環境と相互作用する近代的技術が、近代産業文明の基礎全体のバランスを崩すかもしれない」可能性についてのあらゆる関心を排除してしまったと言うのである〔31〕。

実際には、マルクスは資本主義の「いっさいの富の源泉を、土地をも労働者をも破壊すること」へとむかう資本主義の傾向にたいして深い関心をもっていた。そして、彼はポスト資本主義社会がその自然諸条件の使用を責任をもって管理するという義務について繰り返し強調していた。このことは、土地及びその他の「生活源泉」への共同的所有の拡大についての彼の主張を説明するのに役立つ。実際、マルクスはこの文脈で、ゴータ綱領を「土地が労働手段にふくまれていることを十分に明確」にしていないと強く批判した。マルクスの見解では、「アソシエーションは、土地に適用される場合には、理性的な仕方で——換言すれば、もはや農奴制や支配やばかげた所有神秘主義などによって媒介されたのではない仕方で——、土地に対する人間の親密な関係が打ち立てられる。というのは、土地は営利の対象であることをやめる」からである。他の生産諸手段と同様に、土地にたいするこの「共同所有」は「昔の原始的な共同所有の再興を意味するものではなく、はるかに高度の、より発展した共同所有の形態を打ち立てることを意味する」〔32〕。

マルクスはこの共同的所有を、アソーシエイトした生産者の生産ニーズや消費ニーズに役立たせるた

〔31〕 Nove 1990, 230, 237; Nove 1983, 15–16; carpenter 1997, 140; McLaughlin 1990, 95; Feuer 1989, xii.
〔32〕 Marx 1976a, 507; 邦訳八六四頁、Marx 1966, 5–6, 22; 邦訳一七頁、Marx 1964,103; 邦訳四二七〜四二八頁、Engels 1939, 151, 邦訳一四四頁。

めに土地やその他の自然諸条件を過剰に搾取する権利を付与するものとは考えていない。そうではなく、彼は、使用者の権利と責任の共同的システムによって、土地所有という資本主義的観念の消失を予見している。

より高度な経済的社会構成体の立場から見れば、地球にたいする個々人の私有は、ちょうど一人の人間のもう一人の人間にたいする私有のように、ばかげたものとして現れるであろう。一つの社会全体でさえも、一つの国でさえも、じつにすべての同時代の社会を一緒にしたものでさえも、地球の所有者ではないのである。それらはただ土地の占有者であり土地の用益者であるだけであって、それらは、良き家父として、土地を改良して次の世代に伝えなければならないのである[33]。

マルクスの共同的土地所有のプロジェクトは、明らかに、「占有」にもとづいた無制限の使用にたいする「所有者」(個人であれ、社会全体であれ)の権利を含意していない。むしろ、新たな統一におけるあらゆる共同的所有と同じように、それは自由な人間的発展の一つの条件としての、しかも「連綿と続いている何世代によって要求される恒常的な生活諸条件の全体」の基本的な源としての土地(労働とともに)を責任をもって利用する権利を与えるのである。マルクスがいうように、アソシエーションは「土地を永久的な共同的所有として、入れ替わっていく人類の連綿とつづく世代の存在および再生産のための手放すことのできない諸条件として」扱う[34]。

なぜエコロジカルな批判者はマルクスのヴィジョンのこの決定的な要素を見過ごしてしまったのだろ

うか？　その答えは、いわゆる「共有地の悲劇」モデル――それは共同的所有を独立な使用者による自然資源への制御を欠いた「オープン・アクセス」と（誤って）認識している――の、いまなお続く影響のうちにあるかもしれない。実際には、これらのモデルによって措定されたダイナミクスは、自然諸条件の利用に関する共同的権利と責任というマルクスのヴィジョンよりも、資本主義的競争の無政府性とより多くの共通点をもっている。しかも、伝統的な共同的所有システムがもつ共通の共有資源を持続可能なしかたで利用する能力は、近年、ますます研究の対象となっている。この研究は、ポスト資本主義社会における自然諸条件の共同化を通じたエコロジカルな管理についての潜在力をおそらく裏付けている[35]。

マルクスが土地にたいする将来社会の責任を強調したのは、共産主義のもとで意識的かつ社会的に実現される人類と自然との本来的統一という彼のプロジェクトの帰結である。マルクスやエンゲルスにとって、人間と自然は「二つの別々の「もの」」ではない。それゆえ、彼らは、人類は「歴史的自然と自然的歴史」をもっていると述べている。彼らは、いかに人間の外部の自然が人間の生産と発展によって大きく作り変えられるかということ、その結果、「人間的歴史に先行する自然などというものは……今日

［33］ Marx 1981,776, 邦訳一三五七～一三五八頁。
［34］ Marx 1981, 617, 812, 邦訳一〇九〇、一四二四～一四二五頁（強調追加）。
［35］ Gordon 1954; Hardin 1968; Ciriacy-Wantrup and Bishop 1975; Swaney 1990; Ostrom 1990; Usher 1993; Burkett 1999, 246–248; Biel 2000, 15–18, 98–101.
［36］ Marx and Engels 1976, 45–46, 71; 邦訳五〇、五二、一〇五頁／三九、四〇、六一頁、Engels 1964, 183; 邦訳二一八頁、Marx 1964,137, 邦訳四五八頁。

ではもうどこにも存在しない自然」ということを考察した。しかし、彼らはまた、「自然的生産諸用具」——その使用において諸個人が自然に従属する——の今なお継続する重要性を認識している。共産主義は、人間と自然とのあいだの必然的な統一を破壊したり、乗り越えようとしたりするどころか、この統一をより明白なものにし、それを自然的および社会的存在としての人間の持続可能な発展に貢献するものとする。それゆえ、エンゲルスは将来社会を、その中で人々が「自分が自然と一体であるということを感じるばかりか知る」ようになる社会として把握した。マルクスは共産主義を「類的人間の自然との本源的一体性の成就」として定義しさえした［36］。

もちろん、共産主義社会が「(その) 欲望を充たすために、自分の生活を維持し再生産するために、自然と格闘する」ことは依然として必要であろう。それゆえ、マルクスは「自分たちと自然との物質代謝を合理的に規制し自分たちの共同的統制のもとにおくアソーシエイトした生産者」に言及している。こうした合理的規制、あるいは「自然の意識的な、ほんとうの主人」は、生産者が「自分自身の社会的結合の主人になる」ことを前提している［37］。しかし、これは人類があらゆる自然的限界を乗り越えるということを前提としているのではない。また、生産者が自然力にたいする完全な技術的制御を獲得するということを前提としているのでもない。

たとえば、マルクスはアソーシエイトした生産者が剰余生産物の一部を、とりわけ農業において、「事故や天災による障害にそなえる予備積立 (ファンド) または保険積立 (ファンド)」としてとっておくと考えている。生産の自然的諸条件とむすびついた不確実性 (「異常な自然現象や火災や洪水などによる破壊」) は「恒常的な過剰生産」、すなわち「現存の富の単なる補填と再生産とに必要であるよりも大きな規模での生産」によって対処されるべきである。もっと具体的にいえば、「一方では、固定資本が直接に必要であるよりもいくらかより多く生産されることによって。そしてことに、年間の直接必要量を超過する原料などの在庫によって（特に生活手段についてはそう言える）」である。マルクスはまた、社会が「偶然や自然力によってひき起こされる異常な破壊を補填するための生産手段を用意」することを確実にするのを助けるための「可能性の計算」についても述べている[38]。

明らかに、社会と制御不可能な自然的諸条件とのあいだの生産的相互作用を先見的に規制するという意味においてのみ、「この種の過剰生産は、社会がそれ自身の再生産の対象的手段を調整するのと同じことである」。このように万全を期すという意味で、マルクスは、アソーシエイトした生産者が「最初から年々の穀物供給が最小限度にしか天候の変動に左右されないように生産を組織するであろうし、生産の規模——穀物の供給とその消費面——は合理的に調整される」と予見したのである。「生産者たちは、彼らの生産物や彼らの富やその諸要素を災害などから守るために、いくらかの支出をする」が、それは、まったく賢明なことである。「資本主義社会の内部では」、対照的に、制御不可能な自然的諸条件は、社会的再生産にたいして無用な「無政府的な要素」をもたらす[39]。

彼らにたいするエコロジカルな批判が言うのとは異なり、マルクスとエンゲルスはたんに自由な人間

[37] Marx 1981, 820; 邦訳一四四〇頁、Engels 1939, 309, 邦訳二九二頁。
[38] Marx 1966, 7; 邦訳一九頁、Marx 1978, 177, 469, 邦訳二八一、七五八～七五九頁。
[39] Marx 1978, 469; 邦訳七五八～七五九頁、Marx 1975a, 188; 邦訳三六〇頁、Marx 1971, 357-358, 邦訳『資本論草稿集⑧』四三三頁。

的発展を人間による自然の一面的支配ないし制御と同一視しているわけではない。エンゲルスによれば、

自由は、自然の法則の独立性という夢にあるのではなく、これらの法則に関する知識にあるのであり、かつ、一定の目的のために諸法則を体系的に働かせるという、その知識が与える可能性にある。これは、外的自然の法則と人間自身の身体的および精神的存在を統治するものとの双方――せいぜい思考においてわけることができるだけで、現実においては互いに分けることができない諸法則の二つの分類――に対して良い関係をもっている。……それゆえ、自由は、私たち自身と自然的必然性に基礎づけられて外的自然にたいする制御にある。

要するに、マルクスとエンゲルスは「認識された自然法則と調和する生活」に基づく「真の人間的自由」を展望しているのである［40］。

(2)拡大した自由時間と持続可能な人間的発展

マルクスにたいするエコロジー的な批判はしばしば、共産主義のもとでの拡大した自由時間というマルクスのヴィジョンは自然的制限の克服による人間の自己実現という倫理を体現しているがゆえに、反エコロジー的であると主張する。たとえばラウリーは、以下のように述べている。マルクスは「すなわち自動化によって絶対的最小値に還元されたものとしての生計を立てるための労働を必然的に疎外されたものとして、したがって自動化によって絶対的な最小限に減少されるべきものとしてみなす見解」を

とっている。「その帰結は多量のエネルギー消費とならざるをえず、どのような予見可能な、現実的なエネルギーシナリオにおいても、環境にダメージを与えるであろう」。マルクスにとって、明らかに、「生計を立てるための労働が、人間が真に完全な人間のあり方の表現であることを不可能にする自然と人間とを結びつけているということは事実である。それゆえ、彼／彼女が自然を指揮し、完全な人間になると考えられうるのは、人間が生計を立てるための労働に時間を費やさなければならないという必然性を克服するときのみなのである」。これほど極端ではないが、ウォーカーは、マルクスの自由時間の拡大というヴィジョン――それは「生存の最低限のために必要とするもののほかに資源がなければならないということを明らかに示唆している」――と、マルクスが「利用可能な自然資源の限界について……言及することを（彼が言うには）しなかったこととの緊張を指摘している［41］。

先述の議論は、マルクスとエンゲルスが共産主義のもとでの自然資源管理について無関心であるという考え、そして、彼らが人間的発展の自然それじたいからの進歩的な分離を予見していたという考えをすでに一掃した。しかしながら、エコロジー的な批判者は、共産主義のもとでの自由時間と労働時間との関係を誤解してしまっているということをもまた指摘されなければならない。実際、マルクスにとって、「自己目的として認められる人間の力の発展は……本来の物質的生産の領域のかなたにある」、すなわち「窮乏や外的な合目的性に迫られて労働するということ」のかなたにある。しかし、マルクスにとっ

［40］ Engels 1939, 125-126, 邦訳一一八～一一九頁。
［41］ Routley 1981, 242; Walker 1979, 242-243.

て、この「真の自由の国は……ただかの必然性の国をその基礎としてその上にのみ花を開くことができる」のであり、ふたつの領域の関係は、決してエコロジー的な批判者が主張するような単純な対立関係ではない。マルクスが言うように、直接的にアソーシエイトした労働の「全く別な、より自由な性格」は――そこでは「労働時間そのものは、それが正常な長さに制限され、さらに労働はもはや（生産者全体の観点から）他人のためのものではない」――「労働時間そのものが、自由な時間と抽象的に対立したまま――ブルジョア経済の視点からはそのように見える――ではありえない」ということを意味している。

余暇時間でもあれば、高度な活動のための時間でもある、自由な時間は、もちろん、それの持ち手を、これまでとは違った主体に転化してしまうのであって、それから彼は直接的生産過程にも、このような新たな主体として入っていくのである。この直接的生産過程こそ、成長中の人間については訓育であると同時に、成長した人間については、練磨であり、実験科学であり、物質的には創造的で、かつ自己を対象化する科学であって、この成長した人間の頭脳の中に、社会の蓄積された知識が存在するのである[42]。

マルクスのヴィジョンにおいて、労働時間の短縮による自由な人間的発展の増大は、依然として社会と自然の「物質代謝」として現れる生産領域における人間的能力の発展と肯定的に共振する。マルクスが「理論的および実践的」教育、そして生産者に対立する科学の脱疎外について強調したことは、この関連においてきわめて重要である。マルクスは共産主義における科学的知識の普及と発展は、自然科学と社会科学の新たな結合という形態を取ると考え、次のように予測している。

> 自然科学は……疎外された形態においてではあれ、それが現実的な人間生活の土台になっているように、人間的科学の土台となるはずなのである。生活の土台と学問の土台は違うなどというのがアプリオリに虚偽なのである。……自然科学はいずれ他日、人間についての科学を、あたかも後者が前者をそのもとに包摂するであろうように、包摂するであろう。一つの学問が存在することになるであろう[43]。

この社会科学と自然科学の本来的結合は、もちろん、人類と自然の本来的結合の論理的コロラリーである。それゆえ、マルクスとエンゲルスは、「ただ一つの科学、歴史の科学を知るのみである。歴史は二つの側面から考察され、自然の歴史と人間の歴史へ分けられうる。しかし両側面は切り離すことができない。人間が存在するかぎり、自然の歴史と人間の歴史は相互に依存しあう」[44]。

要するに、マルクス主義の創設者は、共産主義における労働時間の短縮を人間的発展の自然からの進歩的な分離という観点において把握しなかった。また彼らは拡大された自由時間が消費目的のための消

[42] Marx 1981, 820, 邦訳一四四〇～一四四一頁、Marx 1971, 257; 邦訳三一四頁、Marx 1973, 712, 邦訳『資本論草稿集②』四九九～四五〇頁。
[43] Marx 1964, 143, 邦訳四六四～四六五頁（強調原文）。
[44] Marx and Engels 1976, 34, 邦訳二四頁／一四頁。また、Ollman 1979, 76も参照。

費という熱狂によって満たされるとも考えなかった。むしろ、労働時間の短縮は、科学的に発展した自然力と社会的労働力を環境的かつ人間的に合理的なやり方で統制することを可能にするような、社会的諸個人の知的発展のための必要条件とみなされる。「自由時間の増大」は、ここでは、「自分自身の歴史を一つの過程として概念的に把握すること、そして自然を自分の実在的な身体として知ること（同じく自然にたいする実践的な力として現存すること）」を可能にする「個人の完全な発展のための時間」として現れる。自由時間と労働時間における生産者の知的発展は、明らかに、共産主義的労働の「社会的性格が……生産過程においてたんに自然的、自然生的形態で現れるのではなく、すべての自然諸力を規制する活動として措定される」過程にとって中心的なものである[45]。この過程は、反エコロジー的ではまったくなく、生産者と彼らの共同体が、生産、自由時間、そして人間生活そのものの永続的な条件としての自然の富をより理論的かつ実践的に自覚するようになる過程である。

エコロジー的な批判者はまた、自然環境にたいする生産の圧力を縮減する手段としての増大した自由時間の潜在力を見逃しているようにみえる。とりわけ、社会的労働の生産性の上昇は、生産者がより大きな物質的消費ではなく、労働時間の短縮によって報いられるかぎり、かならずしも物質やエネルギーの消費量を増大させない。しかしながら、富の尺度としての自由時間のこの側面は、人間的必要の共産主義的変容の文脈においてもっとも適切に位置づけられる。

（3）富、人間的必要、そして労働コスト

マルクスが共産主義を自然に対する責任についての意識の共有を促進するものとして描いている以上、

この責任は依然として、自然をなによりも人間労働の道具ないし材料とみなす反エコロジー的な自然概念と結びついていると主張する人もいるだろう。たとえば、アルフレート・シュミットは、「マルクスとエンゲルスが自然の不道徳な略奪について訴えるとき、彼らは自然そのものに関心があるのではなく、経済的有用性の考慮に関心があるのだ」と述べている。ルートリーは、マルクスにとって「自然は、明らかに、それが人の手仕事や彼／彼女の加工品や自己表現になる限りで、またその限りでのみ、尊重されるべきものであり、したがって、人間や人間のアイデンティティの一部の反映である」[46]。

われわれの前述の議論から、「経済的有用性」と「自然そのもの」とのあいだのどんな二分法もマルクスの唯物論とはまったく縁もゆかりもないということは明らかである。ここで重要なのは、マルクスの富あるいは使用価値の概念は、物理的であるか、文化的であるか、あるいは審美的であるかにかかわらず、「人間的欲求の多様性」を包含しているということである。この広義の人間的発展という意味において、「使用価値は…まったく一般的に言えば、生活手段として特徴づけられうるのである」。デイヴィド・ペパアは「マルクスは自然の役割を人間にとって「道具的」なものとしてみなしたのであるが、しかし彼にとって道具的な価値とは、……審美的、科学的及び道徳的な価値の源としての自然を含んでいた」と適切に結論付けている[47]。

［45］ Marx 1973, 542, 612, 邦訳『資本論草稿集②』二一九、三四〇、四九九頁（強調原文）。
［46］ Schmidt 1971, 155; 邦訳一七六頁、Routley 1981, 243（強調原文）。
［47］ Marx 1973, 527; 邦訳『資本論草稿集②』一九七頁、Marx 1988, 40; 邦訳五七頁（強調原文）、Pepper 1993, 64, 邦訳九九頁。

「人間の手仕事」のように、マルクスは、たんに労働が自然を包含するだけであるような労働と自然の対立的概念を用いてはいない。彼は、人間の労働能力、すなわち労働力は、それじしん「一つの自然対象であり、たとえ生命のある、自己意識のある物だとはいえ、一つの物」であり、それゆえ労働は、労働者が「自然素材にたいして彼自身一つの自然力として相対」し、そして「自然素材を彼自身の生活のために使用されうる形態で獲得する欲求に適応した形態において取得する」一過程であると主張している。マルクスは労働を、生産における「人間と自然とのあいだの一過程であり、……人間と自然とのあいだの物質代謝の一般的条件である」としている。「自然と人間とのあいだの物質代謝の普遍的条件」として、労働は、「この生活のどの形態にもかかわりなく、むしろ人間生活のあらゆる社会形態に等しく共通なもの」である。もちろん労働は「自然の一般的物質代謝」の一部に過ぎず、唯物論者としてマルクスは「地球は人類とは独立に存在する」と主張する。この存在論的な意味において、たとえマルクスが人類と自然とのあいだの生産的「物質代謝」の構造化における社会的諸関係の重要性を主張しているとしても、「外的自然の重要性は依然として否定されない」[48]。

しかし、周知のようにマルクスとエンゲルスが共産主義のもとでの富の生産の継続的成長に言及していることはどう考えるべきだろうか？　それらは内在的に反エコロジー的ではないだろうか？　ここでは、こうした成長のプロジェクトはつねに自由で全面的な人間的発展というマルクスのヴィジョンと密接なつながりにおいて形成されており、自己目的な物質的生産と物質的消費の成長とのつながりにおいて形成されているわけではない、ということを強調しなければならない。それゆえ、彼らはつねに一般的な意味での富の増大について言及しており、それは自然資源の産業的処理（物質やエネルギーの消費）を要求しないような欲求の充足を含んでいるのである。「共産主義社会のより高次の段階」を議論するにあたって、たとえば、マルクスは「個人が分業に奴隷的に従属することがなくなり、それとともに精神労働と肉体労働の対立がなくなり、労働が、たんに生活のための手段であるだけでなく、労働そのものが第一の生命欲求となり、個人の全面的な発展にともなって、またその生産力も増大した」状態を「各人の必要に応じて」という基準の条件とした。同様に、エンゲルスは「実際上無制限な生産の上昇」について言及しているが、この場合、「実際上」という概念は「社会の全員にたいして、物質的に完全にみちたりるだけでなく、さらに彼の肉体的および精神的素質が完全に自由に伸ばされ発揮されるように保障する生活を、社会的生産によって確保する」ことを第一にするという観点から書き込まれているのである[49]。このような人間的発展は、物資的消費の無制限な増大を必ずしも含まない。

マルクスにとって、共産主義の「再生産過程の進歩的な拡大」は全面的な「生産者たちの社会の生活過程」を含んでおり、前述のように、彼は全体的な人間的発展という観点から「社会的発展」の「物質的な利益および知的な利益」について具体的に述べている。マルクスとエンゲルスが共産主義を「欲求そのものによってのみ制限される欲求の標準的充足を可能にする生産と交換の組織」として描くとき、彼らは無制限に拡大する、あらゆる種類の欲求の完全な充足について述べているわけではない。

[48] Marx 1976a, 177, 183-184, 202; 邦訳三〇四、三一四、三四六頁（強調付加）、Marx 1988, 63; 邦訳九八頁、Marx and Engels 1976, 46, 邦訳五一頁／四〇頁。人間的労働と自然とのあいだのマルクスの弁証法的概念の詳細については、Burkett 1999, 第二章、およびFoster and Burkett 2000参照。

[49] Marx 1966, 10; 邦訳二一頁、Engels 1939, 309, 邦訳二九一頁。

共産主義の組織は、今日の諸関係によって諸個人のなかにつくりだされた欲望に対して二重の効果をもっている。こうした欲望のうちのいくつか――すなわち、あらゆる諸関係のもとで存在し、様々な社会的諸関係のもとでそれらの形態と指向性のみを変化させる欲望――は、ただ共産主義的社会システムによって変化させられるだけである。なぜなら、それらは標準的に発展する機会を与えられるからである。しかし他もの――すなわち、特定の社会において、特定の生産と交換の諸条件のもとでのみ生じるものは――は、それらの存在諸条件を完全に奪われる。共産主義社会において変化するにすぎないものと、排除されるものとは、実践的なやり方によってのみ決めることができる［50］。

エルネスト・マンデルが指摘したように、欲求の充足のための、このような社会的発展および人間的発展というアプローチは、しばしばマルクスのせいにされる、制限のない「豊かさ」という「ばかばかしい観念」、すなわち「あらゆる財とサービスの無限の供給への無制限のアクセスの体制」とはまったく異なっている。共産主義の欲求の充足は、「需要の飽和［としての］豊かさの定義」と両立するが、それは「基礎的な欲求、文明の成長に不可欠となる二次的な欲求、そして贅沢で、必ずしも必要ではない、あるいは有害ですらある欲求」という序列の文脈のうちに位置づけられるべきである。マルクスの人間的発展のヴィジョンは、基本的には、基礎的な欲求の充足と、拡大した自由時間と協同的労働者共同体による生産の制御をつうじて社会的に発展する二次的な欲求へのこの充足の漸進的拡大を予見しているのであり、考えられうるすべての欲求の完全な充足を予見しているのではない［51］。

ここで、共産主義的な富の尺度としての自由時間の十分にエコロジー的な重要性がみえてくる。とりわけ、自由時間において発展し満たされる二次的欲求が物質やエネルギーをより浪費的なものでないとすれば、欲求全体におけるそれらのウェイトの増大は、有限な自然諸条件にたいする生産の圧力を減少させるに違いない。マルクスのヴィジョンが新たに発見された物質的保証と拡大した自由時間を、様々な自己発展の知的および美的な形態のためにもちいる生産者の存在をふくんでいるかぎり、このことは決定的である[52]。こうした二次的欲求の発展は、人々が経済的、政治的、文化的生活への見識ある参加者となるために、現実の労働者共同体による制御が提供するより大きな機会によって促進されなければならない。

もちろん、労働は（自然とともに）共産主義においても依然として富の根本的な源である。このことは、拡大した自由時間の重要性とともに、さまざまな財やサービスの生産において拡大した社会的労働の総量は依然としてそれらの費用の重要な尺度となるだろう、ということを意味している。マルクスは『経済学批判要綱』において、次のように説明している。

> 共同社会的生産が前提されているばあいでも、時間規定はもちろんあいかわらず本質的なものであ

[50] Marx 1981, 250, 819; 邦訳四三三、一四四〇頁（強調原文）、Marx and Engels 1976, 273, 邦訳二六一頁。
[51] Mandel 1992, 205–207（強調原文）; Sherman 1970.
[52] Marx 1973, 287; 邦訳『資本論草稿集①』三九八頁、Marx and Engels 1976, 53, 邦訳六七～六八頁／二九頁。

りつづける。社会が小麦や家畜などを生産するために必要とする時間が少なければ少ないほど、社会はますます多くの時間をその他の生産、物質的または精神的な生産のために獲得する。個々の個人の場合と同じく、社会の発展の、社会の享受の、そして社会の活動の全面性は時間の節約にかかっている。時間の経済、すべての経済は結局のところ、そこに帰着する。社会が自己の諸必要全体に即応する生産を達成するためには、その時間を合目的に分割しなければならないのは、個々人が、適切なわりふりでもろもろの知識を得たり、あるいは彼の活動にたいするさまざまな要請に満足をあたえたりするために、彼の時間を正しく分割しなければならないのと同様である。したがって時間の経済は、生産のさまざまな部門への労働時間の計画的配分と同様に、共同社会的生産の基礎の上でもあいかわらず第一の経済法則でありつづける。それどころか、共同社会的生産の基礎の上で、それが法則となる程度は、はるかに高くなるのである。

しかしながら、マルクスは即座に、共産主義の時間の経済は「労働時間によって諸交換価値（諸労働または労働諸生産物）を測ることとは本質的にちがっている」と付け加えている。ひとつには、共産主義における費用の尺度としての労働時間の利用は「社会の労働時間にたいする社会の直接的意識的な制御――これはただ共同所有の場合にのみ可能だ――によって……成し遂げられる」のであり、社会的労働時間の「規制」が、間接的に、「諸商品の価格の変動によって」のみ成し遂げられる資本主義のもとでの状況とは違っている。より重要なのは、共産主義の労働時間の経済は、使用価値に、とりわけ自由時間の拡大に役立つが、それにたいして資本主義の時間の経済は生産者によって費やされた剰余労働時間の増大に力を注ぐということである〔53〕。

さらに、マルクスとエンゲルスは労働時間を共産主義における資源配分決定の唯一の指針だと考えていたのではない。彼らはただ、労働時間がさまざまな種類の生産の社会的費用の一つの重要な尺度であることを指摘しただけである。「生産が社会の現実の予定的統制のもとにある場合にだけ、社会は、一定の物品の生産に振り向けられる社会的労働時間の範囲とこの物品によって満たされるべき社会的欲望の範囲とのあいだの関連をつくりだす」ということは、環境的費用を考慮しないということを意味するものではまったくない。同じように、それは自然的諸条件の維持を、改良を生産と消費によって「充たされるべき社会的欲求」という表現が含んでいるものから排除するものでもない〔54〕。

マルクスとエンゲルスが共産主義をエコロジカルな目標よりも労働費用の最小化を優先させるものだと考えていたのではないということの強力な証拠として、彼らが「生産、さらに公衆衛生にとって直接的に必要なもの」としての「都市と農村の対立の廃止」について主張していることを指摘すれば十分である。マルクスとエンゲルスは早くから、資本主義が環境破壊的に都市への産業と人口を集中し、農業を工業化し、人間や家畜の廃棄物をリサイクルしないといったことを観察し、「共同社会の最初の諸条件の一つ」として「都市と農村の対立の廃止」を指摘していた。エンゲルスが後に述べているように、「単一の大規模な計画」のもとでの「都市と農村とを融合させることによってのみ、今日の空気や水や土壌

〔53〕 Marx 1973, 172–173, 708; 邦訳〔『資本論草稿集①』〕一六二頁、Marx 1975b, 187; 邦訳一一頁、Marx 1976a, 71; 邦訳、一二二〜一二三頁、Marx 1981, 264, 邦訳二五、四四六〜四四七頁。

〔54〕 Marx 1981, 187, 邦訳三一七頁。

の汚染をとりのぞくことができる」。労働時間の増大という観点からは社会にとっての費用が発生しうるにもかかわらず、かれは、この融合を「資本家と賃金労働者の対立を廃止することがユートピアでないのと、なんら選ぶところがない」と見ている。それは「工業生産にとっても、農業生産にとっても、実際的な要求」でさえあった。マルクスはその主著において、共産主義を「農業や製造工業の幼稚未発達な姿にからみついてそれらを結合していた原始的な家族紐帯」の「より高い総合」だと予見した。この新たな統一は、「物質代謝の単に自然発生的に生じた状態…を人間の十分な発展に適合する形態で」の「再建」のためにはたらくであろう。それゆえ、エンゲルスは、「経済的考慮にさからってでも、農業と工業との結合をなしとげるであろう——まるで、そうなれば経済上の犠牲がはらわれるかのように！」というデューリングの見通しを嘲笑している[55]。マルクスとエンゲルスが、エコロジー的により適切な生産とひきかえに生じる社会的労働時間の増大を喜んで受け入れたであろうことは明らかである。

さらに、マルクスにたいするエコロジー的な批判者によって嫌になるほど繰り返された、労働費用の削減と環境親和性との本来的対立という観念を受け入れる必要はない。マルクスの共産主義は、資本主義の「無政府的な競争システム」と「それ自体としてはよけいな……無数の雇用」と結びついた自然資源と労働の浪費を解決する。多くの反エコロジー的な使用価値は、労働配分と土地利用の計画的システムの下で排除されるか、大部分削減されうるであろうし、なかでも広告や食料やその他の財の過度な加工や包装、生産物の計画的旧式化や自動車はそうなりうるであろう。こうしたあらゆる破壊的な使用価値は、資本主義にとっては「不可欠」である。しかし、環境的な持続可能性の観点からは、これらは「社会的生産手段と労働力とのもっとも無際限な浪費」をあらわしている[56]。

3 資本主義、共産主義、そして人間的発展をめぐる闘い

マルクスは、「われわれが今日あるがままの社会のうちに、一つの無階級社会のための物質的な生産諸条件とそれに照応する交易諸関係とがかくされているのを見いださないならば、いっさいの爆破の試みはドン・キホーテ的愚行となるであろう」と論じている。彼は、資本主義の「無意識のうちにより高度な生産様式の物質的諸条件をつくりだす」という「歴史的な任務であり、正当化理由」としての「社会的労働の生産力の発展」について述べている。要するに、「労働者と生産条件との本源的統一は……資本が創造する物質的な基礎の上で…はじめて再建されうる」のである〔57〕。

マルクスにたいするエコロジー的な批判者は、再三、こうした見解に、資本主義が反エコロジー的な仕方で自然を人間の目的に従属させていることをマルクスが無批判に是認しているということの証拠を見いだしてきたし、また、マルクスがこの従属を共産主義においても継続し、深まりさえすると見ていたということの証拠を見出してきた。たとえば、テッド・ベントンは、マルクスは資本主義を「将来の

〔55〕 Engels 1939, 323-324; 邦訳三〇四、三〇六頁（強調原文）、Engels 1979, 92; 邦訳二七七頁、Marx and Engels 1976, 72; 邦訳一〇八頁／四七頁、Marx 1976a, 505-506, 邦訳、八六三頁。

〔56〕 Marx 1976a, 530, 邦訳九〇二頁。社会主義的計画、技術、エコロジー的効率性についてのさらなる議論については、Wallis 1992; Wallis 2004. 参照。

〔57〕 Marx 1973, 159; 邦訳〔『資本論草稿集①』〕一四〇頁、Marx 1981, 259; 邦訳四三九頁、Marx 1971, 422–423, 邦訳〔『資本論草稿集⑧』〕五三一頁。

人間の解放のための諸条件を準備するもの」と見ることで、「一九世紀的産業主義の自然発生的なイデオロギー……においてすでに存在していた自然的限界にたいする盲目」を共有していた、と主張する。この批判は、マルクスは「生産の問題は、資本主義によって「解決」されるのであり、そのため、共産主義は「希少資源の分配の問題を真剣に考える」必要はないだろうと考えていたとするノーヴのテーゼのエコロジー的なヴァリエーションとみることもできるかもしれない[58]。

共産主義のもとでの自然資源管理や、より根本的には、自然と生産者の脱疎外についてのマルクスとエンゲルスの深い関心を無視することにくわえ、これらのエコロジー的な批判はまた、マルクスの資本主義的発展と資本主義から共産主義への移行の概念をも誤解している。

マルクスの見解において資本主義が生み出す歴史的な可能性とは、正確には、なんであろうか？　それは、あらゆる希少性が消えるまで大量生産・大量消費を発展させることにあるのだろうか？　実際には、そうではない。それは、第一に、生産力の発展によって、資本主義が「社会の一部分が他の部分を犠牲にして行う社会的発展（その物質的な利益も知的な利益も含めて）の強制や独占がなくなるような」システムの可能性を、部分的には「物質的労働一般に費やされる時間のより大きな制限」をつうじて、作り出すということである。要するに、資本主義が人間の生産能力を発展させるかぎりで、資本主義は希少性それじたい（考えられうるあらゆる物質的欲求の非充足という意味での）でなく、むしろ人間的発展の機会における階級間不平等の理由となる希少性を否定するのである。マルクスが主張したように、「人間種族の能力の発展が、最初は多数の個人や人間階級全体さえも犠牲にして行われるにしても、結局はこの敵対関係を切り抜けて個々の個人の発展と一致する」[59]。

第二に、資本主義が生産をますます広範囲にわたる社会的過程、「一般的社会的物質代謝、普遍的諸関連、全面的諸欲求、普遍的諸力能といったものの一つのシステム」にするかぎり、資本主義は人間的発展のより制限のない形態を可能にする。この社会化された生産によってのみ、「諸個人の普遍的な発展のうえにきずかれた、また諸個人の共同体的、社会的生産性を諸個人の社会的力能として服属させることのうえにきずかれた自由な個性」を展望することができる。マルクスにとって「交易の普遍性、それゆえ世界市場」の資本主義的発展は「個人の普遍的発展の可能性」を含んでいる。いつもどおり、まさに（自己目的としての生産および消費の増大ではなく）全面的な人間的発展を念頭に置いて、マルクスは資本主義のもとでの「普遍的交換によって作り出された諸個人の欲求、能力、喜び、生産力などの普遍性」を称賛しているのである。

同様のことが、人間と自然との関係についてもいえる。マルクスが資本主義のうちに見る可能性は、自然の一面的な人間への従属ないし人間の自然からの分離に関わるのではなく、むしろ、人類と自然とのより局限されない諸関係の可能性に関わるのである。まさにこのより豊かでより普遍的な人間－自然関係との対比によってのみ、「それ以前のすべての段階は、人類の局地的諸発展として、自然崇拝として現れるにすぎない」のである。原初的な生産様式において、「人間の自然に対する極限された振る舞いは、彼らの他人にたいする局限された関係を規定し、彼らの他人への局限された振る舞いは、人間の自

［58］ Benton 1989, 74, 77; Nove 1990, 230.
［59］ Marx 1981, 819; 邦訳一四四〇頁、Marx 1968, 118; 邦訳一六〇頁。

然にたいする制限された関係を規定する」のである〔60〕。

マルクスの分析は、それが自然諸条件の資本主義的取得を無批判に支持していた場合にのみ、反エコロジー的であろう。実際には、マルクスは資本主義社会における、自然を含む「労働の対象的諸条件」の「疎外された形態」について強調している。彼は、「一般的な社会的労働力」の資本主義的疎外は「自然力と科学的知識」を包含すると主張している。結果として、マルクスによれば、「自然と科学の力は……資本の力として労働者に対峙する」。資本主義のもとでは、「科学や自然力や大量の労働生産物」は、主に「労働の搾取手段として、剰余労働を取得する手段」として利用される。さらに、自然資源の資本の利用についてのマルクスの批判は、生産において労働者が直接的に被る搾取やそれが労働者の消費にあたえる制限にかぎられるものではない。ジョン・ベラミー・フォスターによって示されたように、マルクスは資本主義によって生み出された人類と自然とのあいだの広範な「物質代謝の亀裂」についての深い認識をもっていたのであり、そのような物質代謝の亀裂のひとつの兆候が「生命の自然法則によって命ぜられた社会的な物質代謝の関連のうちの回復できない裂け目」をともなう都市と農村とのあいだの反エコロジー的な分業なのである。マルクスはこの枠組を、いかに資本主義が「土壌の豊穣性の持続の永久的自然条件を攪乱」し、「都市の労働者の肉体的健康を破壊するか」を説明するために用いた。エンゲルスによれば、システムにおける自然の疎外は、「個々の資本家」――彼らは「この同じ生産的行動の自然的作用」を無視し、「得られる利潤」という観点から「自分たちの行動の最も直接的な効果しか気にかけることができない」――によって必然的に採用される自然の利用についての狭隘な視点において示されている〔61〕。

マルクスにとって、資本主義のもとで自然や他の「生産諸条件」が獲得した「疎外され独立化された社会的な力」は労働者や彼らの共同体にたいして次のような課題をもたらす。すなわち、これらの諸条件を、「社会的に発達した人間の欲望……生産者たちの社会のための生活過程」に資するような「一般的な共同的な社会的な生産条件」に転化させることである。こうした転化は、物質的および社会的に、生産システムの質的な転換のための長期にわたる闘争を必要とする。共産主義的生産は単純に資本主義から引き継がれるものではなく、新たに選出された社会主義政府が法律に署名することだけを必要とするのではない。それは、「長期の闘争」すなわち「環境と人間とをつくりかえる一連の歴史的過程」を必要とする。このように変容させられた環境のなかで、「分配の変更だけでなく、生産の新しい組織が必要であること、あるいはむしろ、現在の組織された労働にもとづく社会的生産諸形態……を、その現在の階級的性格から救いだして（解放して）、全国的および国際的に調和あるしかたで結合する」だろう。このような革命後の社会にとっての「長期の闘争」というシナリオは、エコロジー的な批判者によって出さ

〔60〕Marx 1973, 158, 409-410, 488; 542, 邦訳〔『資本論草稿集①』〕二三八頁、〔『資本論草稿集②』〕一八、二三八、二二八頁（強調原文）、Marx and Engels 1976, 50, 邦訳六一頁／二七頁。生涯を通じて、マルクスは前資本主義社会の共同体的諸関係の相対的後進性についての自身の初期のスタンスについて、人間的発展の助けとして再考し、またロシアの伝統的共同体が、――ヨーロッパの社会主義革命によって支援されるならば――社会主義への直接的移行を果たしうるということを論じた。Krader 1974; Shanin 1983; Rosemont n.d. を参照。

〔61〕Marx 1994, 29を参照。；邦訳二五九頁、Marx 1963, 391-392; 邦訳〔『資本論草稿集⑨』〕四一三頁（強調原文）、Marx 1976a, 505を参照。邦訳八六四頁、Marx 1981, 813; 邦訳一四二六頁、Engels 1964, 185; 邦訳二一九～二二〇頁、Foster 1999, 141–177, 邦訳二二八～二八〇頁。Burkett and Foster 2006も参照。

れた解釈――彼らは、マルクスが資本主義的産業を、共産主義的発展のための質的に適切な基礎として支持したとしている――とは大違いである。実際、マルクスのヴィジョンは、「エコロジー的なコモンズをうみだすための闘いは、エコロジー的民主主義の確立のための闘い――共同体による共同体、近隣による近隣、地域による地域……下からの根本的な社会的変化の闘いと仕事――である」というロイ・モリソンの見解により正確に合致する[62]。

マルクスのヴィジョンにおいて、「自由なアソーシエイトした労働(協同労働)の諸条件」のための闘争は「既得の権益と階級的利己心の抵抗によって再三再四遅らされ、阻止されるであろう」。これがまさしく、なぜ共産主義の人間的発展の諸条件が、革命的闘争そのもの――労働者階級による政治的権力の奪取及び物質的及び社会的諸条件を変容させるための継続的な闘いの双方において――によって大部分が生み出されるかの理由である。マルクスとエンゲルスがいうように、共産主義的「取得は……プロレタリアート自身の性格によって再び普遍的なものでしかありえない結合と、革命によってのみ遂行される。この革命において、一方では、従来の生産様式と交換様式および社会的組織の力が打倒され、他方では、プロレタリアートの普遍的性格と、取得を成し遂げるために必要なエネルギーが発展し、さらにプロレタリアートは従来の社会的地位から引きずってまとわりついている一切の残滓を一掃する」[63]。

いまや、なぜマルクスが「労働者階級の解放は、労働者階級自身の手でたたかいとられなければならない」と論じたかは明らかなはずである。人間的発展のための闘争は究極的には「あらゆる階級支配の廃止」を要求するのであり、労働者階級は、このようなプロジェクトを実行することが可能な唯一の集団である。また、共産主義の自己解放的性格は、なぜマルクスのヴィジョンがユートピア社会主義者とはちがって詳細な青写真という形態をとらなかったかを説明する。アラン・シャンドロがみるように、こうした青写真はどんなものであれ、「多様性の統一として、政治的共同体として解された」労働者階級それ自身によって発展させられる政治的議論、軋轢、そして戦略を排除するだけであろう。マルクスとエンゲルスの共産主義の基本的原理を描こうとする試みは、「基本計画」としてではなく、「労働者の運動を組織し、その中でまたその周りでの議論を構築し導く手段として」理解されるべきである。彼らのプロジェクトが資本主義および革命後の社会における発展という観点においてたえず更新される必要があるとしても、彼らの基本的なアプローチは今日なお有意義である〔64〕。

　人間的発展のより公平で持続可能な形態にたいする要求は、エリート経済機関——多国籍企業、ＩＭＦ、世界銀行、ＮＡＦＴＡ、ＷＴＯ等々——に対する増大する世界的反抗の中心となっている。しかし、この運動は、ひとつの階級搾取的なシステム、すなわち資本主義の要素としての抵抗のもとで、様々な制度と政策を着想するヴィジョンを必要としている。そして、それは、人間的発展の諸条件にたいする資本の力を否定するための議論や調停、オルタナティヴな道筋と戦略の実現のための枠組を必要としており、その枠組は共産主義である。人間的発展に資する生産の脱疎外としての古典的なマルクス主義的共産主義のヴィジョンは、この必要とされている枠組にたいして今なお大きく寄与しているので

〔62〕 Marx 1981, 250, 258, 264; 邦訳四二三、四三八、四四七頁（強調原文）、Marx 1985, 76, 157; 邦訳三二〇、五一七〜五一八頁、Morrison 1995, 188.
〔63〕 Marx 1985, 157; 邦訳五一七〜五一八頁、Marx and Engels 1976, 97, 邦訳一六一頁／六四頁。
〔64〕 Marx 1974, 82; 邦訳一一二頁、Shandro 2000, 21–23; Ollman 2005; Lebowitz n.d.

ある。

第二部

経済学批判とエコロジー

第一章　経済学批判体系における物質代謝論の意義

佐々木隆治

はじめに

マルクスのエコロジー的関心を示す概念として、物質代謝（Stoffwechsel）が注目されるようになって久しい。初期マルクスの近代化論をさらに俗流化した「伝統的マルクス主義」とは異なり、じっさいのマルクスはリービッヒなどをつうじてエコロジー問題に強い関心を抱くようになり、その際、物質代謝概念が大きな役割を果たしたことは多くの文献で指摘されてきた［1］。いまや、まともなマルクス研究者でマルクスのエコロジー的関心を否定するものはいないだろう。

とはいえ、そのことはマルクスの経済学批判体系における物質代謝論の意義が十全に理解されているということを意味しない。というのも、マルクスの経済学批判体系において、物質代謝概念はたんにマ

［1］　代表的な研究として、吉田一九八〇とFoster 2000をあげることができる。

ルクスのエコロジー的関心を示すにとどまらないからである。むしろ、物質代謝概念は、経済学批判体系において欠かすことのできない最重要概念の一つであり、それなしにはマルクスの経済学批判の意義を理解することができないと言っても過言ではない。

だが、これまでの経済学批判あるいは『資本論』の研究において、物質代謝概念が注目されることは稀であった[2]。というのは、先行研究の多くが注目したのはむしろ経済的形態規定の方であり、形態規定の担い手となり、不可避的に形態規定から影響をうける素材（Stoff）については当然の前提とされ、改めて考察の対象とされることが少なかったからである。しかし、マルクスの経済学批判の核心はなによりも物象的な経済的形態規定と素材的世界における物質代謝との絡み合いに存するのであり、マルクスの経済学批判の意義を経済的形態規定の側から一面的に理解するのであれば、経済学批判ないし『資本論』がもつ豊かな含意を切り縮めてしまうことになるだろう。

筆者は、すでに佐々木二〇一一においてマルクスの経済学批判の核心が物象的形態規定と素材（Stoff）ないし物質代謝（Stoffwechsel）との絡み合いにあることを示し、マルクスの素材の思想家としての側面について指摘しておいた。しかし、そこでは力点が物象化におかれ、物質代謝論の意義については十分に示すことができなかった。そこで本稿では、物質代謝に焦点をあて、その経済学批判における意義を明らかにしたい。

なお、タイトルではわかりやすさを重視し、物質代謝という訳語を用いたが、以下では素材（Stoff）との関連を重視し、Stoffwechselの訳語として「物質代謝」ではなく、「素材代謝」という語を用いることにしたい。

1 マルクスにおける素材代謝概念

現代においては、生命体と自然環境とのあいだの相互作用を表す概念として、「エコロジー（生態学）」が用いられることが多い。この言葉はエルンスト・ヘッケルという生物学者によって一八六六年につくられた概念であるが、それ以前から化学者や生理学者たちは別の概念によって同様の事態を捉えていた。それが素材代謝という概念である。この概念は一九世紀初頭から使い始められていたが、農芸化学者として名高いユストゥス・フォン・リービッヒによって使用されることによって普及した。

この素材代謝は、リービッヒにおいては、おもに個々の植物や動物などの有機体の内部における物質の化学変化、すなわち物質の結合と分離を表す概念であった。リービッヒは、外界から摂取した物質を体内で結合・分離することをつうじて生命活動が維持されることを重視し、この概念を用いたのである。だが、一般に普及していくなかで、この素材代謝という概念は、個々の生命体における化学変化のプロセスにとどまらず、栄養摂取や排泄などを媒介とした、生命体とそれを取り巻く環境との相互作用をも包含する、より包括的な概念へと変容していった[3]。さらに、この概念は、自然科学だけでなく、社会科学にも影響を与えた。とりわけ、生産と分配、そして消費という循環的かつ有機的な人間活動を扱

［2］ 例外的な研究のなかでも、とくに優れたものとして、Burkett 1999 をあげることができる。筆者の見解は多くの点でバーケットと一致するが、自然の無償性の理解について見解を異にする。

［3］ Saito 2016, 78.

う経済学において、それはアナロジーとして用いられたのである。

マルクスもまた、この素材代謝という概念に影響をうけた一人であった。先行研究においては、マルクスの素材代謝概念はリービッヒに由来するものだとされることが多い。だが、マルクスはリービッヒの著作から直接に素材代謝という概念を取り入れたのではない。マルクスは親友であり、医者であるローラント・ダニエルスとの交流のなかで、ダニエルスが生理学から示唆をえて使用していた素材代謝という語を一八五一年の二月に知り、それに注目するようになったのである〔4〕。マルクスは同年三月に執筆した「省察」と呼ばれる断片において次のように書いている。

特権を与えられたものだけがあれこれを交換できる古代社会の場合とはことなり、あらゆるものがあらゆる人々にもたれうるのであり、どんな素材代謝でもだれによっても、彼の所得が転換されうるだけの貨幣量に応じておこなわれうるのである……。(MEGA IV/8, 233)

所得の種類がまだ生業の種類によって規定されているところでは、つまり今日のようにたんに一般的な交換媒介物の量によって規定されているのではなく、彼の生業そのものの質によって規定されているところでは、労働者階級が社会にたいして入りうる、またそれがわがものとなしうる、諸関連はかぎりなくより局限されたものであり、また素材代謝のための社会的機関は、社会の物質的生産および精神的生産ともども、特定のしかたと特殊的内容にはじめから制限されている。(MEGA IV/8, 234)

みられるように、「省察」においてマルクスは、有機体の循環的な生命活動を説明する概念であった素材代謝を、ひとつの有機体としての経済社会の循環活動を説明するためのアナロジーとして使用している。この用法は、明らかにダニエルスの影響によるものである。ダニエルスは一八五一年二月にマルクスに手紙を送り、自らが執筆した『ミクロコスモス』の草稿にコメントするよう依頼していた。この著作は商業の生理学的叙述をつうじて人間社会を唯物論的に把握することを目的としており、その際、素材代謝概念が重要な役割を果たしていたのである。しかも、マルクスがこの草稿を読み、ダニエルス宛の手紙において批判を加えていることからも、影響関係はほぼ確定的である。おそらくマルクスは、ダニエルスの俗流唯物論的な社会把握を批判しつつも、人間社会を「素材代謝」という生理学的概念によって把握することに強い印象を受けたのであろう。有機的な経済活動を説明するためのアナロジーとしての素材代謝の用法は、後の『資本論』にいたるまで一貫して採用されている。

だが、マルクスはこのような用法にとどまらず、徐々に人間と自然との物質的な循環という意味でも、素材代謝概念を用いるようになる［5］。マルクスは一八五七年から五八年にかけて執筆した『経済学批

［4］ Saito 2016, 80f を参照。マルクスはリービッヒだけではなく、様々な生理学者や化学者の研究を摂取することをつうじて、素材代謝概念を吸収し、また、それに独自の修正を加え、発展させたのである。

［5］ マルクスは最晩年に書いたいわゆる「ヴァーグナー評注」において次のように述べている。「そこにある［一経営の］財総量の（現物的）構成部分の変換」「これは、ヴァーグナーでは別名「財変換」とよばれていて、シェレフのいう社会的素材代謝と同じものだと――すくなくともその一つの場合だと説明されている。しかし、私はこの語を人間と自然とのあいだの素材代謝として「自然的」生産過程の場合も用いた」は私から借りたものであり、私の著書では素材代謝はまず、W－G－Wのところに現れ、またあとでは、形態変換の中断が素材代謝の中断としても表示されている」(MEW 19, 377)。

判要綱』において次のように述べている。

生きて活動する人間たちと、彼らが自然とのあいでおこなう素材代謝の自然的、非有機的要素との統一、だからまた彼らによる自然の取得は、説明を要するものではなく、あるいはどんな歴史的過程の結果でもないのであって、説明を要するもの、歴史的過程の結果であるものは、人間的定在のこの非有機的諸条件とこの活動する定在とのあいだの分離、すなわち賃労働と資本との関係においてはじめて完全なかたちで措定されるような分離である。(MEGA II/1, 393)

また、一八五九年に刊行された『経済学批判』やその後執筆された『六一―六三年草稿』においては、労働を、つぎのように素材代謝との関連で特徴付けている。

自然なものをなんらかの形態で取得するための合目的的活動としては、労働は人間存在の自然条件であり、人間と自然とのあいだの素材代謝の、すべての社会的形態から独立した一条件である。(MEGA II/2, 115)

現実の労働は人間の諸欲望の充足のために自然的なものを取得することであり、人間と自然とのあいだの素材代謝を媒介する活動であるから、労働能力は、労働手段、すなわち労働による自然的なものの取得の対象的諸条件を奪われることによって、同様に生活手段をも奪われる。(MEGA II/3, 35)

ここではすでに、「人間と自然とのあいだの素材代謝を媒介する活動」という、『資本論』とまったく同じ労働の定義が明確に述べられている。マルクスはいわゆる『経済学哲学草稿』以来〔6〕、労働の社会的形態が生産様式の種差を根本的に規定するという立場を保持しつづけたが、この労働を素材代謝概念との関連で定義していることからも、マルクスがどれほどこの概念を重視していたかが理解できよう。

さらに、経済学研究の深化をつうじて物象化論的な問題構成を確立した一八六〇年代には、資本主義的生産様式による人間と自然との物質的循環の攪乱に注目するようになり、この文脈で素材代謝概念を用いることが多くなった。マルクスは、いまでいうエコロジー的な観点から、素材代謝概念にいっそう注目するようになったのである。

このとき、マルクスに考察の材料を提供したのが、リービッヒの諸著作、とりわけ『化学の農業および生理学への応用』第七版であった。リービッヒによれば、農業が適切に営まれるには収穫によって土地から奪われたあらゆる植物栄養素の永続的な補充が必要であり、そのような「補充の法則」を考慮しなければならない。すなわち土壌から植物に吸収され、さらに動物によって摂取された栄養素が植物・動物の腐敗・分解の過程をへて大地にかえるという物質循環が成り立っていなければならない。ところが、当時のイングランドにおいては、農村で生産された農産物の多くが、人口の集中するロンドンなど

〔6〕福冨一九八九は、極めて的確に、マルクスがすでに『経済学哲学草稿』において人間と大地との分離を資本主義的生産様式の根本問題として把握しており、これとの関連で「疎外された労働」を理解しなければならないことを指摘している。

の大都市で消費されていたため、土壌の成分がふたたび大地にかえらないという事態が発生していた。また、短期的な利益追求のために休耕を怠り、連作することもおこなわれていた。農業にとって不可欠である、持続可能な「人間と自然とのあいだの素材代謝」が攪乱され、土地が疲弊してしまっていたのである。この土地疲弊を補うために、南米から肥料となるグアノ（鳥の糞などが化石化したもの）を大量に輸入し、グアノが枯渇してしまうほどであった。

リービッヒはこのような略奪的な農業のあり方を、農学の立場から、厳しく批判したのである。マルクスはこうしたリービッヒの見解を高く評価し、「自然科学的見地からする近代的農業の消極的側面の展開は、リービッヒの不滅の功績の一つである」(MEGA II/6, 477) と述べている。

以上の考察を踏まえると、マルクスの素材代謝概念は二つの用法に整理することができる。

第一に、社会的な素材代謝である。これは、生産や消費のために、生産された素材的富を人間たちのあいだで転換することを意味する。人間たちがなんらかの社会を形成するかぎり、生産物の分配や交換をおこなうことなしには、生産活動を継続したり、生産物を消費したりすることはできない。資本主義的生産様式のもとでは、このような素材的富の転換は商品交換として行われる。「交換過程が、諸商品を、それらが非使用価値である人の手から、それらが使用価値である人の手に移行させる限りにおいて、それは社会的な素材代謝である」(MEGA II/6, 129f)。

第二に、自然的な素材代謝である。これは一方では、人間が生きるために自然から物質を取得し、老廃物を排出するという、「人間と自然のあいだの素材代謝」のことを意味する。すでにみたように、この用法は労働との関連で用いられることがある。「労働は、使用価値の形成者としては、有用労働としては、人間の、すべての社会形態から独立した現存条件であり、人間と自然のあいだの素材代謝を、したがって人間の生活を媒介するための、永遠の自然必然性である」(MEGA II/6, 76)。「労働はさしあたり人間と自然とのあいだの過程であり、人間が人間と自然との素材代謝を人間自身の行為によって媒介し、規制し、制御する過程である」(MEGA II/6, 192)。

他方、この用法においては、物質の化学変化を意味することもある。「機械は自然的な素材代謝の破壊力にさらされている。鉄はさび、木材はくさる」(MEGA II/6, 197) といったような言及がそれである。それゆえ、自然的な素材代謝においても、人間と自然との素材代謝と、たんなる化学変化としての素材代謝があるということもできるだろう〔7〕。

とはいえ、以上のような素材代謝の区別は相対的なものであり、それらが相互に絡み合っていることを忘れてはならない。

人間と自然とのあいだの素材代謝は、それが一つの自然過程であるかぎり、それじしんに内在する法則によって規定されている。すでにみたように、リービッヒが指摘した「補充の法則」に反するような素材代謝への介入を行えば、土地は疲弊してしまうだろう。「資本主義的生産様式は、それが大中心地に集積させる都市人口がますます優勢になるにしたがって、一方では、社会の歴史的原動力を蓄積するが、他方では、人間と土地とのあいだの素材代謝を、すなわち人間により食糧および衣料の形態で消費された土地成分への回帰を、したがって持続的な土地肥沃土の永久的自然条件を攪乱する」(MEGA II/6, 476)。

〔7〕 吉田一九八〇は、この両者を用法の違いとして区別し、Stoffwechsel の用法を三つの類型に整理している。

さらに、この自然と人間とのあいだの素材的循環じたいが化学的変化としての素材代謝によって規定されている。たとえば、リービッヒによれば、この循環は、植物栄養素の化学過程、動物栄養素の化学過程、発酵・腐朽・腐敗の化学過程にほかならないのだから、化学法則によって規定されている。それゆえ、リービッヒによれば、先に見た循環のバランスは、この化学法則にもとづいてこそ、正確に理解することができるということになる〔8〕。

また、人間がなんらかの社会的分業をいとなんでいる社会では、社会的な素材代謝を適切に行わなければ、人間と自然とのあいだの素材代謝を正常に行うことはできない。というのも、それは、人間と自然とのあいだの素材代謝、あるいはその媒介を正常におこなうための準備をする過程だからである。ただし、より厳密にはこのような社会的な素材代謝じたいが生命活動の一環として、すなわち人間と自然との素材代謝の過程として行われるのであるから、それじたい、人間と自然との素材代謝の一部をなすと言うこともできるだろう。

以上のように素材代謝を総体として把握することは、資本主義的生産様式の分析にとってはとくに有益である。というのは、資本主義的生産様式においては、人間たちの振る舞いによって特定の経済的形態規定がたえず再生産され、この経済的形態規定が素材的世界を編成し、社会的素材代謝にとどまらず、自然的素材代謝にも大きな影響をあたえるからである。以下では、このような形態による素材代謝の編成と攪乱について具体的にみていくことにしよう。

2　商品生産関係と素材代謝

資本主義的生産関係はつねに歴史的に形成された社会的諸条件を前提とする。同様に、資本主義的生産関係の抽象である商品生産関係も一定の社会的諸条件を前提とする。それは、私的生産者による社会的分業である。

このような社会的条件のもとでは私的生産者は自分の私的労働（あるいは自分が組織した私的労働）を直接に社会的なものとして通用させることができない。それゆえ、自分たちの生産物を互いにつきあわせ、交換することによって、社会的分業を成立させようとする。ところが、交換が成立するのはそれぞれの生産物の使用価値が異なる場合であり、まったく異なる使用価値をどのような基準で交換すればよいのかという困難にぶつかる。そこで、私的生産者たちは、無意識のうちに、私的労働の生産物にたいして、使用価値とは区別される共通な社会的属性を与えるようにして関わり、この属性にもとづいて交換をおこなう。この社会的属性のことをマルクスは「価値」と呼んだのである。

また、このとき同時に、価値は、「労働が「社会的」労働力の支出として存在するかぎりでの労働の社会的性格を」表している（MEW 19, 375）。どんな社会でも、社会的再生産を成立させるためには、有限な

〔8〕　もっとも、現代では動物と植物の循環がたんなる化学的過程ではないことが明らかになっており、化学に限定することなく、自然科学法則一般として捉えられるべきであろう。

総労働をそれぞれの生産部門に適切に配分しなければならない。それゆえ、労働は、社会にとって有益な生産物を生産するという意味での有用労働としての社会的性格にくわえ、社会のなかで有限な総労働のうちからある一定の労働を支出したという意味での抽象的人間的労働としての社会的性格をもっている。商品生産関係の内部では、この抽象的人間的労働としての社会的性格が、私的労働の生産物がもつ純粋に社会的な属性として表され、価値という形態をとるのである〔9〕。この意味で、価値は抽象的人間的労働の凝固ないし対象化だと言うことができる。

だが、抽象的人間的労働が有用労働としての特定の形態を捨象した、感性的定在形態をもたない抽象的属性であるかぎりで、価値対象性は「抽象的な対象性」(MEGA II/5, 30) ないし「まぼろしのような対象性」(MEGA II/6, 72) となるほかない。有用労働としての社会的性格は商品の使用価値において現物形態で現れているが、抽象的人間的労働の社会的性格は生産物の純粋に社会的な属性として表されるだけなのだから、現物形態では現れないのである。したがって、この対象性は他商品の使用価値をつうじて目に見えるように表現されなければならない。すなわち、商品は、他商品にたいして自らの等価物とするようにして関わり、それを価値体（その感性的定在形態のままでいきなり価値として通用するもの）とすることによって、自らの価値を表現しなければならない。マルクスが価値形態論において展開しているように、このような価値表現は、商品世界の一商品をその他のあらゆる商品にとっての価値体（一般的等価物）とする一般的価値形態にまで発展する。この一般的等価物が金に固定化されると貨幣になり、一般的価値形態は価格となる。貨幣が成立すると、人々は貨幣によって価値を表示し、貨幣を媒介として商品を交換することができるようになり、商品変態W－G－Wの絡み合いからなる商品流通が成立する。

このような商品生産関係においては、私的生産者は生産物に価値という社会的力を与え、商品や貨幣などの物象とし、この物象の力に依存して互いに関係を取り結ぶほかない。ここでは、生産関係は人格と人格との関係としてではなく、物象と物象の関係として現れ、人々が自分たちじしんで生産を制御するのではなく、むしろ物象の運動が人々の生産活動を制御する。マルクスはこのような転倒した事態を物象化と呼んだ。

以上のような商品生産関係が成立することによって素材代謝はどのような影響を受けるだろうか。第一に、商品流通によって、社会的素材代謝が発展するとともに、それが攪乱される可能性が現れる。

ここでは、一面では、商品交換が直接的生産物交換の個人的および局地的制限を破って人間労働の素材代謝を発展させる。他面では、当事者たちによっては制御できない、社会的な自然的諸連関の全範囲が発展する。（MEGA II/6, 136f）

商品流通は直接的な「生産物交換の時間的、場所的、個人的制限」(MEGA II/6, 137) を打ち破り、商品生産を発展させる。だが、そのようなことが可能になったのは、「生産物交換において存在する、自分の労働生産物の譲渡と他人の労働生産物の入手との直接的同一性を、流通が、販売と購買の対立に分裂さ

［9］　この点の詳細については拙稿「抽象的人間的労働と価値の質的規定性について」(上)(下)『立教経済学研究』第六七巻第四号／第六八巻第一号を参照されたい。

せる」(MEGA II/6, 137f) ことによってである。商品流通における直接的生産物交換の販売と購買への分裂は、「商品に内在的な対立、すなわち使用価値と価値との対立、私的労働が同時に直接に社会的労働として現れなければならないという対立」を媒介し、この内在的矛盾に「それの発展した運動諸形態」を与えるが（MEGA II/6, 138）、この矛盾そのものを解消するものではない。貨幣は直接的交換可能性をもっており、いつでも流通可能な形態を保持しているが、商品はそうではない。購買と販売は同時に行われる行為でありながら、対立した社会的規定を受け取っている。「だれでも、他人が買わなければ、売ることができない。しかし、だれでも、自分自身が売ったからといって、ただちに買う必要はない」(MEGA II/6, 137)。こうして「恐慌の可能性」、すなわち商品流通のもとでの社会的素材代謝の攪乱の可能性が生じるのである。とはいえ、ここではまだ、この可能性はまったく抽象的な可能性に過ぎない。

第二に、社会的素材代謝による自然的素材代謝の攪乱の可能性を度外視したとしても、私的生産者たちが生産活動において考慮の対象とするのは、基本的に、物象の諸属性、より具体的には商品の価値と使用価値だけであるという事情から、人間と自然との素材代謝の攪乱の可能性が生じる[10]。

すでにみたように、マルクスは『資本論』第一部の冒頭の商品章において「労働は、使用価値の形成者としては、有用労働としては、人間の、すべての社会形態から独立した現存条件であり、人間と自然のあいだの素材代謝を、したがって人間の生活を媒介するための、永遠の自然必然性である」と述べている。この「永遠の自然必然性」たる素材代謝の媒介が、商品生産関係において一定の変容を被るのである。

人格的紐帯にもとづく共同体社会とはことなり、人格的紐帯が切断された近代社会に生きる私的生産者たちは、自らの生活を成り立たせるために人格的関係に依存することはできず、たえず物象的関係に依存しなければならない。だから、経済活動における彼らの行動原則は最大限に有利な比率での交換、すなわちできるだけ高い価格での販売と、できるだけ低い価格での購買にならざるをえない。このような行動原則をもつ私的生産者たちが生産活動において考慮するのは、明らかに商品の使用価値と価値（ないし価格）だけである。すなわち、自らが生産した商品の使用価値が他人の欲望を満たすものであるか、またそれが自らの投下した労働量を基準としてどれだけ有利な交換比率、すなわち価格をもつかだけが問題である。

たしかに、私的生産者たちは商品の使用価値と価値において労働の二重の社会的性格を間接的に考慮し、一定の攪乱を伴いながらではあるが、ともかく労働の社会的配分を成し遂げることができる。だが、人間社会を再生産するために生産活動において考慮されるべきものは、労働の二重の社会的性格だけではない。たとえば、リービッヒの言うような「補充の法則」をまったく考慮せず、短期的な利益のために生産活動を行うのであれば、土地が疲弊し、農作物を生産するのは困難になる。このような場合、たとえ労働の二重の社会的性格を考慮していたとしても、人間社会の再生産は困難になるだろう。じっさい、前近代社会においても、古代メソポタミアや古代ギリシアのように、他の共同体の社会形態と比較して共同性が弱く、貨幣経済が発達していたところでは、短期的な利益追求のための農耕や森林伐採に

〔10〕　この点について、マルクス自身は商品生産関係を扱った『資本論』第一部第一篇において論じていないが、後の叙述を明確化するために、ここで扱うことができるかぎりで、論じておく。

よって土地が荒廃し、文明が衰退してしまったほどである[11]。

共同性が喪失し、私的個人が経済活動を営む近代社会においては、なおさらこのような可能性は増大する。近代的な生産関係においては、純粋に経済活動について考察するかぎりでは、私的生産者は生産活動において私的労働の社会的性格にしか関心をもたないし、しかもそれを物象を媒介として事後的、間接的にしか考慮することができない。もしなんらかの事情でそれ以外のことを考慮する動機をもっていたとしても、それを実行に移すならば彼は不利な立場に置かれるだろう。たとえば、もし彼が自然環境に配慮したために一定量の生産物を使用する際に他の生産者よりも多くの労働時間を費やすならば、もはや彼の生産物は投下した労働量に見合う交換比率を持たなくなるだろう。これは彼の市場での敗北を意味する。このように、市場における生産活動において考慮されるのが商品の使用価値と価値だけであるとするならば、社会的再生産の根本をなす人間と自然との素材代謝が攪乱される可能性が生じると言うことができる。

また、「蓄蔵貨幣の形成」においてマルクスが指摘しているような、価値体としての貨幣をつうじて価値そのものにたいする無際限の欲望が発生する、という事情もこのような攪乱を促しうる。貨幣はあらゆる商品にたいして直接的交換可能性をもっており、質的には無制限なものであるが、どのような現実の貨幣額も量的に制限されたものであるほかない。「貨幣の量的制限と質的無制限性とのあいだのこの矛盾は、貨幣蓄蔵者を、蓄積のシシュフォス労働に絶えず追い返す。彼は、新しい国を征服するたびに新しい国境に出くわす世界征服者のようなものである」(MEGA II/6, 155)。このような価値それ自体にたいする欲望の発生と、それによって促される「蓄積のシシュフォス労働」が素材代謝の攪乱を引きおこす可能性を増大させる。

だが、商品生産関係において言うことができるのは、ここまでである。現在われわれが目にしているような素材代謝の媒介様式の大規模な変容と、それにともなう未曾有の規模での素材代謝の攪乱がなぜ発生するのか説明するには、これだけでは不十分である。それらについて把握するには、資本主義的生産関係について考察しなければならない。

3 資本主義的生産関係と素材代謝

資本主義的生産関係は、論理的には先述の商品生産関係を前提とするが、歴史的には直接的生産者の生産手段からの分離、すなわち生産者と生産手段の本源的統一の解体と無所有者となった直接的生産者の賃労働者としての規律訓練を前提とする。言い換えれば、物象の力によって生産手段を排他的に所有する資本家という人格(合理的な貨幣蓄蔵者)と賃労働者という人格(規律訓練された無所有者)が歴史的前提

[11] 福富一九八九が指摘するように、ゲルマン的所有形態においては共同体的所有が共同体員の「個人的所有の補充」であったのにたいし、ギリシア・ローマ的形態においては共同体員の私的所有が「共同体の土地所有の対立的形態」であったのであり、「小経営を排除するこの致命的な欠陥のために、奴隷制的大土地所有は結局は《出口のない袋小路》のなかに入り込みながら、自然と人間との関係の深刻な悪化のもとにおいて全面的に衰退していった」(五一頁)。

である。この前提は本源的蓄積によって形成される。

資本主義的生産関係おいては、自己増殖する価値としての資本が成立する。商品生産関係においては、価値は私的労働の生産物を社会的に通用させるために要請される形態にすぎなかった。W－G－Wからなる商品流通においては、「生産物交換、すなわち社会的労働がそれでみずからを表すさまざまな素材の変換（Wechsel）が運動の内容をな」していたからである（MEGA II/6, 168）。ところが、価値増殖が運動の内容をなす流通G－W－G'においては、価値こそが過程の動因であり、支配者であり、規定者である。それゆえ、ここでは、価値は流通過程だけではなく、生産過程をも貫く。むしろ、労働力商品の消費過程である生産過程こそが価値増殖の秘密であり、資本にとって決定的な重要性をもっているのである。

したがって、資本の運動によって包摂された生産過程、すなわち資本主義的生産過程は、合目的的活動によって社会的使用価値を生産する労働過程であるだけでなく、同時に価値増殖過程として遂行されなければならない。資本の目的が価値増殖である以上、資本主義的生産過程の目的もまた価値増殖であり、使用価値を生産する労働過程、すなわち人間と自然とのあいだの素材代謝を媒介する過程はむしろそのための手段となる。

それでは、このような生産過程における価値の自己増殖運動は、いかにして成立するのだろうか。自らの労働力の処分権を資本家に販売した賃労働者が、生産手段にたいして資本とするようにして関わることによってである。すなわち、第一に、賃労働者は生産手段を資本のものとして扱い、その価値を維持し移転することによって、第二に、自分の労働の成果をたえず資本のものとして扱い、剰余価値を産出することによって、資本の価値増殖運動を成立させる。この段階では資本による労働の包摂の根拠は資本家がもつ労働力の処分権にしかないが、以上のような賃労働者の関わりをつうじて、生産手段が資本価値の担い手として労働者を支配するという転倒が成立し、労働は資本のもとに形態的に包摂される。私的労働が商品を生み、生産関係を物象化させるように、賃労働が資本を生み、生産過程における転倒＝物象化をもたらすのである。「たんなる形態的関係、すなわち資本主義的生産の発展の低い様式にも発展の高い様式にも共通なその一般的形態を考察する場合でさえも、生産手段、すなわち物象的な労働条件は労働者に従属するものとしては現れず、労働者がそれらに従属するものとして現れる。資本が労働を使用するのである。すでにこの関係がその単純なあり方において物象の人格化であるとともに人格の物象化である」(MEGA II/4.1 121)。

このように、過程全体の目的が資本の価値増殖となり、生産過程では資本価値の担い手としての生産手段が労働者を支配する資本主義的生産関係においては、人間と自然とのあいだの素材代謝の媒介様式、さらにはその素材代謝じたいのあり方が大きな変容を被らざるをえない。ここではもはや、商品生産関係におけるように、たんに物象の属性を媒介として私的労働の二重の社会的性格を考慮することしかできないというだけでない。むしろ、資本は、価値増殖の論理にしたがって、積極的に労働過程に介入し、そのあり方を根底から変容させていくのである。

しかも、その際、資本は、商品生産においては価値と使用価値に表される私的労働の二重の社会的性格以外の、社会的再生産にとって必要な契機を考慮することができないという事情を積極的に利用し、それを自らの強みに転化する。たとえば、商品生産関係において考慮される生産コストは個々の私的生産者が費やす抽象的労働でしかないという事情は、生産力を高め、相対的剰余価値を獲得するための、無償の自然力の最大限の利用として現れる〔12〕。いったん購買し、自らの私的所有物となった商品はそれをどのように使用しようとも購買において支出された貨幣額が変更されるわけではないという事情は、購買した商品がもつ素材的「弾力性」の、剰余価値獲得のための最大限の利用として現れる〔13〕。いわば、資本主義的生産関係は、商品生産関係において抽象的に存在したにすぎない素材代謝の攪乱の可能性に、現実性を与えるのである。

資本主義的生産様式における素材代謝の変容は非常に多岐にわたるので、そのすべてに言及することはできないが、おおむね以下の七点に整理することができる。

第一に、絶対的剰余価値の追求が賃労働者と自然との正常な素材代謝を攪乱する。「ある経済的社会構成体において、生産物の交換価値ではなく、それの使用価値が優位を占めている場合には、剰余労働は、広いにせよ、狭いにせよ、ある諸欲求の範囲によって制限されている」が (MEGA II/6, 242)、価値が優位を占め、生産過程が資本によって包摂されている社会においては、剰余労働の取得は価値にたいする無制限の欲求、絶対的な致富衝動にもとづいており、労働日の最大限の延長が追求される。価値は抽象的人間的労働の社会的性格の対象化にほかならず、抽象的人間的労働は、生理学的意味での人間的労働力の支出という一面的な契機であるにすぎないとはいえ、素材的契機を含む。したがって、労働日の延長がなされるならば、労働力の人格的担い手である賃労働者により多くの生理学的支出を強いることになる。資本は「人間的陶冶のための、精神的発達のための、社会的機能を遂行するための、社会的交流のための、肉体的・精神的生命力の自由な活動のための時間」を「まったく無意味なもの」とみなし（MEGA II/6, 268）、さらには、「剰余労働をもとめるその無制限な盲目的衝動、その人狼的渇望のなかで労働日の社会規範的な最大限度のみではなく、その純粋に肉体的な最大限度をも突破」してしまう（ebd.）。「資本は労働力の寿命を問題にしない。それが関心をもつのは、ただ一つ、一労働日中に流動化させられうる労働力の最大限のみである。資本は、労働力の寿命を短縮することによってこの目的を達成するのであって、それは、貪欲な農業経営者が土地の豊度の略奪によって収穫を増大させるのと同じである」（MEGA II/6, 269）。

第二に、相対的剰余価値のための生産力上昇の追求が労働過程それじたいを技術的に変革する。とはいえ、このような労働過程の技術的変革は、たんに生産力上昇の影響を一般的に被るわけではない。資本はその「唯一の生活衝動」、すなわち「その不変部分である生産諸手段で、できる限り大きな量の剰余価値を吸収しようとする衝動」（MEGA II/6, 239）にもとづいて労働過程を変革するからである。

たとえば、賃労働者にとっては、このような労働過程の変革は、協業、マニファクチュア、大工業をつうじた賃労働者からの生産的技能及び知識の剥奪にほかならず、賃労働者は形態的のみならず、技術的ないし素材的にも資本価値の担い手である生産手段に従属させられる。ここでは、賃労働者じしんが実質的包摂をつうじて労働力商品という物象の人格的担い手に適合するように作り替えられるのである。

また、資本は、生産力の増大にともなって導入される機械設備の物理的および社会基準上の摩滅の危険

［12］ 本書所収の羽島論文を参照。
［13］ 本書所収の明石論文を参照。

を回避するために、労働日の延長にくわえ、交代制による夜間労働を追求する。賃労働者は、資本価値の担い手としての機械設備の都合に合わせて、自らの自然的素材代謝に悪影響を与える夜間労働をすることを強いられる。

さらに、資本は、価値には抽象的人間的労働の社会的性格しか反映されないという事情を利用し、価値という観点からみて「無償」である自然力を「資本の生産力」として活用しようとする。資本が負担するのは自然力を利用するために必要な生産手段の価値だけであり、自然力そのものは「無償」のものとして現れるというだけではない。むしろ、価値からみて「無償」であるがゆえに、資本はその自然力を、素材代謝の持続可能性を考慮することなく、最大限に利用しようとするのである。このような自然力の使用が、人間と自然とのあいだの素材代謝を攪乱することはいうまでもない。「資本主義的農業のあらゆる進歩は、たんに労働者から略奪する技術における進歩であるだけでなく、同時に土地から略奪する技術における進歩でもあり、一定期間にわたって土地の肥沃度を増大させるためのあらゆる進歩は、同時に、この肥沃度の持続的源泉を破壊するための進歩である。……それゆえ資本主義的生産は、すべての富の源泉すなわち土地および労働者を同時に破壊することによってのみ社会的生産過程の技術および結合を発展させる」(MEGA II/6, 477)。

第三に、資本蓄積の進展において、一方では、資本は素材の弾力性を最大限に利用し、ますます大きな規模で蓄積をおこない、他面では、資本の技術的構成の高度化を反映した価値構成の高度化、すなわち資本の有機的構成の高度化によって相対的過剰人口を恒常的に生み出し、貧困を社会的に蓄積する。前者は、先に指摘したように、人間と自然との素材代謝を攪乱し、とりわけ都市への人口集中による住宅問題や環境問題を深刻化させる。また、後者も賃労働者たちの自然的素材代謝にとって必要な社会的素材代謝を妨げ、現役労働者の労働条件や生活条件をも悪化させる。

第四に、資本の流通過程において、とりわけ資本の回転時間短縮の傾向によって素材代謝の攪乱が生じる。たとえば、マルクスは林業における自然的制約が回転時間を短縮しようとする資本の傾向と衝突し、森林の再生産を破壊してしまうことを指摘している。「林業の長い生産期間（それは相対的に小さな範囲の労働期間しか含んでいない）、したがってまたその回転期間の長さは、林業を不利な私経営部門にし、したがってまた不利な資本主義的経営部門にする……。耕作および産業一般の発展は、むかしからきわめて能動的に森林を破壊するものとして実証されてきたが、これにくらべれば、この発展が逆に森林の保全および生産のためにしてきたいっさいのことは、まったく微々たるものである」(MEGA II/11, 203)。畜産業においても同様の事態が生じることをマルクスは指摘している。それは、一面では、「家畜を、それが経済的標準年齢に達するまえに、売ったり、屠殺したりして、農業に大損害を与える」ことに現れ(MEGA II/11, 187)、他面では、「世話の仕方を変えることによって動物をその用途に向くように育て上げる」ことに現れる(MEGA II/11, 189)。

第五に、利潤率を上昇させるための不変資本充用上の節約が素材代謝の攪乱の原因となりうる。というのも、利潤の増大にしか関心を持たず、賃労働者に生産手段に従属して労働することを強制する資本は、利潤率を増大させる不変資本の節約のために、賃労働者の安全や衛生に配慮せず、彼らの生命活動を危険にさらすからである。

労働者は彼の生活の大部分を生産過程において過ごすのだから、部分的には、生産過程の条件は彼の生活過程、彼の活動的生活の条件なのであり、彼の生活条件なのであって、この生活条件の節約が利潤率を高める方法なのである。……この節約は狭小な空間への詰め込み──それは建物の節約と合致する──にまで広がる。すなわち、危険な機械設備を寄せ集め、それにたいする予防手段を怠り、また、その性質上健康に有害である労働（生産部門）において予防措置を怠り、つまり出費を節約する等々ために鉱山などにおいて予防措置を欠落させるのである。労働者のために生産過程を人間らしいものにし、快適なものにするためのあらゆる施設が存在しないことは言うまでもない。それは、資本主義的立場からみれば、なんの目的も意味もない浪費であろう。資本主義的生産は、一般に、人間材料についてはまったく浪費的であり、それはちょうど、資本主義的生産が他面では、その生産物の分配の方法（商業による）とその競争というやり方のために、物質的手段を非常に浪費し、資本主義的生産が一方で得るものを他方で失うのと同じである。（MEGA II/4.2, 120ff）

ここで注目すべきは、「労働者は彼の生活の大部分を生産過程において過ごすのだから、部分的には、生産過程の条件は彼の生活過程、彼の活動的生活の条件なのであり、彼の生活条件」であるというマルクスの言明である。マルクスによれば、生産過程は同時に労働者にとっての生活過程の一部であり、不変資本充用上の節約はまさに労働者の生活過程、すなわち自然との素材代謝を不正常な状態におき、攪乱することになる。マルクス自身はここで明示していないが、このことは不変資本充用上の節約が生産過程の外部にある労働者の生活過程に及ぶ可能性を示唆している。というのは、資本は利潤率を上昇させるための不変資本充用上の節約を生産過程における労働者の生活条件を犠牲にして行うように、生産過程の外部における労働者の生活条件を犠牲にして不変資本充用上の節約をおこなうことも辞さないであろうからである〔14〕。

第六に、一般的利潤率の傾向的低下の法則において現実性を与えられる恐慌が、社会的素材代謝を攪乱することをつうじて、自然的素材代謝をも攪乱する。より多くの利潤を獲得するための生産力の上昇は、資本の素材的構成の変化の価値構成への反映としての有機的構成の高度化をもたらし、資本にたいして利潤率の低下という制限を課す。しかし、資本は、信用を利用しつつ、よりいっそうの資本蓄積をおこなうことによって、この制限を突破しようとする。拡大した資本蓄積のもとで、信用が膨張し、商業資本が活発に運動することにより、社会は現実世界の素材的制約をのりこえて好況を維持できるかのような幻想に陥る。しかし、やがてこの幻想ははじけ飛ぶ。大規模な資本蓄積は相対的過剰人口の多くの部分を吸収し、資本は労働力人口という素材的制約にぶつかる。賃金が高騰し、利潤率はいっそう低下する。労働者階級の収入が、賃金の一時的高騰にもかかわらず、根本的には労働力価値に制約されており、資本家の収入が資本蓄積によって制約されているという分配関係において、これを突破しようとする加速的な資本蓄積はついには社会的使用価値の限度という素材的制約にぶつかる。言い換えれば、価値はあくまでも社会的総労働の配分における抽象的労働の社会的性格の表現でしかないという素材的

〔14〕　このことはすでに吉田一九八〇が指摘している。
〔15〕　マルクスの恐慌論については小西二〇一四を参照されたい。

制約にぶつかる。利潤率の低下を資本蓄積によって補うことが不可能になり、恐慌に陥る[15]。

ここで重要なのは、資本主義的生産関係のもとで必然化する生産力の上昇が、資本の有機的構成の高度化という素材的制約のために、利潤率の傾向的低下をもたらすことであり、さらにはそれを突破するための加速的蓄積も労働力や社会的使用価値の限度という素材的制約にぶつからざるをえず、価値は抽象的労働の社会的性格の表現でしかないという関係に引き戻されるということである。資本は、商業資本や信用制度の力を借りて、一時的にどれほど自立的な運動が可能になっているかのようにみえても、これらの素材的制約から解放されることは決してない。もちろん、恐慌は既存資本の破壊や賃金低下をつうじて、利潤率を回復させ、新たな産業循環を開始するための条件を整えるのだから、恐慌それじたいが資本主義を崩壊させることはない。だが、他方、資本はますます低下していく利潤率の制約を突破するために、産業循環のたびに、新たな使用価値の開発や新技術の導入、そしてグローバル化などによって市場を拡大し、投下資本量を増大させる。それゆえ、産業循環のたびに、市場の成熟が進み、市場拡大の余地はいっそう少なくなる。こうして、資本にたいする素材的諸条件の制約は時代とともに増大していき、資本蓄積はますます困難になっていく。

第七に、人間の自然的素材代謝にとっての「本源的武器庫」である土地が資本主義的生産様式に包摂され、前近代的土地所有が物象の力にもとづく近代的所有に転化するにともない、人間と大地との本源的統一が破壊され、人間と自然との素材代謝の攪乱が未曾有の規模で拡大する。

資本主義的私的所有の制限のもとでは、持続可能な合理的農業の実現はたえず超えがたい限界にぶつかる。「ジョンストンやコント等は、私的所有と合理的農学との矛盾に当面して、ただ一国の土地を一つの全体として耕作する必要性を念頭においているだけである。しかし、特殊な土地生産物の栽培が市場価格に左右されるということ、また、この価格変動につれてこの栽培が絶えず変化するということ、そして資本主義的生産の全精神が直接眼前の金儲けに向けられているということ、このようなことは、たがいにつながっている何代もの人間の恒常的な生活条件をまかなわなければならない農業とは矛盾している」(MEGA II/4.2, 670)。

また、資本主義的生産様式のもとでの都市への人口集中と農業人口の減少、さらには商品流通のグローバル化は、社会的素材代謝のあり方を一変させ、自然的素材代謝の攪乱をもたらす。「大土地所有は、農業人口をたえず減少していく最低限度にまで縮小させ、これに、諸大都市に密集するたえず増大する工業人口を対置することによって、社会的素材代謝と自然的な、土地の自然法則によって規定された素材代謝の連関のなかに取り返しのつかない裂け目を生じさせる諸条件を生み出すのであり、その結果、地力が荒廃させられ、この荒廃は商業をつうじて自国の国境を越えて遠くまで広められるのである」(MEGA II/4.2, 753)。

さらに、資本主義的生産様式の農業における自然的素材代謝の攪乱は、資本の自己増殖運動によって規定された社会的素材代謝をつうじて、工業における自然的素材代謝の攪乱と手を取り合って、進んでいく。

大土地所有は労働力を、最後の地域——労働力の自然発生的なエネルギーがそこに避難し、それが諸国民の生命力の再生のための予備ファンドとしてそこで蓄えられる最後の地域——である農村そのものにおいて破壊する。両者、すなわち大工業と工業的に経営される農業とが手を取り合う。両者をはじめに区別するのが、前者がむしろ労働力、それゆえ人間の自然力を荒廃させ破滅させ、後者がむしろ直接に土地の自然力を荒廃させ破滅させることであるとすれば、その後の進展においては、両者は手を取り合う。というのは、工業システムは農村でも労働者たちを衰弱させ、工業と商業のほうは農業に土地を疲弊させる諸手段を与えるからである。(ebd.)

ここにおいて、人間の自然的素材代謝に関わる労働問題と土地の自然的素材代謝に関わる農業問題ないし環境問題が不可分のものとして現れる。というのも、いずれも根本的には人間と自然とのあいだの素材代謝を持続可能なかたちでいかにして制御することができるかという問題だからである。マルクスの物質代謝論は、たんにエコロジー危機を把握することを可能にするというだけでなく、むしろ資本主義社会に固有な素材代謝の媒介様式、すなわち資本主義に固有な労働様式の帰結としてそれを理解することを可能にするのである。

以上の考察からだけでも、マルクスの経済学批判体系において素材代謝の視角が一貫して存在することを理解することができよう。これまで述べてきたことからもわかるように、マルクスの経済学批判にとって決定的だったのは、労働の社会形態から出発し、生産関係を把握したことであった。マルクスは、「伝統的マルクス主義」のように、資本家による生産手段の私的所有を基礎にして資本主義的生産関係を把握したのではない[16]。そうではなく、私的労働と賃労働という特殊な労働形態から出発してそれを把握したのである。だとすれば、そのことは同時に、マルクスが社会把握の基礎に素材代謝の視角をおいたということを意味している。というのも、労働とはまさに人間による素材代謝の媒介にほかならないからである。

いわゆる「伝統的マルクス主義」が生産手段の私的所有による搾取や階級闘争に焦点をあて、資本主義的生産様式に独自な性格を等閑視したため、その後のマルクス研究の多くは、それにたいする批判を意識して、資本主義的生産様式における経済的形態規定とその特殊性にのみ注目する傾向があった。つまり、そこで問題とされるのは、素材と形態の癒着を当然視する物神崇拝を批判し、形態と素材を分離することであった。もちろん、マルクスは素材と形態との分離を見事にやり遂げたのであるが、彼の経済学批判にとって重要だったのはそれだけではない。同時に形態と素材との関係、さらには形態と素材との絡み合いこそが探求されなければならなかったのである。というのも、そうでなければ、資本主義的生産様式が生み出す形態規定と素材代謝のあいだの軋轢、矛盾を具体的に示すことができず、したがって、この生産様式の変革の諸条件を明らかにすることができないからである。

マルクスの経済学批判は、たんに経済学の物神崇拝を批判して、歴史的に特殊な経済的形態規定を剔抉するにとどまらない。同時に、具体的な素材代謝のあり方、すなわち素材の論理を探求することによって、素材的論理を経済的形態規定と癒着させているがゆえに、素材的論理を抽象的にしか把握できない経済学を批判したのである。つまり、マルクスにとって、既存の経済学の欠陥はたんに形態規定と素材を癒着させることによって経済的形態規定の固有性、さらには資本主義生産様式の歴史的特殊性を把握

［16］　所有基礎論にたいする批判は、有井一九九一を参照。

できなかったという点にだけあるのではない。そのような癒着をつうじて、素材代謝の具体的論理を捨象し、きわめて抽象的にしか素材の論理を把握することができず、したがって素材代謝の様式を一面的にしか把握できないという点でも、経済学は批判されなければならなかったのである。たとえば、「収穫逓減法則」にたいする執拗な批判と、そのための膨大な農学関係の文献の渉猟は、このようなマルクスの問題意識を前提として初めて理解することができよう〔17〕。

むすびにかえて

価値は抽象的人間的労働の社会的性格という素材代謝の一契機の反映でしかなく、しかも資本は価値がそのように素材代謝の一契機でしかないという事情を積極的に利用して素材代謝のあり方を変容させるのだから、資本主義的生産様式は素材代謝を必然的に攪乱してしまう。それゆえ、人間たちはやがて自分たちにとって必要な素材代謝を維持するために、この攪乱をもたらす資本主義的生産様式に抵抗せざるをえなくなる。このような意味で、「資本主義的生産様式は「人間と自然の素材変換の破壊、都市労働者の肉体的健康と農村労働者の精神生活の破壊と」同時に、この素材代謝のたんに自然発生的な状態を破壊することをつうじて、その素材代謝を社会的生産の規制的法則として、また十分な人間的発展に適合した形態において、体系的に再建することを強制する」(MEGA II/6, 476)。

マルクスのアソシエーション論もまた、この文脈において位置づけられなければならないだろう〔18〕。

それはたんにアソーシエイトした自由な諸個人が労働配分や生産物分配のあり方を規制する社会であるというだけではない。同時に、アソーシエイトした自由な人間たちが持続可能な仕方で、しかも自分たちの人間性に適合する仕方で、人間と自然との素材代謝を制御する社会でなければならない。マルクスは『資本論』第三部の主要草稿において次のように述べている。

じっさい、自由の国は、必要と外的な合目的性によって規定される労働がなくなったところで、はじめて始まる。したがって、それは、当然に、本来の物質的生産の領域の彼岸にある。未開人が、自分の欲求を満たすために、自分の生活を維持し再生産するために、自然と格闘しなければならないように、文明人もそうしなければならず、しかも、すべての社会諸形態において、ありうべきすべての生産諸様式のもとで、そうしなければならない。彼の発達とともに、彼の諸欲求も増大するのだから、この自然必然性の国は増大する。しかし、同時に、この諸欲求をみたす生産諸力も増大する。この領域における自由は、ただ、社会化した人間、アソシエートした人間たちが、盲目的な力としての、自分たちと自然との素材代謝によってコントロールされることをやめて、この素材代謝を合理的に規制し、自分たちの共同的なコントロールのもとにおくということ、つまり、力の最小の消費によって、自分たちの人間性にもっともふさわしくもっとも適合した諸条件のもとでこの

〔17〕本書所収のフォルグラーフ論文を参照。
〔18〕マルクスのアソシエーション論については大谷二〇一一を参照。

素材代謝をおこなうということである。しかし、これはやはりまだ必然性の領域である。この領域のかなたで、自己目的として認められる人間の力の発展が、真の自由の領域が始まるのであるが、しかし、それはただ、かの必然性の領域をその基礎としてのみ開花することができるのである。労働日の短縮が土台である」(MEGA II/4.2, 838)

こうして、マルクスは経済学批判の営みをつうじて、持続可能かつ人間的な素材代謝の制御こそが根本問題であることを明確に理解した。マルクスは、『資本論』第一部の執筆を終えた後、さらに本格的な素材代謝の具体的論理の探求を始め、その対象は技術学や農学にとどまらず、地質学、鉱物学、植物学、有機化学などにも及んだ。この努力の跡は、晩期マルクスの浩瀚な抜粋ノートに刻み込まれている。おそらく、晩期マルクスは、これらの素材代謝の具体的論理の探求をつうじて、多様な領域において資本にたいする抵抗の拠点を見いだそうとしたのであろう。カール・エーリッヒ・フォルグラーフやケヴィン・アンダーソン、そして斎藤幸平の研究が示しているように〔19〕、晩期マルクスの素材代謝への関心の意義を多様な視角から明らかにすること、このことは二一世紀のマルクス研究の最重要課題の一つとなるだろう。

〔19〕 アンダーソン二〇一五は直接に素材代謝概念に注目しているわけではないが、晩期マルクスの共同体にかんする抜粋ノートを精査することをつうじて、晩期マルクスにおける素材代謝の重要性について重要な示唆を与えている。なお、佐々木二〇一六では、近年の研究をふまえ、晩期マルクスの全体像を描き出す試みをおこなっている。

第二章　資本の弾力性とエコロジー危機

明石英人

はじめに

マルクスが考える資本の弾力性とは、資本の質的・量的な作用能力の幅のことである。資本がもつ、素材の側面での弾力的な特性が、価値の側面での弾力性に何らかの形で反映される。たとえば、資本の構成要素としての労働力が価値以下で購買されたとしても、労働者の側でのさまざまな節制によって、ある限度内で対応されうる。それが可変資本部分の減少と剰余価値の増大をもたらすことは言うまでもない。人間身体・精神の弾力的な特質は、可変資本部分の弾力性となって現れる。しかし、可変資本の節約が、過度の節制を人々に強いるならば、肉体的にも精神的にも労働力は破壊されてしまう。

同様のことは自然環境についても言える。たとえば、工場が適切な処置を行うことなく、土壌・空気・水などに有毒物質を排出するならば、それが一定限度内に収まっている間は、不変資本部分の節約による利潤率の上昇が見込まれる。しかし、土壌の回復力や空気・水の浄化能力を超えて有害物質が排出されると、いずれ自然環境は破壊されてしまう。その修復のために、社会的費用が発生し、剰余価値の取り崩しを余儀なくされるかもしれない。

このように、資本主義的生産過程においては、素材の次元がもつ弾力性の範囲内では、素材を酷使することが剰余価値の生産にプラスに作用する。しかし、素材の弾力性の限界を超えると、価値増殖に重大な危機が生じる。人間の心身と自然環境の破壊によって、資本の自己増殖はもはや不可能となる。素材の弾力性の範囲内では、素材と価値の両次元の矛盾・対立は潜在的であり、限界に近づくほど矛盾・対立はより深刻なものになる。

もちろん、ここで人間と自然はトータルにとらえられなければならない。人間は自然の一部であり、人間による自然環境の破壊が身体的健康に悪影響を及ぼすというだけではなく、資本による物質代謝の攪乱が人間と自然の再生産を阻害する。そのため、工場法における健康・保健条項や環境規制などの国家政策が必要になる。それは労働者と自然環境を保護するためであると同時に、資本の継続的な増殖運動にとってさえ不可欠なのである。

本稿の狙いは、エコロジー危機を素材の次元と価値の次元の矛盾、対立、絡み合いとして考察し、その際に「弾力性」という観点の有効性を概略的に示すことである〔1〕。なお、原典にあたる場合はすべてMEGA^{2}に依拠し、『資本論』第一巻は第二版、第二・三巻は、マルクスの草稿を用いることにする〔2〕。

1　『資本論』における「弾力性」とは？

『資本論』における弾力性についてはこれまで論じられることが少なかった〔3〕。まずは、マルクスがいかに弾力性について論じているかを確認しよう。それについて最もまとまった叙述は、第二巻の第二草稿第三章に含まれる、「社会的総資本の構成要素として考察された貨幣資本」と題された部分に見られる（現行版では、第三篇「社会的総資本の再生産と流通」第一八章緒論、第二節相当部分）。

> 前貸資本価値全体、すなわち諸商品からなるすべての資本構成部分――労働力、労働諸手段、および生産諸材料――は、つねに貨幣で繰り返し購買されなければならない。ここで個別資本について言えることは、多数の個別資本という形態でのみ機能する社会的資本についても言える。しかし、

〔1〕エコロジー危機の文脈から、素材の次元と価値の次元の対立・矛盾に着目した研究としては、Burkett 2014と佐々木二〇一一を参照のこと。

〔2〕なお、訳文は『資本論』資本論翻訳委員会訳、新日本出版社を参考にしつつ、必要に応じてそれを適宜改めた。訳文中の傍点部分はすべて原文の強調箇所である。

〔3〕久留間鮫造は、かつて第二巻第三篇の議論の前提として次のように述べた。「生産諸要素の作用能力の弾力性は無限ではなく、それには限界があるから、限界に達したときにはそれは最早やはたらかなくなる」（久留間一九七六、二九頁）。その後、恐慌論的な文脈から「弾力性」を考察した研究としては、宮田一九八三、川鍋二〇〇五がある。エコロジー的観点と「弾力性」の関連については、拙稿で以前わずかに言及した（明石二〇一三）。

すでに第一部で明らかにしたように、だからといって、資本の機能場面、すなわち生産の規模が、資本主義的基礎上でさえも、その絶対的諸制限（*absolute* Schranken）という点で、機能中の貨幣資本の規模に依存するということには、決してならない。（MEGA II/11, 344, 邦訳五六一頁）

生産の規模は、労働力商品や労働諸手段、生産諸材料といった生産資本を購買する貨幣資本の大きさによって自動的に決まるわけではない。生産資本の作用範囲には可変的な幅がある。同じ大きさの貨幣資本から出発しても、現実の「資本の機能場面」は諸制限を突破して拡張することがありうる。そこでまず、労働力の弾力性について語られる。

資本には生産諸要素が合体されているが、これらの要素の伸張は、一定の限界（Grenze）内では、前貸貨幣資本の大きさには左右されない。労働力への支払いは同じでも、労働力はより外延的またはより内包的に、搾取されうる。この搾取がより内包的に、あるいはより外延的になるにつれて貨幣資本が増加される（すなわち労賃が高められる）としても、搾取の強化に比例しては増加されず、したがって同じ程度に増加されることは決してない。（ebd. 同前）

労働力の素材的な弾力性は、時間的にも強度的にも、搾取度の幅をもたらす。それに費やされる貨幣資本の量は、搾取度に比例して増加されるのではなく、むしろ節約される。つまり、労働力商品は、一定の限界内であれば、精神的・肉体的な酷使に耐えうるのであり、労賃はしばしば実質的に切り下げられ、剰余価値量の増大が目指される。

生産的に利用される自然素材（Naturstoff）――それは前貸資本の価値要素を形成しない――すなわち、土地、海洋、鉱山、森林などは、貨幣資本の前貸しを増加しなくても、同じ労働力の内包的および外延的な緊張をより強めることによって、より内包的またはより外延的に、利用される。こうして、生産資本の現実的諸要素とそれに表わされる、産出された価値生産物は増加されても、貨幣資本の増加はなく、貨幣資本を追加する必要はない。この追加が追加補助材料にとって必要になる場合には、資本価値（Kapitalwerth）が前貸しされる、この貨幣資本は、生産資本の効用の拡大に比例しては増加されず、したがって同じ程度に増加されることは決してない。」(ebd. 邦訳五六一～五六二頁)

貨幣資本の前貸しの増加なしで、労働強化によって、天然の自然素材がより強度に利用されうる。この点において最大限の価値増殖を目指す資本が、自然環境を破壊していくことは自明である。「追加補助材料」に前貸しされる貨幣資本が、「生産資本の効用の拡大に比例しては増加」されない場合、不変資本の流動資本部分が節約され、利潤率の上昇が見込まれる。

この労働諸手段、要するに同じ固定資本は、この資本の使用時間の延長によっても、それの使用の強化によっても、固定資本のための追加的貨幣投下なしに、より効果的に利用されうる。その場合、固定資本のより急速な回転が生じるにすぎないが、しかし固定資本の再生産の諸要素もより急

速に供給される。(ebd. 邦訳五六二頁)

不変資本の固定資本部分についても、日々の使用時間の延長と使用の強化によって、一定の範囲内で同部分向けの投下額を急速に回収することが可能である。

自然素材は別として、なんの費用もかからない自然諸力が、効果の強弱はあっても作用因子(Agent)として生産過程に合体されうる。これは、資本家にはなんの費用も費やさせない諸方法と科学的進歩とに依存する。(MEGA II/11, 344f, 邦訳五六二頁)

さらに、資本の作用因子としての自然・科学の無償性がある。これが、貨幣資本の大きさに依存しない生産力の飛躍的な拡大力を可能にする。同じことは、「生産過程における労働力の社会的結合」、「個々の労働者の積み重ねられた熟練」についても言える(MEGA II/11, 345, 邦訳五六二頁)。

社会的労働の組織化、それゆえ労働の社会的生産力の向上さえもが、より大規模に生産が行なわれることを必要とし、それゆえ個別の貨幣資本がより大量に前貸しされることを必要とするが、その限りでは、すでに第一部で明らかにされているように、これは部分的には少数の手中への諸資本の集積(*Concentration*)によって生じるのであって、機能する資本価値(functionirender Kapitalwerth)の規模、それゆえその前貸しされるための貨幣資本の規模が絶対的に増大する必要はない。個別諸資本の大きさは、それらの社会的総額が増大しなくても、少数の者の手中への集積によって増大しうる。」(ebd. 邦訳五六三〜四頁)

この諸資本の集積・集中も、貨幣資本の節約をもたらすであろう。それは、前貸貨幣資本の絶対的な増額を必要とせず、個別諸資本の効率的な再編成がなされたことを意味するからである。

最後に、前章で明らかにされているように、回転期間が短縮されれば、より少ない貨幣資本で同じ生産資本を運動させることができるか、または同額の貨幣資本でより多くの生産資本を運動させることができる。(ebd. 邦訳五六四頁)

回転期間が短縮されれば、その間に貨幣資本の一部が遊休貨幣資本となりうる。それが追加貨幣資本として投下されれば、生産規模は拡大される。

以上の結論として、資本の弾力性は、次のようにまとめられている。

明らかなのは、前貸資本――これはある与えられた価値額から成り立ち、その自由な形態すなわちその価値形態＝一定の貨幣額では――は、生産資本に転化したあと、生産的な諸力能(produktive *Potenzen*)を含んでおり、この諸力能は、前貸資本の価値諸制限(Werthschranken)によって諸制限を与えられているのではなく、一定の活動範囲(Spielraum)内では、外延的または内包的に異なる作用をすることができる、ということだけである。生産諸要素――生産諸手段および労働力――の価格が与えられていれば、商品として現存するこれらの生産要素の一定分量を買うために必要な貨幣資本の大きさは、一定している。言い換えれば、前貸しされるべき資本の価値の大きさは一定している。しかし、この資本が価値形成者および生産物形成者として作用する範囲は、弾力的（elastisch）であり、可変的である。（MEGA II/11, 346, 邦訳五六四～五六五頁）

ここで資本を価値的側面と素材的側面の両面から捉える視座がはっきり示されている。資本が「価値形成者」として作用する範囲は、剰余価値を度外視しても、前貸資本量によって完全に規定されるわけではない。その作用範囲は、自然諸力や科学の無償性を利用すること等によって、より多くの生産物に価値を対象化させる点で弾力的である。価値量の弾力性は、資本が「生産物形成者」として作用する範囲が弾力的であることとの結果であろう。このような意味での弾力性をもった資本が、生産力を飛躍的に増強させ、さらに「新たな資本素材（Kapitalstoff）」を形成し、資本蓄積の基盤を作るのである（MEGA II/11, 345, 邦訳五六三頁）〔4〕。

2　資本の弾力性の諸契機とエコロジー危機の関連

以上の意味での資本の弾力性は、『資本論』第一巻では、資本の生産過程における突発的な「拡大能力」として考察されている[5]。それは、たんなる生産の拡大、すなわち追加前貸資本量に比例した拡大能力とは区別して把握されなければならない[6]。第一三章「機械設備と大工業」には、次のようにある。

> ……全体として、大工業に照応する一般的生産諸条件が形成されるやいなや、この経営様式は、ある弾力性(Elasticität)を、すなわち突発的で飛躍的な拡大能力を獲得するのであって、この拡大能力はただ原料と販売市場にかんしてのみ制限を受けるにすぎない。(MEGA II/6, 434, 邦訳七七九頁)。

資本の「突発的で飛躍的な拡大能力」としての弾力性は、資本の構成要素である機械設備、労働力の

[4] ちなみに、『資本論』第二巻の第一草稿では、生産の突然の膨張を可能にする条件として、以下のことが列挙されていた。すなわち、固定資本の「潜在的な力(die latente Kraft)」、固定資本の更新、外延的ないし内包的にさまざまに利用されうる労働力と相対的過剰人口、科学(その「諸限界(die limits)」はきわめて「弾力的(elastic)」である)、自然的要素である(MEGA II/4.1, 348-353, 久留間(編)一九七六、四〜二一頁)。

[5] 資本の「拡大能力」あるいは「弾力性」については、「膨張力」、「弾力的な力能」など別の表現も用いられている。その際に、マルクスが厳密な語句の使い分けをしているわけではない。(西澤一九八七)を参照のこと。

[6] ただし、この比例的な拡大能力という意味で「弾力性」が語られる箇所もある。第一巻第二二章では、生産過程の立場に内在しつつ、古典派経済学の「ドグマ」、すなわち「社会的資本を、固定した作用度を有する固定した大きさのものとして把握する」ことを批判しながら、次のように述べている。「……資本は固定的な大きさのものではなく、社会的富のうちの弾力的(elastisch)な一部分であり、また剰余価値が収入と追加資本とに分割されるにつれて絶えず変動する一部分である。」(MEGA II/6, 558, 邦訳一〇四七頁)

特性や、資本が自然、科学、過去の労働の「無償の役立ち」を自らに合体させることで得られる諸力能といった多くの契機から成り立っている。第一巻第二二章には次のようにある。

さらに、すでに見たように、機能資本の大きさが与えられていても、その資本に合体される労働力、科学、および土地（これは、経済学的には人間の関与なしに自然に現存するいっさいの労働対象と解すべきである）は、一定の限界内では、資本そのものの大きさにはかかわりのない作用範囲を資本に許すような、資本の弾力的な諸力能（elastische Potenzen）を形成する。（MEGA II/6, 558, 邦訳一〇四七頁）

流通過程における資本の弾力性については、第二巻の第五草稿の注には次のようにある。

いまや価値増殖された資本が商品資本の形態にとどまり続け、市場に滞留する限り、生産過程は停止する。この資本は、生産物形成者としても価値形成者としても作用しない。……資本がその商品形態を脱ぎ捨ててその貨幣形態をとる速度のさまざまな度合いに応じて、すなわち販売の迅速さに応じて、同じ資本価値が生産物形成者および価値形成者として役立つ程度はおおいに異なり、再生産の規模は拡大または縮小されるであろう。与えられた一資本の作用度（Wirkungsgrad）が、その資本自身の価値の大きさ（＝資本を成り立たせる生産要素の価値）にはある程度まで依存しない、生産過程の諸力能によって条件づけられている、ということは、先に（第一部）明らかにされた。ここでは流通過程が、資本の価値の大きさには依存しない、資本の作用度――すなわち資本の膨張および収縮

――の新たな諸力能を条件づけることが明らかにされている。(MEGA II/11, 572f, 邦訳六八〜六九頁)

ここでは、生産過程と流通過程における「資本の作用度」が、並列的に説明されており、それぞれの過程において、「資本の価値の大きさ」に依存せずに「資本の作用度」が膨張・収縮しうることを指摘している。資本は流通時間と流通費を可能なかぎり節約しようとし、販売・購買時間を短縮させ、運輸・保管・貯蔵・仕分け費用などを切り詰める。ここに流通過程における資本の素材的・価値的な弾力性が生じることは明らかであるが、本稿では詳しく扱うことができない。ただし、回転を速めるために資本が労働・生産期間を改変することについては後で言及する。また、信用システムによって媒介された再生産過程の弾力性についても直接扱うことはできない〔7〕。このように場面を限定したうえで、資本の弾力性とエコロジー危機の関連について、とりあえず四点ほど確認しておきたい。

第一に、労働力商品そのものがもつ弾力性である。労働者の精神的・肉体的欲求は、気候や文化、慣習、社会規範などによって大きく異なる。諸欲求を享受あるいは断念する程度において弾力性が生じる。それは「きわめて弾力性に富むもの(elastische Natur)であって、変動の余地はきわめて大きい」とされて

〔7〕「信用制度が過剰生産および商業における過剰取引と過剰投機のテコとして現れるとすれば、それはただ、その性質上弾力的(elastisch)である再生産過程が、ここでは極限まで押し広げられるからであり、しかも、それが押し広げられるのは、社会的資本の一大部分がこの資本の非所有者たちによって使用されるからである。彼らは、それゆえ、資本の所有者自身が機能する限り自分の私的資本の諸制限を小心翼々と考えながらやるのとはまったく違ったやり方で危険を冒す。」(MEGA II/4.2, 505, 邦訳七六四〜五頁)

いる（MEGA II/6, 239, 邦訳三九四頁）。この素材的な次元での弾力性に依存するかたちで、しばしば労賃が労働力商品の価値以下に切り下げられる。また、機械設備は労働時間を延長させる傾向を持つが、そこでの労働力の弾力性については後述する（第4節）。労働時間が法律的に制限されても、労働の強度が高められ、労働者の心身はそれに対する適応を強いられることになる。いわゆる労働の外延的大きさと内包的大きさに対する労働力の弾力性である。

さらに、機械化にともなう成年男子労働者から児童・婦人労働者への転換ということも、素材的・価値的次元での弾力性と関わる。価値的には労賃の縮減が達成され、剰余価値量が増大する。素材的次元においては、「機械での労働の外観上の容易さと、いっそう従順で御しやすい婦人および児童の要素」によって、「反抗的であるが弾力的（elastisch）な人間の自然的制限」は強力に押さえ込まれている（MEGA II/6, 392, 邦訳六九七頁）。つまり、資本の支配に対する物理的な反抗力という点で、児童・婦人労働者は不利な立場にある。内面的にも資本家に対する恐怖心から、従順さが彼らの主要なメンタリティーとなりうる。また、児童労働は、幼少期からの訓練によって一面的な作業技術を向上させる反面、健全な心身の成長を妨げるだろう。このような児童・婦人労働力の弾力性は、「機械設備と人間労働力の弾力性（Elasticität）」という視座から考察されている（MEGA II/6, 402, 邦訳七一六頁）。

このように、労働力商品の弾力性は、機械設備の弾力性と相関的に捉えられている[8]。両者の弾力性が、可変資本部分の節約を可能にするとともに、資本による労働者の心身の管理・抑圧を強め、しばしばその健康を破壊し、人間労働力の個体的・世代的な再生産を阻害する。資本の論理が人間の心身という素材の次元を強力に包摂・編成しようとするのである。

第二に、自然、科学、過去の労働の「無償の役立ち」がもたらす、資本の作用範囲の弾力性である。また、過去の労働が、集積・集中によって少数の資本家に獲得されるのであれば、社会全体の生産手段の総量が変わらなくとも、該当する個別資本の生産力は飛躍的に上昇する。これらのことは、前貸資本の価値量の増加に比例した程度以上に、生産力を急速に増大させうる。生産力のこの突発的な増大は、拡大再生産の物質的条件を準備するとともに、より大規模に自然素材を酷使する可能性をひらく。

第三に、不変資本部分の節約である。これには、労働力商品の弾力性に依存した節約と自然環境の弾力性に依存した節約がある。前者は、労働過程における安全装置、排気装置、空間などの節約である。これらが利潤率を高める一方で、労働者の心身の健康を破壊することは明らかであろう。人間労働力の肉体的な弾力性は、時間的・空間的・成分的（栄養、温度、湿度、騒音、放射線量など）労働条件に対するさまざまな耐性をなしていると言える。そのため資本は、労賃を切り下げるだけでなく、種々の生産手段を節約しようとする。

工場制度のなかではじめて温室的に成熟した社会的生産手段の節約は、資本の手のなかでは、同時に、労働中の労働者の生存諸条件、すなわち空間、空気、光の組織的強奪、生産過程での人命に危険な、または健康に有害な諸事情にたいする人的保護手段の組織的強奪となる。（MEGA II/6, 413, 邦

［8］「実際的経験の蓄積と機械的手段の既存の範囲と技術学（Technologie）の絶え間のない進歩との結果である、機械制度の非常な弾力性（Elasticität）は、労働日短縮の圧力のもとでの機械制度の嵐のような進歩をわれわれに示した」（MEGA II/6, 418f, 邦訳七四九頁）。

訳七三七頁)。

自然環境の弾力性に依存した節約は、たとえば有害物質除去装置の節約などによるもので、一定の限度を超えれば、工場・作業場内だけでなく、周囲の生活環境を破壊する。

第四に、自然的な生産対象あるいは生産過程を改変することで回転期間を短縮し、回転数をアップすることから生じる資本の弾力性である。資本は、労働期間を超える生産期間をできるかぎり短縮しようとする。つまり、労働時間の前後、あるいはその最中において、(労働は機能していないが)生産に必要な時間を縮減しようとする。第二巻の第二草稿(現行版第一三章「生産時間」相当箇所)では、「回転期間は、単なる生産時間を人為的に短縮する過程や装置によって多かれ少なかれ短縮されうる」(MEGA II/11, 191, 邦訳三七七〜三七八頁)とされている。

ここで問題なのは、労働日の長さにかかわりなく、生産物の性質およびそれの生産過程そのものの性質によって引き起こされる労働過程の中断であり、そのあいだ未完成の生産物は、あるいは短い期間、あるいは長い期間にわたって持続する自然過程の支配下におかれている。労働対象は物理学的、化学的、生理学的な諸変化をこうむらざるをえないのであり、そのあいだ労働過程は全部または一部停止されているが、その諸変化は同じく生産諸条件をなす。(MEGA II/11, 190, 邦訳三七六頁)

資本は科学の発展の成果を利用して、労働過程の中断を最小限に抑えようとする。この中断期間は、本来的には「自然過程の支配下」におかれ、自然的な「諸変化をこうむらざるをえない」期間であったが、資本はその意味での制限を突破して、中断期間を包摂しようとする。具体例としては、屋外漂白に代わる化学漂白、自然乾燥に代わる効果的な乾燥装置の導入が挙げられている（MEGA II/11, 191, 邦訳三七八頁）。労働過程の外部にあった生産過程が人為的に短縮され、より効率的な資本の機能を可能にする。生産過程が物理的・化学的・生理学的に探究され、スピードアップすることで、資本の作用範囲をより広げる働きをもたらす。その際に、資本は「生産物の性質や生産過程そのものの性質」を改変させるので、正常な物質代謝が攪乱される恐れがある。

3　素材の次元の有機性と多様性

資本の弾力性における、価値の次元と素材の次元の絡み合いを考察するためには、もっと素材の論理について掘り下げておく必要がある。第一巻第一章では次のように述べられている。

労働の生産力は、いろいろな事情によって規定され、とりわけ、労働者の熟練の平均度、科学とその技術学的応用可能性との発展段階、生産過程の社会的結合、生産手段の規模とその作用能力（Wirkungsfähigkeit）、および自然諸関係によって、規定される。（MEGA II/6, 74, 邦訳六八頁）。

人間と自然の間での物質代謝を意識的に媒介する行為が労働であり、ここでの「いろいろな事情」が労働における素材の次元を構成するとすれば、各要素の質的・量的（比率的）な関係、あるいはそれらの結合によって労働の生産力が規定される。資本は、労働力と自然のはたらきを自らに合体させ、また社会的労働の生産性をさまざまに活用する。それによって、生産の量的拡大だけでなく、質的転換をともなう資本の運動特性が発揮されるのである。素材の次元においては、こうした人間と自然、両者を媒介する労働の複雑な関係性が成立し、それを通じて物質代謝がなされている。さらに、第一巻第一四章「絶対的および相対的剰余価値」には次のようにある。

資本主義的生産がすでに前提されていて、ほかの事情が不変であり、また労働日の長さも与えられていれば、剰余労働の大きさは、労働の自然的条件によって、ことに土地の肥沃度によって、変動するであろう。しかし、その反対に、もっとも肥沃な土地が、資本主義的生産様式の成長にもっとも適している土地だということには決してならない。……資本の母国は、植物の繁茂している熱帯風土ではなく、むしろ温帯地域である。社会的分業の自然的基礎をなし、そして、人間が居住している自然的環境の変化によって、人間自身の諸欲求や諸能力、労働手段、および労働様式を多様化するように、人間を刺激するのは、土地の絶対的肥沃度ではなく、その分化（Differenzirung）、その自然生産物の多様性（Mannigfaltigkeit）である。自然力を社会的に管理し、それを節約し、それを人間の手になる工事によって大規模にまず自分のものにする、すなわち馴らす必要性が、産業史においてもっとも決定的な役割を演じている。（MEGA II/6, 482f, 邦訳八七九～八八〇頁）

ここでは、温帯地域における素材的世界の多様性が、資本の価値増殖にもっとも適した自然的条件になっていることが示されている。「自然生産物の多様性」が、人間の欲求や能力、労働を多様化させる。人間の側は、「自然力」を「社会的に管理し」、「節約」し、「自分のもの」にしようとする。素材の次元の弾力性は、このような人間と自然の関係性の多様化・分化を前提にしている。知識や道具、工程などが多面的に発展すればするほど、さまざまな生産要素の関係性が多様なものとなる。「資本主義的生産様式の成長」は、この多様性に依拠することで促進されるが、その無計画性と剰余価値への無際限な渇望は、しばしば人間と自然の関係を攪乱し、生態系の多様性を破壊することで、自らの価値増殖の基盤を掘り崩してしまう。逆に、未来社会においては、この多様性が人間労働を通じて、より持続的・調和的に活用されることが求められることになろう。

農業部門を事例にして、この点をもう少し確認しておこう。第三巻の主要草稿（第三九章「差額地代の第一形態」相当箇所）においては、「自然的豊度」についての考察として、次のようにある。

ここで自然界（kosmisch）などの他のあらゆる諸契機を問わないとすれば、自然的豊度の相違は、地所の化学的成分の相違、すなわちこの地所に含まれている植物の栄養素のさまざまな成分にある。とはいえ、二つの地所の化学的成分が等しく、その意味で、自然的豊度も等しいと前提しても、現実の有効な豊度は、これらの栄養物が植物の養分として同化されやすく、直接に利用されやすい状態／形態をとっているか、されにくい状態／形態をとっているかによって相違するであろう。したがって、豊度の等しい地所において、同じ自然的豊度がどの程度まで利用されうるものとなるかは、一部は農業の化学的発展に依存し、一部はその機械的発展に依存するであろう。それゆえ豊度は、土壌の客観的属性であるけれども、経済的にはいつでも関係（*Relation*）、すなわち、農業における所与の化学的および機械的発展状態にたいする関係を含んでおり、それゆえ、この発展状態につれて変化する。（MEGA II/4.2, 763, 邦訳一一四三～一一四四頁）

ここで注目されるのは、たんに土地の「自然的豊度」の高低だけが問題にされているのではないということである。「農業の化学的発展」やその「機械的発展」と自然的豊度の「関係」が経済的に重要なのである。それは素材の次元で様々な要素が織りなす関係性が、資本の作用範囲に幅をもたらすからである。土壌、機械、肥料等が、物理的・化学的・生理学的関係性のなかで多数の組み合わせをもって作用する結果、資本の弾力性が生じるのである。先の引用の後で、マルクスは次のように書く。

異なる地所の豊度の差異におよぼすこれらすべての影響は、次のことに帰着する。すなわち、経済的豊度にとっては、労働の生産力の状態、土壌の豊度を自由に使い、利用しやすくする農業の能力――発展段階が異なれば異なる一能力――は、土壌の化学的組成（他の自然的諸契機は別として）および豊かさと同じように、土壌のいわゆる自然的豊度の一契機である。（MEGA II/4.2, 764, 邦訳一一四四～一一四五頁）

資本は土地の「無償の役立ち」を自らに合体させるとき、価値増殖を目的にして土壌を最大限利用しようとする。それは、「労働の生産力」、すなわち化学的・機械的手段等の状態と自然との複雑な有機的「関係」をいわば一元的に変換することである。価値が対象化される農業生産物量は、素材的次元の多面的な質・量的「関係」によって規定されるが、一定限度を超えた、資本による土壌の酷使は、その有機的「関係」を非持続的なものとする。物質代謝の攪乱は、こうした資本の介入による「関係」の歪みから必然的に起こっているのである。

4　素材の次元の弾力性によるエコロジー危機の潜在化

社会全体の労働の生産性が上昇するにつれて、労働力の低廉化と剰余価値率の上昇が進行する。「同じ可変資本価値がより多くの労働力を、それゆえまたより多くの労働を運動させる」(MEGA II/6, 554, 邦訳一〇三九頁)。同時に、同じ不変資本価値が、「より多くの労働手段、労働材料、および補助材料」になって表われ、「より多くの生産物形成者ならびにより多くの価値形成者、または労働吸収者」を供給する。したがって、「再生産の規模が素材的に拡大されるばかりでなく、剰余価値の生産が追加資本の価値よりも急速に増大する」(MEGA II/6, 554, 邦訳一〇三九頁)。以上のような性格をもった資本蓄積はさらに、弾力性あるいは「突発的な拡大能力」を発揮しつつ進行する。その加速的な拡大がエコロジー危機の発生につながるのは、各個別資本による剰余価値生産が野放しにされているかぎり、不可避的であろう。その結果、労働者の心身や自然環境を保護するために、国家的・国際的な規制が求められることになる。しかし、それは政治的な力関係などによって左右されるので、しばしば素材の次元の弾力性に依存する形で、規制を不十分なものとしてしまう。また着目すべきなのは、資本による素材の酷使が進行し、資本蓄積が加速する際に、一定の範囲内で素材の次元の危機が潜在化するということである。その間に、エコロジー危機は深刻化する。いわば、資本は素材の弾力性に依拠するかたちで、剰余価値の生産・取得における時間的先取りを行っているのである。

『六一―六三年草稿』には、労働者と土地の先取り的消費にかんする言及がある。

> 将来の先取り(*Anticipation*)――現実の先取りは、一般に富の生産においては、ただ労働者と土地に関してのみ行われる。この両者にあっては、早すぎる過労や消耗によって、支出と収入との均衡の攪乱によって、将来が現実に先取りされそして荒廃させられることが可能である。それはどちらの場合にも資本主義的生産において行われる。(MEGA II/3.4, 1445,『資本論草稿集⑦』三九三～三九四頁)

つまり、資本主義的生産においては、短期間のうちに剰余価値量を最大化するために、労働者と土地が持続可能な仕方で使用されるのではなく、前倒しで酷使されるのである。したがって、それらは疲弊・消耗して、寿命を縮めてしまうことになる。このような「将来の先取り」は、一定の範囲内では、実現可能である。それは素材の有機的な論理、関係性によってもたらされる弾力性が発揮されるからである。しかし、「将来の先取り」は、人間の心身を含めた自然の危機を潜在化させ、深刻化させるものにほかならない。もちろん、「先取り」によって、たとえば過酷な労働に対する耐性が増大するといった事態も考えられる。これも人間の心身における弾力性がもたらす一種の適応力である。しかし、「先取り」に限度があることはいうまでもない。第一巻第八章にあるように、資本の「この同じ盲目的な略奪欲が、一方の場合に土地を疲弊させ、他方の場合には国民の生命力の根源をすでに襲っていた」(MEGA II/6, 245, 邦訳四〇六頁) のである。

ここでは労働力商品に関して、労働時間の長さと疲労度・消耗度の関係に注目する。両者は決して比例関係にあるわけではない。この点について、人間労働力の弾力性がとくに考慮されなければならない。第一巻第一五章には次のようにある。

> 労働日が延長されると、労働力の価格は、名目的には不変のままかまたは上昇する場合でも、労働力の価値以下に低下することがある。すなわち、労働力の日価値は、われわれが記憶しているとおり、労働力の標準的な平均的持続、すなわち労働者の標準的な寿命にもとづいて、また生命実体が、それにふさわしい、正常な、人間性に適した、運動への転換を行なうことにもとづいて、評価されている。労働日の延長と不可分な労働力の消耗 (Verschleiß) の増大は、一定の点までは、代償の増大によってつぐなわれうる。この点を超えると、労働力の消耗は幾何級数的に増大し、同時に労働力のすべての正常な再生産の諸条件と活動諸条件が破壊される。労働力の価格とその搾取度とは、相互に同じ単位で計量される大きさではなくなる。(MEGA II/6, 491, 邦訳九〇一頁)

労働時間の延長にともなう「労働力の消耗の増大」は、一定の点までは残業手当の支給などによってつぐなわれうる。それは剰余価値量を増大させつつ、労働力の再生産を維持する一つの方法である。しかし、限度を超えると労働力の再生産は不可能になる。労働力の素材的な弾力性があるからこそ、一定程度まで絶対的剰余価値の「先取り」が可能になる。それは長期的に見れば、肉体的・精神的破壊が潜在的に進行していることを意味している。

「将来の先取り」は、労働者と土地に関してのみ行なわれるということだったが、畜産業においても見出すことができると思われる。第二巻の第二草稿（現行版第一二章「労働期間」相当箇所）には次のようにある。

> 五年たたないうちに五歳の動物を供給するのは、もちろん不可能なことである。しかし、世話の仕方を変えることによって、もっと短期間に動物をその用途に向くように育てあげることは、ある限界（Grenze）内で可能である。……ディシュリー・グレンジの借地農場経営者ベイクウェルは、淘汰方式（*system of Selection*）によって羊の大きさを縮小した。（MEGA II/11, 189, 邦訳三七四頁）〔9〕

現代的に言えば、資本は成長を速める飼料・ホルモン剤などを使用し、交配技術・遺伝子操作を駆使するなどして、家畜をできるかぎり早期に出荷しようとする。それは家畜のさまざまな病気を引き起こすリスクをともなっているだろう。この自然の「先取り的消費」は、素材の次元の弾力性を利用して家畜の生育を速め、回転期間を短縮することで年間の剰余価値量を増大させる。このことも一定の範囲内では達成されうるが、長期的には、家畜の再生産を阻害する恐れがある。こうした事態が、マルクスの時代にもすでに先駆的に生じていたのである。

より早く現金を手に入れる必要（たとえば租税、地代など決まった支払いのための）がこの問題［家畜の出荷にかんして回転をどのようにして速めることができるのか］を解決するのであるが、それはたとえば経済的標準年齢に達しないうちに家畜を売ったり、屠殺したりして、農業に大損害を与えることによって行なわれる（それはまた、結局は食肉価格の騰貴を引き起こす）。（MEGA II/11, 187, 邦訳三七一頁）

5　利潤率の傾向的低下と不変資本の節約

素材の次元と価値の次元の絡み合いを考えるうえで、利潤率の問題を検討することが必要であろう。利潤率の低下を緩慢にする要因の一つである不変資本の節約は、素材の次元の弾力性と密接に関わることだからである[10]。つまり、自然の無償性、過去の労働や科学を利用することによって不変資本が節約されつつ、生産力が増大する。そこで資本の素材的特性は価値量の弾力性となって現れうる。資本の弾力性による生産力の（質的転換をともなった）量的拡大は、利潤率の傾向的低下に一定程度は反作用す

［9］　この引用箇所の後半部分については、現行版では以下のように補足されている。「……借地農業者ベイクウェルは、周到な淘汰によって羊の骨格を生存に必要な最小限に縮小した。」(MEW 24, 240, 邦訳三七四頁)

る。資本の有機的構成の高度化は、利潤率の低下と利潤量の増大が同時進行することをともなっており、利潤率の傾向的低下はそれに反する諸要因によって抑制されつつ進行する。個別資本は、競争によって強制されつつ、生産規模の拡大を進め、その帰結として利潤率の低下に直面する。だが、同時に規模の拡大にともなう最低資本量の増大は、価値増殖にとって効率的な物質的条件を整えることを可能にする。個別資本は集積・集中を通じて、生産・流通過程における、あらゆる無駄を排除しようとする。また、回転期間を短くすることは、多くの場合、より短時間に前貸しされる資本の増大と結びついている（MEGA II/11, 187, 邦訳三七〇頁）。

第三巻の主要草稿（現行版の第五章相当部分）の議論によれば、生産諸条件の節約によって利潤率が上昇するのは、社会的労働の生産力アップを別とすれば、第一に、「生産手段の集積（Concentration der Productionsmittel）」によってである（MEGA II/4.2, 113, 邦訳一三六頁）。つまり、建物、機械設備、排水管などの量は、生産規模が拡大するのと比例して増大するわけではないということがここで確認されている[11]。第二に、「生産の廃棄物（*Excremente*）、いわゆる屑の新しい生産諸条件への再転化」(ebd. 同頁)、さらに「原材料の屑と固定資本の損耗（したがってまたその修理）の削減」(MEGA II/4.2, 118) によってである。つまり、リサイクル技術などが示唆されている[12]。また同所で、素材の次元と価値の次元の弾力性について述べた箇所として最も注目したいのは以下の部分である。

> ここでは、二つの点にいつも注目しなければならない。もしcの価値がゼロであるとすれば、$p' = m'$であろうし、利潤率は最大限になるであろう。……しかし第二に――労働そのものの直接の搾取に

とって重要なものは、使用される搾取諸手段——固定資本であれ、原料および補助材料であれ——の価値では決してない。……このさいもっぱら問題になるのは、一方では、一定分量の労働にとって技術学的に（一定分量の生きた労働との結合にとって）必要とされるようなそれらの総量であり、他方では、それらの効率性（efficiency）、すなわちよい機械設備などにおいて自明となる（つまり、すぐに思い当たる）効率性、また原料などの良さにおいて役割を果たす効率性である。利潤率は、部分的には、原料のよさに依存する……。（MEGA II/4.2, 117, 邦訳一四一頁）

〔10〕不変資本の節約についての研究としては吉田一九八〇を参照のこと。不変資本の充用上の節約は、人間および自然を直接的に破壊することになる節約と生産の効率性を追求する節約とで区別することができる。本節では、後者に注目する。前者については、第三巻の主要草稿の次のような叙述が想起されるだろう。「資本主義的生産様式は、さらに進んで、その矛盾し対立する本性によって、労働者の生命および健康の浪費、彼の生存諸条件そのものの切り下げを、不変資本使用における節約に算入し、それゆえ利潤率を高めるための諸手段に算入するまでになる。」(MEGA II/4.2, 120, 邦訳一四六〜一四七頁)

〔11〕第一巻第二二章にも次のようにある。「これらの労働手段［建物、機械設備、排水管など］は生産物に価値はつけ加えないが生産物形成者として役立つ程度に応じて、したがって、全部的に充用されながら部分的にしか消費されない程度に応じて、すでに述べたように、水、蒸気、空気、電気などのような自然力と同様の無償の役立ち（Gratisdienst）をするのである。過去の労働のこの無償の役立ちは、生きた労働によって利用され生気を与えられるとき、蓄積の規模の増大とともに蓄積されていく。」(MEGA II/6, 557, 邦訳一〇四五頁)

〔12〕第一巻第二二章でも、リサイクル技術等への言及がある。「化学のあらゆる進歩は、同じ材料の利用を多様化するだけでなく、それゆえ資本の増大につれてその投下部面を拡大するが、そればかりではない。それは同時に、生産過程および消費過程の廃物を再生産過程の循環のなかに投げ返すことを教え、こうして、先行の資本投下を要することなく新たな資本素材（Kapitalstoff）をつくり出す。」(MEGA II/6, 554f, 邦訳一〇四〇頁)

すなわち、労働の直接の搾取にとって重要なのは、素材的な次元における生産手段の量的・質的な特性である。技術学的に必要とされる生産手段の量と質が合理的であるほど、利潤率の低下は抑制されるであろう。この引用箇所に続く部分では、素材の質的な側面がいかに価値の次元に反映されるかを具体的に説明している。すなわち、生産過程で発生する屑・損耗が少なければ、「同じ分量の労働を吸収するために必要な原料の総量が割合的に減少する」。また、「作業機が出合う抵抗も減少する」。こうしたことは、剰余価値量にも影響するのであり、悪い原料の場合には、「労働者は同じ分量の原料を加工するのにいっそう多くの時間を必要とする」。この場合、賃金の支払いが変わらないならば、剰余価値量は減少するであろう（ebd. 邦訳同頁）。

多くの要素が、弾力的な性格を保持しつつ、有機的な関係性をもつことから、素材の良し悪しは決まってくる。原料と機械の素材的な関係性が考慮されなければならない。より適合的な原料や補助材料の発見、機械の力学的な構造の改良なども必要になる。素材の次元のこうした多面的な弾力性を認識・適用することによって、生産手段の充用上の節約が達成され、それは労働の節約にもつながりうる。したがって、価値の次元においては、剰余価値量の変化と利潤率の低下の緩慢化が生じる。

新素材の発見、屑の縮減、原料に適合的な生産システムの構築などは、未来社会に活かされる要素となるはずである。しかし資本主義的生産様式においては、生産手段の充用上の節約がなされる際にも、とうぜん資本の価値増殖が絶対的目的であり、それに抵触しないかぎりでエコロジー的観点が保持されるにすぎない。また、資本主義的生産様式における科学・技術学の適用は、労働者自身によるものではなく、彼らを管理・支配を強化するための手段になっている。労働力商品のもつ弾力性が、資本による実質的包摂を受け入れる素地となる。
つまり、利潤率低下と素材の弾力性の関係においては、二つの側面が見いだされると言えるだろう。一方で、利潤率の傾向的低下という事態とそれに対処するために強制される（リサイクル技術のような）節約の努力によって準備されうるのは、「物質代謝を、社会的生産の規制的法則として、また完全な人間の発展に適合した形態において、体系的に再建すること」（MEGA II/6, 476, 邦訳八六八頁）である。他方で、この節約の努力は、価値増殖という目的においては決定的な限界に直面している。さらに、社会的総資本の観点からすれば、個別資本レベルでの節約の努力の限界はいっそう明らかになる。第一巻第一五章「労働力の価格と剰余価値との大きさの変動」には次のようにある。

労働の生産力が増大すればするほど、労働日はますます短縮されうるのであり、そして、労働日が短縮されればされるほど、労働の強度はますます増大しうる。社会的に考察すると、労働の生産性は、労働の節約によっても増大する。労働の節約は、生産手段の節約だけでなく、あらゆる無用な労働を避けることをも含んでいる。資本主義的生産様式は、個々の事業所内では節約を強制するが、その無政府的な競争制度は、社会的な生産手段と労働力の際限のない浪費を生み出し、それとともに、こんにちでは不可欠であるがそれ自体としては不必要な無数の機能を生み出す。（MEGA II/6, 494, 邦訳九〇六頁）

この叙述を参考にしながら、三つの段階を想定することができるだろう。第一に、個別資本レベルで生産力が増強されるが、安全装置や汚染物質除去装置などが節約され、人体や自然環境を直接的に破壊する段階。第二に、各種の法的規制などのもとで、また利潤率の傾向的低下のもとで、生産手段充用上の節約が目指され、リサイクル・省資源化が進む段階（ただし、コスト負担の程度によっては、リサイクル技術等が採用されない段階）。第三に、個別資本においてはリサイクルが進んでいても、社会総体としては競争の強制を介して、過剰生産による無駄が生じる段階。そこには、固定資本の社会基準上（moralisch）の減価にともない、早期更新を強いられ、たとえば旧式の機械類がリサイクルされずに廃棄物と化すといった事態を含めて考えてもよいだろう。個々の事業所内では、労働や不変資本の節約が強化される。しかし、「無政府的な競争制度」によって、加速的な資本蓄積が不可避となり、過剰生産が促進されるため、「社会的な生産手段と労働力の際限のない浪費」が生じるのである。

おわりに

アソシエーションにおいては、素材の次元の有機的な関係性に調和した労働（生産）・分配・消費が不可欠である。それらは、人間労働力や原料、自然環境などがそれぞれ保有する弾力的な性質を資本の運動に従属させる経済活動ではなく、人間と自然の持続的な発展を可能にするために配慮された経済活動である。第三巻で、アソシエイトした生産者たちが、物質代謝を合理的に規制し、共同で管理すること、「すなわち、最小の力の支出で、みずからの人間性にもっともふさわしい、もっとも適合した諸条件のもとでこの物質代謝を行なうこと」(MEGA II/4.2, 838, 邦訳一四三五頁)というときにも、素材の次元の弾力性が含意されていると考えるべきであろう。

資本の弾力性は、労働力や機械設備、自然といった素材の次元からもたらされる運動特性であり、労働を通じて価値が移転・付加される生産物の量を飛躍的に増大させる。この生産物の価値が実現するかどうかに直接的には関係することなく、エコロジー危機は進行しうる。資本主義的生産様式においては、一方では、生産過程で発生した屑が再利用されるなど、未来社会においても採用されうる合理化・効率化が準備される。だが他方で、人間と自然の回復能力・自浄能力が発揮され、資本の価値増殖に支障をきたさない間に、エコロジー危機は潜在化し、深刻化する。資本主義的生産様式の絶対的な目的が剰余価値の生産と取得にある以上、素材と価値の両次元の対立は克服されえず、エコロジー危機は資本主義のシステム破綻を招かざるをえないのである。

第三章　資本主義的生産様式における「自然の無償性」とは何か？

羽島有紀

はじめに

本稿の目的は、マルクスの『資本論』及び関連諸草稿に依拠して〔1〕、環境問題と資本主義との関係について考察することである。その際、とりわけ「資本の無償自然力」あるいは「自然の無償性」という概念〔2〕に着目し、その意義と射程について検討する。

従来、マルクスやマルクス主義の学説は環境問題への示唆どころかむしろ反エコロジカルな学説だという批判が少なくなかった。そうした主張においては、マルクスの理論は基本的に労働価値説を中心とした経済的分析・市場経済分析が主であるとされ、本稿でとりあげる「無償の自然力」という表現も自然の働きを無視し、自然を無限のものとする傾向の現れである、と否定的に捉えられることが多かった。あるいは、マルクスがエコロジー的視座を有していたということを認めるにしても、物質代謝に言及した労働過程論や「労働はすべての富の源泉ではない。自然もまた労働と同じ程度に、使用価値の源泉である」(MEGA I/25, 9) といった記述に注目し、マルクスは自然への言及も行っていたと限定的、付随的に評価するものが大半であった。

しかし、マルクスは実に多くの箇所で自然について触れ、現代でいうところの種々のエコロジー問題を「物質代謝の攪乱」として把握し、言及している。なおかつ、それらの叙述は決して補足的、エピソード的なものではなく、彼の資本主義批判の根幹と深く関連するものであった。さらに、マルクスにおけるエコロジー的観点からの資本主義批判は、資本が利潤追求のために自然を無視し、破壊するというシンプルな理解にとどまるものではない。むしろ資本は自然という素材的な世界に多大な関心を抱くからこそ、より深刻な環境破壊を招くということを示すものであった。そして、このような資本主義的生産様式における「物質代謝の攪乱」を把握するうえで、一つの鍵となると考えられるのが、本稿で取り上げる「自然の無償性」という概念である。

[1] 近年、マルクスの抜粋ノートについての研究が進むにつれ、晩年のマルクスが今日でいうエコロジー問題に多大な関心を寄せていたこと、また広範かつ実践的な考察がなされていたことが明らかになっているが、その点については本書のフォルグラーフ論文、斎藤論文を参照。

[2] 「自然の無償性」に関する重要な先行研究として吉田文和一九八〇やBurkett 1999がある。また、後藤一九九五、二〇〇〇、二〇〇九は「無償性」を広義の「物象化」と関連付けて理解することで、資本主義における搾取批判と市場批判という実践的意義を提示しており、本稿もそこから大きな示唆を受けている。

1　「自然の無償性」とは何か？

はじめにマルクスが「無償自然力」という言葉を用いた『資本論』第三部主要草稿における叙述を参照したい。

費用がかからずに（ohne zu kosten）作用諸因子として生産に入り込む自然諸要素は、それらが生産においてどんな役割を演じようとも、資本の構成諸部分として生産に入り込むのではなく、資本の無償自然力（Gratisnaturkraft des Capitals）として、すなわち労働の無償自然生産力（gratis Naturproductivkraft der Arbeit）として、生産に入り込む。（MEGA II/4.2, 833）

ここで問題となっている自然諸要素とは土地であるが、その土地が高い豊度や落流、恵まれた気候条件など有利な自然諸条件を具えていれば、それは「例外的に高い労働の生産力」の自然的基礎となり、その分を追加資本の投入によって補わなければならない資本と比較して、超過利潤をうみだす。なぜなら、自然諸要素は作用諸因子として生産に入り込み、一定の役割を演じるにもかかわらず、その役割・働きに対しては費用がかからないからである。

したがって、「資本の無償自然力」とは、資本が領有する自然力が資本に費用を負担させることなく生産に入り込み、働きをなすということにほかならない。このような自然の特性が物質代謝の攪乱をもたらす一契機となりうることは明らかであろう。というのも、資本にとって無償のものとして現象する自然力は、生産において有益な役割を果たすにもかかわらず、資本になんの費用も負担させないのであり、それゆえ超過利潤を追求する資本は自然力の再生産や物質代謝について顧慮することなく、この自然力を放棄的あるいは収奪的に価値増殖に資するよう最大限利用しようとするからである[3]。

しかし、自然力や自然物が無償で費用のかからないものであるということの意義はそれだけではない。そのことをより明確に示すために、以下では、主に『資本論』第一巻の範囲において自然が無償であるということ（自然の無償性）がどのように言及されているかを見ていく。『資本論』においてはまとまった展開こそないものの、自然の無償性に関連する様々な記述が点在しており、無償性がどのようなものとして把握されているかを見ることができる。例えば以下のような叙述がある。

> 生産的諸過程に取り込まれる蒸気、水などのような自然諸力も、同じように何らの費用も費やさせない（kosten ebenfalls nichts）。しかし、人間が呼吸するためには肺が必要であるように、自然力を生産

[3] 吉田一九八〇はこのような観点から「自然の無償性」について分析を行っている。「自然の無償性」の重要性にいち早く注目し、整理を行った点は大きな功績である。また、彼は「無償の自然力」の利用、獲得、持続維持に必要な労働手段と労働支出（「費用性」）をも無償化し、節約しようとする資本の傾向を「利潤増大の諸方法の一つである「不変資本充用上の節約」として位置づけられ」るとして展開した。しかし「無償性」概念そのものについては、その取得に新たな追加労働支出を必要としないこととしてだけ解され、費用性は追加労働支出と等置されている。概念そのものについてそれ以上の規定はなく、あくまでも無償性を前提にした議論となっている。

的に消費するためには「人間の手でつくられたもの」が必要である。水の動力を利用するためには水車が、蒸気の弾力性を利用するためには蒸気機関が、必要である。（MEGA II/6, 377）

ここで、水力や蒸気の弾力性などの自然諸力は、それらを作用させるために必要な水車や蒸気機関など「非常に高価」な「人間の手でつくられたもの」との対比におかれ、労働を含まず、「何らの費用も費やさせない」自然諸力として現れている。ここからは、自然の無償性が費用性との対比において述べられていることが明確にみてとれる。

さらに、こうした自然の無償性が価値構成との関係で重要であるということは以下の引用から明らかとなる。

機械設備と道具とからそれらの日々の平均費用を――または、それらの日々の平均的摩滅及び油、石炭などの補助材料の消費によってそれらが生産物に付け加える価値構成部分を――差し引くならば、機械設備と道具は、人間の労働の関与なしに現存する自然諸力とまったく同じに無償（umsonst）で作用する。（MEGA II/6, 378）

機械設備などは価値をもち、それらが生産過程中で摩滅し消費される程度に応じて一定の価値を生産物に引き渡す。機械設備などはその限りで生産物の「価値構成部分をなす」が、そうした機械設備などとの対比において「無償で作用する」自然諸力があげられている。「人間の労働の関与なしに現存する自然諸力」は価値構成部分に入らないという点において言及されているのである。このことは、前貸資本構成について述べた次の箇所においても同様にみてとれる。

採取産業、たとえば鉱山業では、原料は資本の前貸の構成部分にならない。労働対象は、この場合には、先行する労働の生産物ではなく、自然によって無償で贈られた物（gratiot de la nature）である。金属鉱石、鉱物、石炭、石材などがそうである。（MEGA II/7, 525）

ここでは採取産業において「自然の労働対象」（MEGA II/6, 553）として与えられる金属鉱石、鉱物、石炭や石材などが、あくまでも前貸資本の構成部分にならないものとして言及されている。これら「自然によって無償で贈られた物」は、ただ採取労働や採掘労働の対象としてのみ存在するのであるから、前貸資本としての不変資本構成には入らない。もちろん、採取・採掘の労働を経て原料や補助材料として別の生産過程に入る際には、費やされた労働の分だけ価値をもつものとして不変資本の構成部分をなすことになる。だが、採取産業そのものにおいては、不変資本はほとんどもっぱら労働分量に対応した労働手段だけで構成されており、自然から与えられた労働対象は前貸資本の構成部分にはならないのである。

以上一連の引用からわかるように、自然の無償性は常に費用のかかる労働生産物と対比され、価値構成に入らないものとして把握されている。あるいは費用性として現れる場合においても、それは価格として貨幣表現された価値を前提としている。したがって、自然の無償性は常に価値との対比において措定されているのだ。このことは、一見あたり前のことのように思えるかもしれないが、その重要性を看過してはならない。むしろ、自然の無償性が交換価値として現象するところの価値という概念を前提としているということが重要なのであり、あえて表現の重複をおそれずに言うのであれば、無償性とは「価値として無償」であるということなのである〔4〕。（したがって以下では、価値概念という前提を強調する意図をもって「価値として無償」という表現を用いる。）

2　マルクスの資本主義批判における「物象化論」及び「形態規定」の重要性

では、価値概念を前提にあえて価値として無償であるという時、そこでは何がポイントになるのだろうか。それは「価値」について考える際のポイントとも当然重なる。「自然の無償性」を考える際に重視されるべきことは、その量的規定性ではなく、質的規定性であるということであり、またマルクスの資本主義批判において重要な意味を持つ「物象化」及び「形態規定」〔5〕との関連で「無償性」が考えられなければならないということである。

マルクスの価値分析はスミスやリカードゥら古典派経済学の「労働価値説」のように価値の実体を労働に見出し、価値の大きさを社会的労働時間に帰することに主眼があったのではない。マルクスの価値分析のポイントはなぜ、いかにして、どのように労働が価値という形態をとり、労働時間が価値の大きさを表すことになるのかを問うことでもあった。すなわち、互いに独立に私的労働を営む社会においては、労働のうち、他人にとって有用な生産物（社会的使用価値）を生産するという意味での具体的有用的労働としての社会的性格を捨象し、抽象的人間的労働のみを対象化したものとして価値という形態を取らざるをえない。さらに、商品生産関係が全面化した社会においては、それぞれの私的労働者は自身の生産物に価値という社会的力を与え、商品や貨幣などの物象とし、物象の力に依存することによってのみ互いに関係を取り結ぶことになる。したがって、生産諸関係は人格と人格の関係としてではなく、物象と物象の関係として現れ、「社会的運動が、彼らにとっては、諸物象の運動という形態を取り、彼らはこの運動を制御するのではなく、この運動によって制御される」(MEGA II/6, 105) ようになる。人々が生産物をコントロールするのではなく、物象の運動が人々の運動をコントロールすることになるのである。こうした事態をマルクスは「物象化」と呼び、資本主義的生産様式を根本的に、物象化した生産関係として捉えた。ここでは、本来主体であるはずの人間たちの行為が、本来客体であるはずの物象の運動によって規定されるという転倒が生じている。もはや、価値は人々の思惟・思索において抽象化された概念として存在するのではない。価値は私的労働社会における社会的属性であり、社会的力である。ま

［4］　こうした「自然の無償性」と価値との関係を念頭に展開した先行研究としてBurkett 1999がある。彼は、価値という形態そのものがもつ反エコロジカルな側面について述べたうえで、「資本に対する自然の無償の贈り物（a free gift of Nature to capital）」を価値形態論や生産者の生産手段からの分離という論点と結びつけ、この問題を資本主義の環境危機における主要な論点として提起している。

［5］　マルクスにおける「物象化」「形態規定」の意義と重要性については、佐々木二〇一一参照。

た、価値という形態をとることによって諸物象の運動は人間たちの行為を規制する社会的な力となるのである。

ここで、私的労働に基づいて社会的分業を営もうとする限り、人間たちは、彼らの意思や欲望とはかかわりなく、労働生産物に価値という社会的力を与え、それに依存することによってしか互いに関係を結ぶことができないという形態規定のもとにおかれることになる。価値をもつ生産物が単なる物ではなく社会的力をもつ物象として現れると、人々の関係は、物象と物象との関係を通じて取り結ばれ、ここに人格と物象の転倒が生じる。主体であったはずの人格は客体となり、客体であったはずの物は物象として主体化する。社会において物象こそが、価値こそが、重要なものとして通用することになる。

そして、この価値という形態規定の結果として、自然は単にそれが労働を含まないものであるというだけでなく、価値として無償であるという特殊歴史的な規定性をもつことになるのである。

3　「自然の無償性」の含意――その質的規定性

では、上記のように価値が私的労働社会における社会的力であり、独自の形態規定をはらんでいるという点を踏まえた際、あらためて、価値として無償であるとはいかなる意味をもつのだろうか。それは、単に自然に労働が含まれていないということと何が異なるのであろうか。

ここでもし価値をその実体からのみ捉えて労働（抽象的人間的労働）に還元するだけであれば、すなわち無償性を、労働が含まれていないがゆえに価値ゼロのもとして、価値量の問題としてのみ捉えるならば、価値として無償であるということと労働が含まれていないということは単なる言い換えに過ぎないと思えるかもしれない。しかし、注意すべきことは、価値の有無と労働が含まれているか否かとは異なるということである。それは労働生産物が価値という社会的力をもち、物象となるかどうかの差に関わっている。「自然の無償性」とは、単に自然が人間的労働を含んでおらず、価値ゼロであるということを意味しているのではなく、自然に与えられた形態規定をこそ意味しているのである。

たとえば、「古代の家内工業では、女子は、上着を、その交換価値を生産することなく生産していた」(MEGA II/2, 115)。すなわち、古代における家内工業のように共同体的労働として行われる労働は、直接に社会的な労働として社会的連関にはいることができるため、あえて労働の具体的有用的側面を捨象して抽象的一般的労働を対象化するようなことはなかった。労働は費やされていたとしても価値として対象化される必要はなかったのである。「価値の経済的概念は古代人の場合には生じない。価格と区別された価値は、詐欺等に対する法律的なことにすぎない。価値の概念はまったく最近代の経済学に属する」(MEGA II/1, 646) のであり、あくまでも私的労働という労働の特殊社会的な形態が価値という形態をうみだすのである。

したがって、生産にあたって抽象的人間的労働が費やされたということと、費やされた抽象的人間的労働が価値として対象化され、労働生産物の属性になったということは、区別されなければならない。それと同様に、自然に抽象的人間的労働が含まれていないということと、その自然が価値として無償だということもまた、区別されなければならない。自然の無償性の基礎にある価値という形態は私的労働社会に特有なものであり、したがって、自然の無償性もまた私的労働社会に固有な形態規定が自然に対して与えられた結果生じたものなのである。

そして、このことから以下のことが導かれるだろう。第一には、自然が無償であるということは、個々人や社会が自然をどう評価するかということには関係なく、私的労働社会における人々の無意識の振舞いの結果、生じたものであるということである。第二には、生産物を価値物として交換し合う物象化された社会においては、自然のように無償のものは価値という社会的力を持たないものとして社会的に位置づけられるということである。端的に言えば、物象化された社会においては価値だけが唯一の費用として現れるので、価値として無償であるということが特別な意義を獲得するのである。

このように価値という形態を軸に考察を行うことは「自然の無償性」と「自然の恵み」との差異を考えるうえでも重要になる。「自然の恵み」とは、自然が生産過程等においてなす働きに注目し、人間的労働を含むことなく提供されるそれらを「恵み」として表現したものである。自然資源や自然力が行う様々な機能・調整能力への注目は近年急速に高まっており、その働きを「生態系サービス」として評価し、制度的に担保することや、あるいは、貨幣換算することなく把握する試みもなされている。では「自然の無償性」と「自然の恵み」とは一体何が異なるのであろうか？

そもそも「どのような特定の社会的形態にもかかわりなく」あらゆる社会的形態に共通なものとして考察される労働過程そのものは、「人間と自然とのあいだの物質代謝の媒介」(MEGA II/6, 192) であり、「素材の形態を変えるこの労働そのものにおいて、人間は絶えず自然力に支えられている」(MEGA II/6, 76)。たとえば金属鉱石、鉱物、石炭、石材、あるいは水や風、蒸気などもろもろの自然諸力、あるいは農業における「自分では制御のきかない自然過程」などは、人間が何かをなさなくても「自然に」作用し、また人間に対して様々な使用価値をもたらす。それらは歴史貫通的に享受されてきたし〔6〕、自然を享受する、あるいは、自然を領有するということは、あらゆる社会において行われる行為である。

> 生産とはすべて、ある一つの規定された社会形態の内部で、またそれを媒介としての、個人の側からする自然の領有（Aneignung der Natur）である。この意味では、所有（領有する行為）が生産の一条件である、というのは同義反復である。しかもこのことから所有の一定の形態、例えば私的所有に飛躍するのは、おかしなことである。（そのうえなお、私的所有は、その対立的形態である非所有をも同様に条件として前提としている。）(MEGA II/1, 25)

「すべての生産の一般的諸条件」として抽象的契機を取り出すのなら、生産とは常に自然の取得という契機を有しており、「自然の恵み」を社会的に承認されたかたちで受け取ることである。

しかし、抽象的契機によっては「現実的歴史的な生産諸段階はどれも理解できない」(MEGA II/1, 26）のであり、取得されうる自然あるいは「自然の恵み」が、無償の、費用のかからないものとして現れるこ

〔6〕マルクスは「剰余労働の自然的基礎」について述べた際、生活に必要な物資を生産するために必要な労働時間はその社会の自然的諸条件によっているとしたが、こうした素材的富、使用価値という観点から歴史貫通的な事態を述べるにあたっては、「自然の恵み」(Gunst der Natur）という表現が用いられている(MEGA II/6, 484)。

との特殊性とその作用をこそ考えなければならないのである。「生産を問題とする場合には、いつでも一定の社会的発展段階での生産――社会的な諸個人の生産を問題にする」(MEGA II/1, 22) べきなのであって、資本主義社会における特殊的な生産諸関係を見なければならない。資本主義的生産においては、後に見るように、労働が資本のもとに包摂され、資本の生産過程となるが、その基礎には物象を媒介とした関係ある。諸個人の生産は私的労働として営まれており、そのことが必然的に価値という形態を生み出し、物象化した価値を媒介とした規定を生じさせる。その結果として、領有される自然は無償のものとして現れ、物象化した価値として無償であるということを基礎に自然の取得が行われるのである。

また、自然がこのように価値として無償であるということは、「自然の無償性」という特殊資本主義的な規定性そのものが物質代謝の攪乱を引き起こす要因をはらんでいるということをも含意している。

もちろん、このことは資本主義社会以外の社会において「物質代謝の攪乱」が生じないということを意味するものではない。事実、前近代社会においても過放牧や過度な農業拡大、土地の疲弊などによって、文明自体が滅びるようなこともあった。物質代謝の攪乱は、物質代謝そのものの論理を考えることなく生産が行われるならば、あらゆる社会において生じうる。物質代謝そのものの論理についてはあらゆる社会において考慮されなければならない。

しかし、前近代社会と資本主義社会を比較して決定的に異なるのは、物質代謝の攪乱が必然的また大規模に生じるか否かという点である。自然が抽象的人間的労働を含まないということ自体は歴史貫通的な事態であるが、そのこと自体が物質代謝の攪乱を招くわけではない。あくまでも価値という形態にともなっては必然的に、物質代謝そのものの論理を無視し、捨象するということが生じるということが重要なのである。そこでは、使用価値はあくまで価値の担い手としての意味しか持たず、価値以外のものは重要ではないものとして考慮の対象外になる。生産力は価値増殖という目的からのみ増大させられ、物質代謝そのものの論理は考えられなくなるのである。

さらに、自然が価値として無償であるということの歴史的特殊性は、その発生起源の歴史的性格だけではなく、物象の論理が及ぶ領域の拡大をも意味している。すなわち、「自然の無償性」とは、本来、物象の力、物象的形態規定が及ばない自然的世界についても、それらの論理が浸透し、価値としてどうであるかということが大きな意味をもつようになったことの現れである。支払いという形で社会的に認められるのは価値であり、自然がその観点から無償であるならば、そこでは、自然はありのままには現象しない。資本主義社会における社会的力である価値によっては、極めて一面的にしか自然を捉えることができないということが「自然の無償性」という表現には含まれている。と同時に、無償である自然が支払いの対象とならないことは物象の論理に是認されているといえる。したがって、ある社会において物象の論理が強く、それが浸透した領域が広ければ、支払不要となる無償性の範囲は広くなる。一方、物象の論理が抑制された社会においては、無償性の範囲も限定されることになるだろう。

4　資本主義社会における「無償」「不払い」の意味

価値として無償であるものへの不払いが物象の論理に基づいて是認されるということは、無償労働としての剰余労働の搾取が商品の等価交換に基づいて生じるということからも見ることができる。『資本論』においてマルクスは剰余労働時間を「労働日のうち労働者が資本家のために無償で（umsonst）労働することのできる他の部分」(MEGA II/6, 319) であり、「彼［労働者］が資本家に無償で（umsonst）与える労働日の他の部分」(MEGA II/6, 363) であるとして、剰余労働の無償性について度々言及している。と同時に、こうした無償部分の取得が決して「不当行為」にはあたらないとされることについて触れている。

労働力は丸一日作用し労働することができるにも関わらず、労働力の日々の維持は半労働日しか要しないという事情、それゆえ、労働力の一日の間の使用が創造する価値がそれ自身の日価値の二倍の大きさであるという事情は、買い手にとっての特殊な幸運ではあるが、決して売り手に対する不当行為ではないのである。(MEGA II/6, 207)

剰余労働の無償性は、労働者が生産手段から引き離され、自分の労働力以外は売るものを持たないという無所有の状態を前提とした労働力の商品化によって成立している。そのうえで、剰余価値は決して不等価交換から生じるのではなく、労働力の価値である賃金に対する等価交換から生じる。労働力の再生産費である労働力の価値に対して支払いをし、労働力の使用価値として価値創造を受け取ること、結果として労働力が生み出した価値と労働力の価値との差を資本が無償で取得することは、物象の論理に基づいて行われており、その次元においては何ら不当なこととしては行われないのである。

同様のことが、自然の無償性についてもいえるだろう。支払いが価値に対する支払いのみを意味する以上、無償である自然が支払いなしに資本によって取得され使用されるということもまた、正当なものとなる。すでに見たように、自然という領域に物象の論理が浸透することにより、自然は価値として無償となる。価値として無償である以上、それに対する支払いはなされない。そして、価値として無償である自然に支払いがなされないのは、労働力の価値分を超える剰余労働に支払いがなされないことと同様に「不当行為ではない」とされるのである。

もちろん、物象の論理に基づいて不当ではないということが、社会的に不当ではないということを意味するわけではないということは言うまでもない。むしろ、ここで問題となるのは、資本による労働者あるいは自然の搾取の問題のみならず、それを「正当」なものとして成り立たせ、再生産している固有の論理——物象の論理——をも問わなければならないということである。

5　資本主義的生産過程における「自然の無償性」

以上、自然が価値として無償であるということについて見てきたが、このことは資本主義的生産様式においてどのような影響をもたらすのであろうか。以下では、生産過程において無償の自然力がどのように扱われ、その結果どのような影響が生じるかについて見ていく。

マルクスは資本主義的生産過程を「労働過程と価値増殖過程の統一」として把握したが、ここで自然物や自然力のように価値を持たない無償のものは、価値増殖過程にはいることなく、労働過程にのみ入るものと位置づけられる。それらは、生産過程において生産物に価値を付け加えることもなければ、引き渡しもしないが、使用価値の生産には役立つのである。

もし生産手段が失うべき価値を持っていないならば、すなわちそれ自身が人間的労働の生産物でないならば、それは何の価値も生産物に引き渡さないであろう。それは、交換価値の形成者として役立つことなく、使用価値の形成者として役立つであろう。それゆえ、人間の関与なしに天然に現存するすべての生産諸手段の場合、土地、風、水、鉱脈内の鉄、原生林の木材等の場合がこれである。(MEGA II/6, 265)

ここで、土地、風、水、鉱脈内の鉄、原生林の木材など無償の自然物や自然力は、「交換価値の形成者として役立つことなく、使用価値の形成者として役立つ」。だが、「労働過程と価値増殖過程の統一」が、あくまで価値増殖過程が主となる統一であり、「資本主義的生産の内部で労働過程が価値増殖過程に対してもつ関係は、後者が目的として現れ、前者はただ手段として現れるにすぎない、というものである」(MEGA II/3, 86) 以上、素材のもつ諸属性や労働の特殊具体的な内容は、資本にとっては価値増殖に従属するかたちでしか考慮されない。自然は使用価値の形成に関わり、資本にとって有用性をもっているからこそ資本によって取得され、生産過程に組織されるのであるが、しかし、資本は自然そのもの、あるいはその再生産に関心があるのではなく、その取得・利用によって行われる価値増殖に関心を有しているにすぎないのである。その影響は、資本による剰余価値獲得のための方途に応じて様々な形で現れることになるが、それについては、節を改め具体的に見ていく。

6 「自然の無償性」と資本による労働の形態的包摂／実質的包摂

資本の生産過程は上記のように価値増殖を目的とした「労働過程と価値増殖過程の統一」として行われるが、ここで無償の自然力は具体的にどのように取り扱われるのだろうか。

マルクスは資本が行う剰余価値獲得のための方途を労働日の延長による絶対的剰余価値の生産と生産力の増大による相対的剰余価値の生産とに分けて考察した。両者はそれぞれ、資本による労働の形態的包摂と実質的包摂に対応するが、以下ではそれぞれについて順に見ていく。

まず、資本による労働の形態的包摂であるが、これは既存の生産様式を前提として、それを形態的に資本主義的生産過程に転化させることを意味している。貨幣所有者としての資本家が、貨幣という物象の力によって、労働力と生産手段を市場で購入し、資本家の指揮・監督のもとで剰余価値の獲得を目的として生産が行われる。この段階では、「資本は、さしあたり、それが征服する労働過程の技術的性格には無関心である。資本は、とりあえず、労働過程をそのあるがままに取り入れる」(MEGA II/6, 253) だけである。

したがって、この段階では労働過程そのものの変革はなされていない。具体的な生産過程はそれ以前のものと変わらないのであるから、資本はただひたすら労働日の延長を行うことによって、絶対的剰余価値の獲得を目指すことになる。その結果、「一八世紀の最後の三分の一期に大工業が誕生して以来、なだれのように強力で無制限な突進が生じた。風習と自然、年齢と性、昼と夜とのあらゆる制限が粉砕された」(MEGA II/6, 280)。そして、労働日の延長と同様、自然力の利用も量的に拡大したのである。ここでは、無償の自然力の扱いは主に量的変化として、再生産を顧慮することなく利用され、濫用されるというかたちで現れる。

とはいえ、こうした資本の運動はやがて素材的な限界にぶつからざるをえない。すなわち、労働力に関して言えば、一日の労働時間は二四時間を超えることができないだけでなく、休むことなく労働者を働かせれば、労働者自身の再生産が成り立たなくなり、過重労働による健康状態・精神状態の悪化、疫病の蔓延や低身長化、短命化などの弊害が現れる。自然力についても同様に、地力の回復・再生産を考えることなく過度な耕作を行うことにより、土地の肥沃度の減退、地力の消耗が生じた。資本のもつ「同じ盲目的な略奪欲が、一方の場合に土地を疲弊させ、他方の場合には国民の生命力の根源をすでに襲っていた」(MEGA II/6, 245) のであり、「資本は、労働力の寿命を短縮することによってこの目的を達成するのであって、それは、貪欲な農業経営者が土地の豊度の略奪によって収穫を増大させるのと同じ」(MEGA II/6, 269) であった。なお、こうした資本による労働の形態的包摂は、自然発生的に生じるものではない。資本が労働力と労働手段とを市場を通じて、すなわち物象の力を通じて手に入れるためには、そもそも労働者が労働手段から引き剥がされ、自らの労働力しか売ることのできない賃労働者として存在していなければならない。そのために、暴力を用いた本源的蓄積過程があったが、同様のことが自然についてもいえる。自然を無償のものとして形態的に包摂するには、自然もまた共同体的に管理されるものではなく、市場を通じて、物象を媒介とした関係において獲得されるものになっていなければならない。自然もまた物象的形態規定を受け、すなわち価値として無償のものとして現れていなければならないのである。マルクスはアイルランドにおける植民地支配が穀物収穫高の激減をもたらしたことを注視していた［7］が、本源的蓄積の過程が同時にエコロジー的な問題をも引き起こすことは、単に植民地支配が暴力を伴って略奪的に行われるからだけではない。植民地支配は資本による包摂を可能にする前提条件をつくりだす。共同体的生産の破壊により、伝統的・慣習的な自然への関わりを、物象を媒介とした関係に置き換えることを通じて、資本による形態的包摂を可能にするのである。

このように、価値増殖を絶対的剰余価値の獲得によって達成しようとするなかで行われる際限のない自然の利用は、早晩のうちに地力の低下という弊害を生み出し、この段階ですでに大きな環境破壊が生じているといえる。しかし、資本主義的生産様式がもたらす環境破壊は自然利用の過剰、すなわち量的拡大に伴う破壊にとどまらない。むしろ量的拡大に伴って直面した限界を、労働過程を変革し自然利用のあり方を質的に変化させることで突破しようとすることによって、より深刻な環境破壊が生じるのである。すなわち、絶対的剰余価値の生産の限界にぶつかった資本は、協業や分業、機械制大工業の導入などにより、労働のあり方、労働過程そのものを変革することを試みる。それにより生産力を増大させ相対的剰余価値の獲得を目指すのである。これは資本による労働の実質的包摂の段階であり、ここにおいて、生産過程の編成自体が変革され、「労働過程の現実の性質をも、その現在の諸条件をも、変化させ

［7］ Anderson 2010 第四章及び Slater and McDonough 2008 参照。

る技術的にもその他の点でも独自な生産様式——資本主義的生産様式が立ち上がる」(MEGA II/4.1, 95)。

この段階では、資本はもはや自然利用やそのための科学という素材的世界に無関心ではいない。むしろそれらに多大な関心を抱き、労働過程を改変する。しかし、資本は物質代謝そのものの再生産にはなんらの顧慮も払わないのであるから、形態的包摂と比しても、さらに深刻な物質代謝の攪乱がもたらされることは明らかであろう。この際、資本にとって自然が価値として無償であるということが極めて大きな意味を持つ。なぜなら、それが価値として無償であるということは、資本にとっては自然の利用において制約となるものが、技術的制約以外、まったく存在しないということを意味するからである。

資本による労働の実質的包摂の具体例として、『資本論』では協業、分業とマニファクチュア、機械制に基づく大工業があげられているが、とりわけ無償の自然力との関係で重要となるのは大工業による生産様式の変化であろう[8]。労働手段を出発点とする大工業における生産様式の変化は、それ自体、人間の自然への関わり方に変化をもたらす。マルクスは労働手段としての発展した機械設備を、原動機、伝導機構、道具機または作業機から成り立つものとして把握していたが、実際の労働過程の有り様を規定する「道具機こそが一八世紀産業革命の出発点をなすもの」(MEGA II/6, 364)であった[9]。

だが、生産様式の変化に伴って生じる自然への関わりの変化は道具機の部面にとどまるものではない。道具機の変化は必然的に原動機の変化をもたらすことになる。むしろ、「個々の機械は、それが人間によってのみ動かされている限り矮小なままであるように、また機械体系は、既存の原動力——動物、風、および水さえ——に代わって蒸気機関が現れる以前には自由に発展できなかった」(MEGA II/6, 373)のであり、機械制による大工業の発展は自然力の大規模な利用をもたらすとともに、それを不可欠のものとするのである〔10〕。また、自然力の利用、とりわけその大規模な利用は、道具機の変革すなわち生産様式の技術的変革によってもたらされたものであると同時に、さらなる道具機、技術学の変化をもたらした。

　こうして大工業における道具機そして原動機の変化によって自然力はそれ以前とは比較にならないほど大規模に利用されることになる。当時、自然力の代表的なものは風、水、蒸気、電気などであったが、これらの自然力は「それ自体としては一文の費用もかからない」「無償の自然力」であり、そのことは、資本による自然力の利用を加速度的に促進した。

大量生産——機械を充用する大規模な協業——がはじめて、もろもろの自然力——風、水、蒸気、

〔8〕「大工業が巨大な自然諸力と自然科学を生産に合体することによって労働の生産性を異常に高めるに違いないことは一見して明らかである」(MEGA II/6, 377)。

〔9〕そのためマルクスはアンドリュー・ユアやチャールズ・バビジ、J・H・Mポッペなど当時の技術学に関する文献から膨大な量の抜粋、研究ノートを作成している。これは具体的な道具機の有り様が、形態に規定された素材がいかに変容されるか、人間と自然との関係がいかに変容されるかを示すものであったからである。こうした具体的な技術学への関心は、マルクスが実際の労働過程、素材的次元に多大な関心を持っていたことの証左でもあろう。マルクスの機械論の研究・形成過程については、吉田一九八七に詳しい。

〔10〕「作業機の規模と同時に作業するその道具の数の増大は、一層大規模な原動力機構を必要とし、この機構は、それ自身の抵抗を克服するために、人間の原動力よりも……一層強力な原動力を必要とする。人間が、単純な原動力として作用するに過ぎなくなり、したがって彼の道具に変わって道具機が現れるとすれば、自然諸力はいまや原動力としても人間に取って代わることができる」(MEGA II/6, 367)。

電気——を大規模に直接的生産過程に従わせ、それらの自然力を社会的労働の諸動因に転化させる。（農業では、その前資本主義的諸形態にあっては、人間労働はむしろ、自分では制御のきかない自然過程の助手として現れるにすぎない。）これらの自然力は、それ自体としては一文の費用もかからない。(MEGA II/3, 2059f.)

大工業における自然力は生産力の増大を通じて、資本により多くの剰余価値をもたらす。資本が価値増殖のために自然力利用のあり方を変革し、労働を実質的に包摂するということは、資本主義的生産様式が支配的な社会においては、自然力の動員を資本の価値増殖運動に従属させるかたちでしか実現できないということを意味する。ここでは自然力の動員の仕方、あるいはそのテクノロジーのあり方そのものが資本主義的生産関係に規定された歴史的に特殊なものとして現れるのである。すなわち、ここでは自然力が、資本にとって無償なものであるという規定性において価値増殖のために動員されるという、独自な自然力利用の様式が現れ、それに照応した技術学が生じるのである。

それゆえ、実質的包摂の段階において資本は、一面では、形態的包摂の場合と同じように物質代謝の再生産に無関心でありながら、他方では剰余価値生産という観点から素材的世界の有り様、より具体的には人間と自然とのあいだの物質代謝の媒介のあり方に強烈な関心を抱くのである。そのため、自然に関する様々なメカニズムが明らかにされ、科学の発展がもたらされるが、それらは常に資本の価値増殖という目的のもとに従属させられるのである。

形態的包摂においては、資本は既存の生産力や生産様式をそのままに受け入れ生産を行うだけであった。資本は労働過程については「無関心」であり、自然の再生産はただ資本の関心の外にあるということによって濫用され、攪乱された。しかし、実質的包摂においては、資本は価値増殖という目的のために、積極的に素材的世界へと介入する。人間と自然との関係は抜本的に、価値増殖という観点に則して変容させられる。

そうした資本による素材的世界の変容の例として、『資本論』では農業における大工業化の影響があげられている。機械設備による大工業的経営の農業への応用は、直接的かつ明示的な形で問題を浮き彫りにする。

工場制度が発展し、それにともなって農業が変革されるにつれて、あらゆる他の産業部門における生産規模が拡大されるだけでなく、それらの性格もまた変化する。生産過程をその構成諸局面に分解し、与えられた諸問題を力学、化学など、要するに自然科学の応用によって解決するという機械経営の原理が、いたるところで決定的となる。(MEGA II/6, 442)

資本主義以前の時代においては「人間労働はむしろ、自分では制御のきかない自然過程の助手として現れるにすぎなかった」(MEGA II/3, 2059f) 農業においてさえ、機械経営の原理が浸透し、農業の性格自体が変えられていく。資本主義的農業は「与えられた諸問題を力学、化学など、要するに自然科学の応用によって解決」しようとし、自然の循環を無視した略奪的な農業を行う。自然科学を総動員し、潜在的な自然力までも発掘し、資本のもとへと包摂していくのである。

たとえば、先に形態的包摂に伴う地力の低下をみたが、実質的包摂の段階においてはそれを補い価値増殖という観点において「解決」しようとする資本の運動が、より大規模かつ深刻な環境破壊を生じさせる。たとえば、イングランドの低下した地力を補うために、イングランドから遠く離れた南米・ペルーから窒素分を多く含む鳥糞（グアノ）が大量に輸入されたが、その際、グアノは暴力的に収奪され、現地の人々の生活が破壊されただけでなく、その地の自然資源が奪われることで生態系の破壊ももたらされたのである。イングランド内における物質代謝の攪乱が一国内ではとどまらず、遠く離れた南米にまで波及し、世界的な規模でより深刻な物質代謝の攪乱が引き起こされたのである。

資本主義のあらゆる進歩は、労働者から掠奪する技術における進歩であるだけでなく、同時に土地から掠奪する技術における進歩でもあり、一定期間のあいだ土地の肥沃度を増大させるためのあらゆる進歩は、同時に、この肥沃度の持続的源泉を破壊するための進歩である。ある国が、たとえば北アメリカ合衆国のように、その発展の背景として大工業から出発すればするほど、この破壊過程はますます急速に進行する。（MEGA II/6, 477）

価値増殖を求め「一定期間のあいだ土地の肥沃度を増大させるため」に行われるあらゆる労働過程の質的改変はあくまで資本の都合でなされた変化であり、物質代謝という観点からは決して行われない。そのため、必然的に「この肥沃度の持続的源泉を破壊」し、自然の持続可能性を奪う結果に至るのである。

このような物質代謝の攪乱の深まりを把握するにあたって、自然の無償性は極めて大きな意味を持つことになる。なぜなら、無償の自然力は、機械の原動力として動員されるにせよ、地力という形で消費されるにせよ、種々の再生産力として作用するにせよ、資本に対して価値として無償であるという特殊な規定をもって現れるからである。ここで資本は自然力を利用することで生産力を増大させ、相対的剰余価値を増加させるにあたって、何のコストも負担しない。自然が無償であるということを通じて、資本は技術的制約以外何の制約もないままに物質代謝の媒介のあり方を変容させ、あらゆる自然力（潜在的なものも含め）を使い尽くすことが可能になるのである。価値増殖という観点からのみ行われるこのような素材的世界の改変が、物質代謝のより深刻な攪乱をもたらすことは容易に理解できるだろう。

おわりに

資本主義的生産様式は、価値増殖という資本の目的のために労働者や自然といった素材的世界を無視するということによってのみ、物質代謝を攪乱するのではない。むしろ、資本が資本にとって都合の良いように素材的世界に積極的に介入し、改変していくことによって、より深刻な物質代謝の攪乱がもたらされるのである。資本は素材的世界に対して、価値増殖という自己の目的に即したかたちで強い関心を抱くのであり、そしてその際、自然が無償であるということは大きな意味を持つのである。

そもそも「自然の無償性」とは単に自然力が人間的労働を含まないということを意味しているのでは

なかった。それは価値として無償であるということであり、自然に対する物象的形態規定の現れであった。それは個人の意志とは無関係に、私的労働をする社会における生産者が互いに社会的関連を取り結ぶために行う無意識の行為の帰結であった。したがって、「自然の無償性」を軸に資本主義的生産様式とそれに伴う資本による労働の形態的／実質的包摂の問題を考えることは、資本の運動法則の問題を考えることであるとともに、より根本的な資本主義的形態規定の問題を考えることでもあるといえるだろう。

ではこのように考える時、何が変革の契機となりうるのであろうか。この問いに対して『資本論』第一巻第一三章第一〇節において述べられた有名な一節は大きな示唆を与えてくれるだろう。マルクスは以下のように述べている。

> 資本主義的生産様式は、それが大中心地で集積される都市人口がますます優勢になるにしたがって、一方では、社会の歴史的原動力を蓄積するが、他方では、人間と土地とのあいだの物質代謝を、すなわち、人間により食料および衣料の形態で消費された土地成分の土地への回帰を、したがって持続的な土地肥沃度の永久的自然条件を攪乱する。こうして資本主義的生産様式は、都市労働者の肉体的健康と農村労働者の精神的生活とを、同時に破壊する。しかしそれは同時に、あの物質代謝の単に自然発生的に生じた諸状態を破壊することを通じて、その物質代謝を、社会的生産の規制的法則として、また完全な人間の発展に適合した形態において、体系的に再建することを強制する。(MEGA II/6, 476)

すなわち、自然の無償性をその一契機とする資本主義的生産様式は必ず限界に達する。資本がいかに素材的世界を改変しようとしても乗り越えられない素材的限界が存在するのである。だからこそ、物質代謝の自然発生的状態の破壊が「物質代謝を、社会的生産の規制的法則として、また完全な人間の発展に適合した形態において、体系的に再建することを強制する」のである。最終的には労働者や自然といった素材的世界のもつ限界性や性格そのものこそが、物象の論理に対して修正を加える契機になるのである。

第三部

新MEGAとエコロジー

第一章　「フラース抜粋」と「物質代謝論」の新地平

斎藤幸平

はじめに

マルクスは「経済学批判」を完成させるために、経済学だけでなく、政治、歴史、自然科学など様々な学問分野を生涯にわたって横断的に研究し、膨大な量の抜粋ノートを作成した。これらのノートは長い間研究者たちによってさえ無視された状態にあったが、現在、『マルクス・エンゲルス全集（MEGA²）』第四部門において、ようやく一般に利用できる形で刊行されつつある。そして、それに呼応する形で、抜粋ノートに着目する研究が、徐々にではあるが、発表されるようになっている[1]。近年のＭＥＧＡ研究によって示されつつあるように、抜粋ノートが重要なのは、『資本論』の形成過程が抜粋ノートを検討することによって、より正確に追うことができるという理由からだけでなく、抜粋ノートが『資本論』

[1]　日本語で読める抜粋ノート研究として、大谷・平子二〇一三、アンダーソン二〇一五がある。

第二巻、第三巻を完成させるために理論的発展を遂げようとするマルクスの最後の努力が刻まれた一次資料だからである。『資本論』が未完であるからこそ、抜粋ノートからしかわからない思考の痕跡があるのだ。

「未完の経済学批判」という観点から抜粋ノートを取り上げようとすると、すぐに目に止まるのが、晩年の約十五年間に作成された驚くべき量の自然科学についての抜粋である。そのテーマは多岐に渡り、農芸化学、植物学、鉱物学、地質学などを扱っているが、その量は、生涯で作成された全抜粋ノートの六分の一にもなる。しかしながら、従来の研究においては、これらの抜粋の内容が十分に吟味されることなく、マルクスは宇宙の万物を説明する唯物論を打ち立てるべく、自然科学を研究したと言われてきたのだった[2]。だが、MEGAで刊行されつつある新資料は、そうした哲学的な解釈とは違った理解を要請しているように思われる。それが、「人間と自然の物質代謝の攪乱」としてのエコロジー的問題構成であり、より一般的に言えば、マルクスの「素材の思想」の新展開である[3]。以下では、『資本論』第一巻第一版刊行の翌年である一八六八年に作成された抜粋ノート、とりわけ、ドイツの農学者カール・フラースからの抜粋に着目し、晩期マルクスの理論的関心の所在を明らかにしていきたい[4]。

1　リービッヒからフラースへ

一八六五・六六年に、マルクスは地代論を研究・執筆する過程でユストゥス・フォン・リービッヒ著

『農芸化学』第七版やジェームズ・F・W・ジョンストン著『北アメリカについてのノート』などの農芸化学関連の著作を読み、土地疲弊の問題に大きな関心を持つと同時に、資本主義的農業経営が持続可能性を持たないことを確信するようになっていった。そして、マルクスは『資本論』第一巻「機械と大工業」章の最終節のなかで、この新しい洞察に基づいて、大工業のもとで発展した技術の農業への適用による地力の破壊を「人間と大地の素材代謝」の「攪乱」として概念化したのである（MEGA II/5, 409）その際に、マルクスはリービッヒ『農芸化学』第七版を直接参照し、その「近代的農業の消極的側面の展開」をリービッヒの「不朽の功績の一つ」とみなしたのみならず、「農業の歴史についての彼の歴史的考察も、大きな誤謬を免れていないとはいえ、現代の全経済学者の諸著作を合わせたよりも多くの卓見を含んでいる」と極めて高く評価したのだった（MEGA II/5, 410）［5］。

ところが、フォルグラーフが指摘しているように、一八七二・七三年に刊行された『資本論』第二版では、上述のリービッヒに関する註に微妙な変更が加えられている［6］。そこでは、「現代の全経済学者

［2］Kliem 1970, 482.

［3］佐々木二〇一一、四〇二頁。

［4］マルクスのフラース抜粋は現在のところ未刊行であり、以下ではアムステルダムの国際社会史研究所に保管されている抜粋ノートから直接引用する。これらの抜粋ノートは、MEGA第Ⅳ部第一八巻として刊行される予定であるが、ノートはネット上でも閲覧することができる。https://search.socialhistory.org/Record/ARCH00860　また、より一般的な晩期マルクスのエコロジー問題への取り組みについては、本書所収のフォルグラーフ論文を参照されたい。

［5］そのため、フォスター二〇〇四に代表される先行研究はリービッヒの思想を手掛かりに「マルクスのエコロジー」を明らかにしようとしてきたのだった。

の諸著作を合わせたよりも多くの光明を含んでいる」という表現が削除され、ただ「光明を含んでいる」という控えめな表現に変更されているのである（MEGA II/6, 477）。当然ながら、なぜマルクスはリービッヒ評価の箇所をわざわざ変更し、トーンダウンしたのか、という疑問が浮かんでくる。

なるほど「現代の全経済学者の諸著作を合わせたよりも多くの」という部分の削除はあくまでも些末な表現上の変更にすぎないと考える人もいるかもしれない。つまり、変更は、リービッヒの本来の専門分野である農芸化学における貢献を強調し、「経済学」という――リービッヒが誤りをおかしている――彼の非専門分野での不適切な比較を削除するために行われた表現の修正であったというわけだ。しかし、そのような性急な判断を下す前に、当時、リービッヒ自身が『農芸化学』のなかでアダム・スミスを高く評価し、経済学についての言及を数多く行っていたのみならず、彼の「土地疲弊論」もまた、地代論や人口論との関係で、経済学者たちによって積極的に受容され、経済学への理論的貢献を行ったと評価されていた事実を、まずしっかりと確認しておく必要がある。例えば、ヴィルヘルム・ロッシャーも『国民経済学体系』第二巻『農業および関連する基本産業の国民経済学』第四版（シュトゥットガルト、一八六五）に新たに付け加えた注のなかで、「リービッヒの歴史的主張の多くが非常に疑わしく〔……〕、経済学的に重要ないくつかの事実を見逃しているとしても、それでもこの偉大な自然科学者の名は、アレクサンダー・フンボルトと同様に、国民経済学史上においても名誉ある地位を占め続けるだろう」と述べている[7]。マルクスとロッシャーの類似したリービッヒ評価は、まさに当時の一般的なリービッヒの経済学史上の評価を反映していると言ってよい[8]。そして、リービッヒの近代的農業経営の特殊性についての分析を評価するマルクスの『資本論』第一版における発言は、肥沃な土地から不毛な土地への後退（リカード、マルサス）、あるいはその逆の前進（ケアリ）といった非歴史的で単線的な開墾過程を想定し、近代的農業経営と土地の肥沃度の社会的・経済的関係性を十分に展開しない同時代の経済学者たちに対するマルクスの経済学批判に他ならなかったのである。

マルクスがリービッヒの経済学的評価をより重要な理論的配慮から変更したのではないかという推測は、『資本論』第一巻刊行直後の手紙や抜粋ノートを読むと、信憑性が増してくる。事実、マルクスはリービッヒの『農芸化学』第七版が論争含みであることに早い段階から気がついており、第三巻の印刷原稿を執筆する前には、リービッヒに批判的な立場の著作にも「ある程度までは」親しんでおく必要性を感じていた。こうして、一八六八年一月三日に書かれたエンゲルス宛の手紙で、マルクスは化学者の友人であるカール・ショルレンマーに、農芸化学の最新文献を教えてくれるよう頼んだのだった。

> ショルレンマーに、農芸化学の最新最良の本（ドイツ語のもの）はどれか、聞いてもらえないだろうか？　さらに、鉱物肥料論者と窒素肥料論者とのあいだの論争問題は今どうなっているのか、についても〔……〕。リービッヒの土地疲弊論にたいする反論を書いた近頃のドイツ人たちについて、ショルレンマーはなにか知っていないだろうか？　ミュンヘンの農学者フラース（ミュンヘン大学教

〔6〕 Vollgraf 2012, 461.

〔7〕 Roscher 1865a, 66. Herv. v. Verf.

〔8〕 フォルグラーフによれば、一八六五年に、マルクスはロッシャーの本を頼りに農学を研究しており、ロッシャーの農業に関する記述にある程度の信頼を置いていた。Vollgraf 2012, 454.

> 授）の沖積理論を彼は知っているだろうか？　地代に関する章のために、少なくともある程度までは、この問題の最近の事情を知っておきたいのだ。（MEW 32, 5）

この手紙は、当時のマルクスの問題関心を知るための貴重な手がかりを与えてくれる。まず、マルクスは農芸化学の最新の動向を追うことだけでなく、とりわけリービッヒに関する「論争」や「反論」を勉強しようとしていることがはっきりとわかるだろう。そして、そのような文脈でカール・フラースの名が挙げられている。

リービッヒは「有機化学の父」とも呼ばれ、一九世紀の化学の発展に大きく貢献したが、農芸化学の分野では、当時支配的だった「腐植説〔Humustheorie〕」や「窒素説」に反対し、植物の生長には、水や二酸化炭素や窒素に加え、リン酸、カリウム、カルシウムなどのミネラル類が土壌に欠かすことができないということを説得力ある形で示した。そして、収穫を増大させるためには、ただ腐植土や窒素肥料を投入するだけでは不十分であり、無機物を含めたすべての栄養分を「最低量」以上与えることが肝心であると唱えたのだった（リービッヒの最小律）［9］。この「無機質」類の不可欠な役割に関する洞察は今日まで続く科学的妥当性を有するものの、リービッヒがそこから演繹したテーゼは、すぐに様々な論争と批判を呼び起こすことになった。その一つが「土地疲弊論」である。

リービッヒによれば、産業化による社会的分業の発展と生活様式の変容によって、農産物の大部分が都市の労働者世帯によって消費されるようになっている。ところが、都市で消化された食糧は元の土壌に戻らず、水洗トイレを通って、そのまま河川に流されてしまうため、土壌養分の循環が絶たれてしまう。また、農業生産物や肥料の商品化によって、土地の持続可能性よりも、短期間に土壌成分をできるだけ絞り出し、最大限の利潤をあげることが農業の目的になってしまった。こうした事態を深刻視したリービッヒは、近代的農業が肥料を補充せずに、土地から養分を奪うだけの「掠奪農業〔Raubbau〕」であると批判し、無責任な人間と自然の物質代謝の攪乱が文明を凋落させてしまうと警告したのだった〔10〕。

ヨーロッパ文明の没落を予言するリービッヒの「土地疲弊論」は、当然ながら、激しい論争を生むことになったが、マルクスは論争を追うなかで、「ミュンヘンの農学者フラース」に出会う。今日では、ほとんど忘れ去られている農学者カール・フラースの名前がマルクスのノートに初めて出てくるのは、一八六七年一二月から翌年一月頃に書きとめられた「フラース『農業危機とその治癒手段』」という文献についてのメモ書きである〔11〕。この本からの抜粋は行われていないものの、その後の二ヶ月間で、マルクスは、『農業の歴史』、『農業の本質』、『時間における気候と植物界』と次々にフラースの著作からの抜粋を行っているだけでなく、他の著作についても蔵書が残っており、自家用本への欄外書込みも行っている（MEGA IV/32, Nr.435-437)。

マルクスのフラース評価が極めて高かったことは、一八六八年三月二五日のエンゲルス宛の手紙からもはっきりとわかる。

〔9〕椎名一九七六、第一章。
〔10〕吉田一九八〇、六四頁。
〔11〕Heft 1867/68. IISG, Marx-Engels-Nachlass (im Folgenden: MEN), Sign. B 107, 13.

フラースの『時間における気候と植物界、両者の歴史』（一八四七年）は非常に面白い。というのは、歴史的な時間のなかで気候も植物も変化するということの論証としてだ。〔……〕すなわち、耕作が進むにつれて―その程度に応じて――農民によってあんなに愛好される「湿潤さ」が失われていって（したがってまた植物も南から北に移って）、最後に短草草原の形成が現れる、ということである。耕作の最初の作用は有益だが、結局は森林伐採などによって荒廃させる、うんぬん〔……〕。彼の結論は、耕作は――もしそれが自然発生的に前進していって意識的に支配されないならば、（この意識的な支配にはもちろん彼はブルジョワとして思い至らないのだが）――荒廃を後に残す、ということだ。ペルシアやメソポタミアなど、そしてギリシャのように。したがってまたやはり無意識的な社会主義的傾向だ！〔……〕農業について新しいものを、そして最新のものを、精密に調べる必要がある。自然学派は化学派に対立している。（MEW 32, 52/53）

なるほど、これが唯一のフラースについてのまとまったマルクスの言及である。だが、フラースの理論が「無意識的な社会主義的傾向」を有していると言われているのは、なによりも注目に値する。なぜなら、フラースの著作とマルクスの抜粋ノートを読み較べることで、マルクスがどのような意識的な社会主義的傾向をもっていたかについての手がかりが得られるからである。そして、それは、一八六八年以降のマルクスの自然科学研究に通底する問題意識なはずである。

さらに、「自然学派」と「化学派」の対立についての最後の文章も示唆的である。この対立とは、具体的には、フラースの「沖積理論」と、リービッヒの「鉱物肥料」だけでなく、ローズおよびギルバートの「窒素肥料」も含めた「化学肥料理論」との間で行われた論争を指している。先に引用された一月の手紙では、「窒素肥料」と「鉱物肥料」のどちらがより効果的な肥料であるかをめぐっての対立に関心を持ち、「少なくともある程度までは、この問題の最近の事情を知っておきたい」とマルクスは書いていた。それに対して、自然科学関連の著作を集中的に読み漁った二ヶ月半後の手紙では、マルクスは、「自然学派」と「化学派」という別の対立に着目し、「農業について新しいものを、そして最新のものを、精密に調べる必要がある」と述べ、より本格的に自然科学を研究しなくてはならないことを認めているのである。つまりフラースの著作への取り組みがマルクスの問題関心を拡大しているわけだが、実はフラースは六十年代以降リービッヒ批判の急先鋒であった。それゆえここでのフラースの高評価は『資本論』第一版におけるリービッヒ評価との間に緊張関係を生み出さざるを得なかったのである。

　実際、フラース自身が、窒素肥料論者と鉱物肥料論者による土地疲弊論争のパラダイムを批判しているのであり、マルクスの発言は、次のようなフラースの見解を反映していると考えられる。「そこ〔土地疲弊論〕には、窒素理論と鉱物理論の宥和がある。そもそもどちらの理論も、「発見者たち」によって極端な理論にまで押し進められてしまった。そして、紙の上では、窒素含有量が唯一の肥料評価の基準であるとされ、また、リン酸も同様の目的から論じられている。」〔12〕フラースによれば、窒素理論と鉱物理論は、どちらも窒素やリン酸といった土壌内の特定の物質の不足が土壌の疲弊を引き起こすことばかりを警告し、コストの高い化学肥料を繰り返し大量投入することの合理性を疑うことはなかった〔13〕。

〔12〕 Fraas 1866, 141.

それに対して、フラースの沖積理論は土壌内養分の補充を鉱物類が豊富に含まれた河川の水を耕作地の上で堰き止めることで実現しようとする。つまり、化学肥料に過度に依存しない自然の力を有効活用した、持続可能な農業経営のあり方を模索したのだった。実際、マルクスのノートはフラースの人口沖積のメリットを丁寧に記録している。

以上のように、マルクスはフラースの著作を読み、リービッヒ理論との不整合性にもかかわらず、その理論に一定の妥当性を認めるようになっている。そこで、次節以降では、具体的に、マルクスがフラースから何を学んだのかを、手紙のなかで非常に高く評価されている『時間における気候と植物界』の抜粋ノートと自家用本への欄外書込みを調べることで、検討していきたい[14]。

2 リービッヒの土地疲弊論

『時間における気候と植物界』は、フラースが王宮付属庭園の園長とアテネ大学植物学部の教授としてギリシャに滞在した期間（一八三五～一八四二年）の研究をもとに執筆した作品である。そのなかで、フラースは、長期間にわたるゆっくりとした気候変動と植物相の変化関係性、さらには、そうした変化が人間の生活にもたらす影響についての歴史的考察を展開している。

『時間における気候と植物界』において展開されるフラースの古代文明没落についての説明は、リービッヒ『農芸化学』における同テーマについての記述との対比で興味深い。マルクスは、リービッヒ掠奪農業批判を近代農業経営との連関で扱っており、またリービッヒの歴史的説明は疑わしいというロッシャーの指摘がすでにあったために、該当箇所を抜粋しなかった[15]。それに対して、マルクスの「フラース抜粋」は、前資本主義社会における人間と自然の関係に多大なる関心を払っているのであり、マルクスはフラースの歴史的説明には信頼を置いていたように思われる。そこで、フラースとリービッヒの農業史観を対比するためにも、まずはリービッヒの議論を手短に概観しておこう。

『農芸化学』第七版に加えられた「序論」は、前資本主義社会の歴史的変遷を、掠奪農業がもたらす帰結の自然法則的貫徹という観点から描いている。「諸国民の興隆と没落は一つの同じ法則を持っている。国の肥沃さの条件の掠奪はその没落を規定する」というわけだ[16]。リービッヒは、かつて文明が栄えていた地域が、今日では砂漠になっていることを指摘する。「かつて強大な帝国が栄え、高密度の人口が土壌から食糧と富とを得ていたところの同じの耕地が、今日では耕作に見合うだけの実りをもたらさない。」[17]こうした古代文明の荒廃は戦争や疫病によるものではないとリービッヒは考える。むしろ、「掠奪農業による土地疲弊」が諸国民の没落の「唯一の原因」であり、過剰人口と食糧不足を引き起こす土

[13] というのも、ローズやリービッヒは自ら化学肥料を販売していたのであり、自らの理論の普及は資本主義的な利得の獲得とも密接に関連していた。
[14] マルクスはこの本をとりわけ高く評価し、抜粋を始めた後に、本を購入し、途中からはそこに直接書き込んでいる。以下では、抜粋ノートだけでなく、この欄外書込みにも着目しながら、議論を進めていく。
[15] 先に引用されたロッシャーが「リービッヒの歴史的主張の多くが非常に疑わしし」いと述べている際に念頭に置かれていたのがこの歴史的説明の箇所であった。
[16] Liebig 1862, 110.
[17] Ebenda, 109.

地疲弊の問題こそが文明発展の限界を規定するというのである。

例えば、リービッヒによれば、古代ギリシャでは紀元前七百年頃には、人口の減少と大規模の移住が始まっており、その結果、スパルタの国家は、プラタイアの戦い（紀元前四七九年）の際には八千人の兵士を動員することができたにもかかわらず、アリストテレス（紀元前三八四年～紀元前三二二年）の時代には、戦争に適した成人男性を千人程度しか集めることができない状態になっていたという。さらに、その百五十年後には、ギリシャの土地疲弊はより一層深刻化し、ラコニアにあった百都市のうち、スパルタ以外には、三十程度の町しか残っていなかったと、ストラボンは嘆いている［18］。

古代ローマも土地疲弊のために、同じ運命を辿ったとリービッヒは主張する。大カトー（紀元前二百三十四年～紀元前百四十九年）が『農業論』において語っているのは、収穫高の減少ではなく、ローマの耕地の肥沃さである。しかし、カエサル（紀元前百年～紀元前四十四年）のもとで実施された財産調査では、すでに人口減少が確認されており、アウグストゥス（紀元前六十三～十四年）治下では、ギリシャと同様に、兵役に適した健康な男子が不足するようになり、紀元九年には「トイトブルクの森でウァルス指揮下の小兵団が壊滅したことによって、首都とその支配者が不安と恐怖に陥った」［19］。また、ローマへの穀物輸入は増加の一途をたどり、住民たちは恒常的に物価の高騰と食糧難に苦しんでいたという。

以上のような考察から、リービッヒは次のように結論づける。

ローマが繁栄と強大な権力のあらゆる徴候を外に向かって示している間にも、すでに害虫はローマの生命力の源泉を枯渇させるのに忙しかったのであるが、その害虫は二世紀に渡り、〔現代の〕ヨーロッパ諸国で同じ活動を開始している。〔……〕尊大にも、自らの祭壇を作り、神々として崇められようとした最高権力者の力も、哲学者の知恵も、法学の深い知識も、有能な軍司令官の勇気も、非常に恐ろしい、極めてよく組織された軍隊も、自然法則の作用に抗して、何をすることができたというのか！　すべての偉大さと強大さは、卑小と弱小へと成り下がり、最後には昔の輝きの微光さえも失ってしまったのである！〔20〕

この引用からも明らかなように、リービッヒにとって、土地の肥沃さこそが社会の発展を規定する最終審級であり、土壌から栄養を取り去るだけの掠奪農業は、文明を必ずや没落させる。こうした文明の危機は、近代以降のヨーロッパにおいても、利得のみを追求する資本主義的農業経営として進行中であると、リービッヒは警告する。「補充の法則」の不履行は必然的に食糧不足や絶対的過剰人口を生み出してしまうというリービッヒの予測は、「マルサスの亡霊」を蘇らせ〔21〕、マルクスやロッシャーだけでなく、ヘンリー・チャールズ・ケアリや、オイゲン・デューリングもリービッヒの理論を肯定的に評価しながら、それぞれの経済理論を展開するようになったのだった。また他方では、ユリウス・アウやフリードリヒ・アルベルト・ランゲのように、リービッヒの土地疲弊論が誇張であると批判する論者も現れ、

〔18〕 Ebenda. 96.
〔19〕 Ebenda. 98.
〔20〕 Ebenda. 99.
〔21〕 Dühring 1865, 67.

激しい論争が展開された[22]。先にも述べたように、マルクスは『資本論』を刊行した直後から、リービッヒをめぐる一連の論争を追い始め、フラースの著作に出会うことになる。

3 耕作と気候変動

『時間における気候と植物界』に特徴的なのは、リービッヒの農芸化学的アプローチが土壌養分の化学的構成を重視するのと大きく異なり、植物の生育にとっての最も重要な自然的条件が「気候」であることを強調する点にある。

フラースもまた、かつて文明が栄えた肥沃な地域――ペルシア、メソポタミア、エジプト――が、現在では荒野になっている事実を前に、その原因を解明しようとする。フラースの主張の要点をまとめれば、次のようになるだろう。人間によって自然発生的に営まれる耕作が自然的物質代謝の攪乱を引き起こし、そのことから生じる気候の変化が、砂漠化の原因となる。フラースによれば、植物の生育にとって、気温と湿度の変動が及ぼす影響力は土壌内の化学的養分構成よりも重要である。なぜならば、土壌成分はまずもって植物に養分が供給可能な状態にならねばならないが、岩石が物理的・化学的作用を通じて風化する際には、雨風、湿度、気温などの気候的要素が中心的役割を担うからである[23]。フラースは様々な植物の例を用いながら、長期間にゆっくりと進行する気候変動と植物相の変容度合いが、当時一般に考えられていたものよりも、はるかに大きいことを例証する。その上で、そうした地域的気候条件（気温、湿度、雨量など）の変動が文明没落の危機をもたらすと結論づける。乾燥・気温の上昇、極端な寒暖の変化といった古代文明を襲った気候の変化が、それまで営まれてきた農作物の栽培を徐々に困難なものとし、文明繁栄のための物質的基礎を瓦解させることになるのである。

当時は、まだ一般的には人間の気候に対する影響は過小評価されがちであった。気候の変化は極めてゆっくりと進行していくために、なかなか気がつかれることがなかったのである。だが、フラースは、「植物界」が何世紀にも渡る気候の変化を記録していることに着目し、古典古代の文献を読み漁り、植物相の変化から気候変動のプロセスを描こうとする。しかも、フラースによれば、そうした変化は、農耕を営む文明社会が人間と自然の物質代謝を攪乱した結果なのであり、最終的には人間がみずからの生存条件を脅かすことになる。つまり、フラースの植物学的研究は、人間の気候に対する長期的影響を解明しようとする最初期の研究の一つである［24］。

気候変動がもたらす長期的影響を過小評価してはならないとフラースは繰り返し強調する。なぜなら、人間によって引き起こされる気候条件の変化は、元来自生していた植物の植生にとって不利な形でしか作用せず、しかも、けっして元の状態を回復することができない性格のものだからだ。

［22］当時の論争については、本書所収のフォルグラーフ論文を参照。

［23］Fraas 1857, 11.

［24］フラースが人間の影響を十分に考慮していない作品として挙げているのは、アレクサンダー・フォン・フンボルトの著作である。Vgl. Humboldt 1831. フラースの後に、彼のアプローチに影響を受けた著作としては、ジョージ・パーキンス・マーシュ『人間と自然』が有名である。Marsh 1864, 14. フラースの理論の今日的妥当性については、ラートカウ二〇一二が言及している。

一地方の自然植生の大規模な損傷は、植生の全体的特色に根本的な変化をもたらすのであり、この変化した新しい自然の状態は、その地方と住民にとって、けっして以前ほどに好ましいものではない。さらに、住民自身も新しい自然の状態とともに変化する。そのような地方の自然の状態の大規模な変化が、将来的に様々な影響をもたらさないでいるということは、極めて稀であるし、広域にわたって、多くの地方との連関で生じる場合には、けっして影響なしでは済まない。ましてや、元の状態が回復されることはない。[25]

植生の条件は、気温と湿度によって規定されているため、もし同じ植物が、時代を隔てて、南から北へ、あるいは、平野部から山岳部へとその分布地を移している場合、そのことは平野部の気温が上がり、湿度が低下していることの印となる。もし新しい気候に適応することができなければ、その植物種は地域から消滅することになるし、あるいは、適応できる場合にも、以前よりも少量の水分や栄養分が効率的に吸収できるように、葉を尖らせたり、根を地中深くまで伸ばしたりと、外観上の変化――時には同一種であることがわからなくなるような――を被ることもある。こうした変化も気候の変化を示す重要な手がかりとなるだろう。さらには、新しい気候条件に合わせて、元々は見られなかった植物が他地域から入ってくる。しかしながら、フラースによれば、こうした新しい植物が旧来の植物に完全に取って代わることはない。むしろ、気温が上がり、雨量が減る結果、かつては様々な品種が繁茂していた地域の植生的多様性は徐々に失われ、短草草原（ステップ）が形成されるようになっていく。もちろん、こうした変化はその土地で元来伝統的に営まれていた耕作に対しても、悪影響を及ぼすことになる。

マルクスが先に引用されたエンゲルス宛の手紙で説明しているように、フラースのポイントは、「森林伐採」がここで論じられているような地域の気温と乾燥の上昇の原因となっているということだ。マルクスが自分のノートに抜粋しているのは、例えば、次のような一節である。

一地方における森林伐採は、とりわけ、その地方が非常に乾燥した、砂質の土壌からなり、あるいは、さらに、石灰質の土壌からなる場合には、気温を上げる顕著な原因として数えられる。……土壌の性状が降水量を〔制約するのであり〕、そのことから、ここで言われた気候上の影響が生じるのは自明である。植生に覆われた、つまり、樹木が生い茂った地域は、不毛な地域よりも、湿度をよりしっかりと保ち、太陽光によって熱せられることもより少ない。こうして、樹木が生い茂った地域は降雨もより多く吸収し、それゆえ、その地域自身が涼しいだけでなく、周辺の暑い領域にも爽快な涼しい空気の流れを広める。気温と地表物質の様々な熱伝導力が大気中の蒸気の分散をまったくもって変えるのである。〔26〕

マルクスは、続けて、フンボルトの指摘を書き留めている。「森林がまばらな状態か、あるいは存在しないところでは、必ず、大気の温度と乾燥度が増大する」〔27〕。森林がなくなってしまうと、一地方全体の

〔25〕 Fraas 1847, XII.
〔26〕 Heft 1868-1878. IISG, MEN, Sign B 112, 45/46; Fraas 1847, 10.

気候条件が変わり、さらには、ステップが形成され、小川が細くなり、渓谷は小さくなっていく。こうした変化は、文明にどのような影響をもたらしてきたのだろうか？

4　メソポタミア・エジプトの歴史的事例

マルクスの抜粋ノートは、気温と乾燥の増大がもたらす植物相の変化ならびに文明荒廃の歴史的変遷についてのフラースの具体的叙述を丁寧に追っているが、その要点を簡潔にまとめながら、マルクスの関心を明らかにしていきたい。

メソポタミア文明はチグリス川とユーフラテス川の間に広がっていた肥沃な沖積平野に位置し、数多くの用水路、開渠を整備することで、農業が盛んに営まれていた。だが、フラースによれば、今では、「すっかり荒廃し、荒れ果てており、村落も入植もなく、乾ききった荒涼状態である！　干からびた状態で放置された数え切れないほどの用水路と開渠が張り巡った、非常に肥沃であった沖積土壌を、現在では、硬い繊維質のオカヒジキ属や、ケッパーの蔓、ミモザの藪が覆っている。しかし、そこはかつて「エデンの園」があった場所なのだ。」[28]

フラースは、この荒廃の原因が気候の変化から説明できると述べる。

大規模の気候変動が生じ、それによって植生が変化させられたことを最もはっきりと証明するのは、とりわけ、古代には世界の最も肥沃な地帯であった場所で四方に広がっている短草草原の形成ならびに完全な砂漠への移行である。肥沃なカラケネ王国に特有な、目の粗い、塩を含んだ、洪水の度に砂礫と沈泥に覆われる土壌は、継続的に灌漑されず、泥にも覆われずに、また、〔塩分の〕溶脱も行われなくなるとすぐに、ある特有の変化に晒されるようになる。それは、〔ヨーゼフ・〕ルセガーが描いているように、エジプト・ナイル川の沈泥の分解や、私たち自身が観察できるように、ギリシャの沿岸部で生じている事態に似ている。塩と砂礫が多くなり、短草の植物相が姿を現すようになるのだ。[29]

さらにフラースによれば、アルメニアで、「かつては十ヶ月に及ぶ冬と二ヶ月だけの夏」があったことについての言及があるという[30]。こうして、以前と現在の土地の肥沃さを比較すれば、相当程度の気候変動があったことは疑い得ないと、フラースは推論する。

続いて、マルクスはパレスチナについて若干の抜粋を行い、その後、フラースのエジプトについての説明に注意を払っている。現在では砂漠気候に属するエジプトにおいても、気候と植物世界の大変化があったとフラースは指摘する。エジプトの「多くの耕作植物が南から北へ移動」していることからわか

〔27〕 Ebenda.
〔28〕 Heft 1868-1878. IISG, MEN, Sign B 112, 49; Fraas 1847, 20.
〔29〕 Heft 1868-1878. IISG, MEN, Sign B 112, 49; Fraas 1847, 23.
〔30〕 Fraas 1847, 24.

るのは、「現在の下エジプトの気候（それは上エジプトの気候とまったく異なっている）は、古代には、ずっと南にまで広がっていた」ということである［31］。今日の乾燥の増大や、砂漠化による寒暖の急激な変化は、耕作可能地帯を沿岸地域へと追いやってしまっている。だが、本来、ナイル川中流地域は、「百の門を持つ都市テーベがすでに八千年前に」形成され、「最古の民族文化の所在地」であった［32］。

ナイル川とアトバラ川に挟まれ、ピラミッドや寺院が多く見られるメロエ島の文明は、農作物に恵まれていたのみならず、隊商交易の中心地としても栄えていた。フラースは、ギリシャ人とローマ人によるメロエの生活についての記述をまとめており、マルクスはそれを抜粋している。

メロエは諸民族によって囲まれており、部分的には居住も行われている。古代人（アガタルキデス、ストラボン）の伝えるところによれば、これらの諸民族は、農耕の営みに従事するつもりがない。彼らは、紅海沿岸部のトログロディタイ〔穴居民〕として、また、ペルシア湾南東部でネアルコスが出会ったような、アラビア湾［33］のイクテュオパゴイ〔魚を食う人々〕として、さらには、小麦のパンを汚物とみなす肉食のマクロビオイ〔長命族〕として、要するに、「神々から愛された」古代エチオピアの住人として、われわれによって讃えられている民族である。［34］

しかし、古代ギリシャ人たちが語っているような、実り多い自然の恵みは、メロエ文明の跡地、今日でいえばスーダンに広がる砂漠気候において、もはや見いだすことができない。ここでも、人々の生活が引き起こす気温と乾燥の増大が、文明を荒野へと変えてしまったのである。

植物世界は、適切な気温帯で自生しようとする限り、耕作とともに南から北へと継続的に押しやられていくが、最終的に、自生地域は一層影響力を持つようになる気候構造の要因によってさらに狭められていき、しばしば、植物は絶滅に近い状態へ追いやられてしまう。〔35〕

例えば、哲学者であり、植物学者でもあったテオプラストス（紀元前三七一年～紀元前二八七年）によれば、エジプトではアカシアが生い茂っていたという。しかしながら、気候変動の結果、十九世紀のエジプトではアカシアの発育状態が悪くなっていた。他方で、現在では、エジプトで幅広く観察されるイナゴ豆は、テオプラストスの時代には生育していなかったとされる。

さらに、エジプトにおける植物相の変化を証明するのは、エジプトの農業が綿花栽培に依存するようになっており、「エジプトの輸出の大部分が綿花に行きつ」いた事実だと、フラースは述べる。「綿花を育てることができるのは、冠水しない場所だけである。かつての睡蓮を育てていた沼地に住んでいた人々と、今日の綿花を栽培している農民のなんたる違いだろうか！」〔36〕エジプトが綿花を輸出できるようになったことは、気候条件が変化したとしても、新しい植物相が生い茂ることを意味しているのだろうか？

〔31〕Heft 1868-1878. IISG, MEN, Sign B 112, 51; Fraas 1847, 43.
〔32〕Heft 1868-1878. IISG, MEN, Sign B 112, 52; Fraas 1847, 44.
〔33〕古代では、「アラビア湾」［Sinus Arabicus］は紅海の呼称である。
〔34〕Heft 1868-1878. IISG, MEN, Sign B 112, 52; Fraas 1847, 45.
〔35〕Heft 1868-1878. IISG, MEN, Sign B 112, 52; Fraas 1847, 47.
〔36〕Heft 1868-1878. IISG, MEN, Sign B 112, 53; Fraas 1847, 48.

そして、そのことがエジプト人の生活にとっての慰めとなるだろうか？　フラースによれば、そうした楽観的予測は誤りであり、綿花の栽培さえも、もしこのままの変化が継続するならば、将来的には保証されないという。「水量が減り続け、岸辺が著しくせり上がっていくならば、エジプトの肥沃さが人工灌漑を行うことができる非常に小さい地域に制限されてしまう日が最終的にやってくるだろう。」[37]

5　ギリシャの気候変動

フラースにとって、最も重要な研究材料はギリシャである。というのも、古代ギリシャは今日まで残存する多くの資料を残しているだけでなく、ギリシャの事例は、地理的観点からも、近代以降のヨーロッパ諸国の気候変動を考察する上でも示唆的だからだ。

フラースによれば、ギリシャもまたメソポタミアやエジプトの文明と同様の気候と植物世界の歴史的変容を被っている。フラースの著作は多様な側面からこの問題を扱っているが、「森林伐採」こそがとりわけ重要な原因であり、そのことはマルクスの自家用本への欄外書込みを見てもわかる。フラースが述べているように、文明の生活は、家屋や船舶建設の材料として、また鉄や砂糖を生産する燃料として、例外なく大量の木材を消費する。さらに、ヤギや羊の飼育には拓けた平野がなければならないし、農家もまた藪を燃やして田畑の肥料にするだろう。皮をなめし加工するためには、樹皮や木質部のタンニンが必要である。こうして、文明の発展とともに木材の消費量は確実に増大するのであり、人口造林や既存の森林の維持は困難になっていく。

森林伐採が無計画に行われた結果、古代ギリシャ人が語っている森林は、近代ギリシャにおいて、もはや見ることができなくなっている。ストラボンの証言によれば、「かつてキプロス人は採掘作業によっても、造船によっても、平野部の森林を根こそぎにすることができなかったため、彼らは、一区画の土地を伐採し、耕作したものには誰でも、その土地を自由に使わせたと、エラトステネスは述べている。」〔38〕近代ギリシャの景観はまったく違う状態になっている。「しかしながら、現在ギリシャには、簡単にアクセスできる地域に森林はもはや存在しない。」〔39〕これまで伐採が行われなかったために「森林が生い茂っているのは、より標高の高い山岳部であり、これまで林業が不可能とされ、森林の利用が極めて困難な地域においてだけである。」〔40〕

森林伐採の結果として平野部で乾燥した気候が支配的になるにつれ、土着の植物は山岳部へと追いやられる（もちろん、山岳部の気候条件に適応できる場合のみであるが）。「古代のオーク種のうち、耕作による数多くの攻撃と破壊から生きのびたものは、傷つけられて残った状態ながらも、そのほとんどが、まだ豊かな水が湧き出て、空気もずっと湿っている高い山々の峡谷の日陰へと引っ込んだ。」〔41〕テオプラストスが平野に生育していると述べたオーク、カエデ、トリネコなどは、フラースの時代には、どれも山岳

〔37〕 Ebenda.
〔38〕 Fraas 1847, 63. 強調原文、マルクスによる欄外線。
〔39〕 Ebenda. マルクスによる欄外線。
〔40〕 Ebenda, 65. マルクスによる欄外線。

部へと押しやられてしまっているという。代わりに、平野部では硬い葉、繊毛に覆われ、棘の生えた藪が生い茂るようになっているが、そうした植物はサバナ気候やステップ気候に特徴的な植物相に近いものである。

こうした気候の変化が、古代ギリシャの伝統的農業を困難なものにしていったとフラースは考える。フラースによれば、かつては、緑草で覆われた低地で、大規模な牛の放牧が行われており、小麦や大麦が冬穀・夏穀として植えられ、十分な収穫をもたらしていた。しかし、「そこではいまや、その地域の三分の二が肥料をけっして与えられない土壌の状態で、数多くの雑草から地力を得るだけの整備されていない冬穀に委ねられている。夏の間、耕地は必然的に休閑となる。」[42] こうした気候変動はギリシャの人々の生活に否定的な影響しかもたらさない。というのも、他の作物の栽培が新たに成功するようになるほどの大きな気候と土壌性質の変化が生じるわけではないからである。

以上の描写から、フラースとリービッヒの歴史観の違いは明らかであろう。不合理的な自然との付き合いの結果生じる地力の荒廃は、文明の物質的基礎を崩すという点で、両者の見解は一致している。しかし、その原因は、フラースによれば、「補充の法則」を無視したことによる土壌内のミネラル物質の不足ではなく、森林伐採による地域全体の気候変動なのである。

6　素材的世界の限界としての気候変動

マルクスは労働過程を、労働を媒介とした人間と自然の物質代謝として把握したが、人間の労働は自然を二重に変容させる。一方で、人間は目的を持って自然に関わり、労働対象を様々な生産物へ変容させ、欲求を充足することができる。こうした意識的で目的論的なプロセスは、人間の労働に特徴的なものであるとマルクスは考えていた。だが、他方で、人間は意識的な生産活動を通じて、自然を意図しない形で大きく変容してしまう。それは、耕作と森林伐採が植物相や気候に与える影響を考えれば、明らかだろう。フラースが詳述しているように、労働の結果、耕地は荒れ果て、最終的には文明自体が没落するほどの帰結をもたらしてきたのである。つまり、人間が、単に自然を受動的な道具として扱う場合には、自然の物質代謝が攪乱され、長い歴史的な時間のもとで矛盾が集積されると、最終的には予期せぬ形で人間自身に襲いかかる。フラースは、この危険性をはっきりと警告している。

> 人間は、自分たちが大いに依存している、彼らを取り囲む自然を、みずから様々な形で変容し、しかも、一般に考えられるよりもはるかに大規模に変容する。人間はこの自然そのものを大きく変え

［41］　Ebenda, 63/64. マルクスによる欄外線。
［42］　Ebenda, 96. 強調原文、マルクスによる欄外線。

ることができるが、その結果後になってから、自然は、人間のより高貴で、精神的で、物理的な尊厳を獲得するために必要な手段として機能することをやめてしまい、自然の最高権力という当初の極の反対に位置する、物理的障害という対極に人間を直面させる。しかも、それは克服の希望なき障害である。[43]

自然を道具化して扱う、無意識的にしか制御されていない社会的生産は、生産行為そのものが本質的に依存している自然が、実際には完全に恣意的な操作の対象ではないということを忘れ、生産活動そのものを不可能にする不測の事態を引き起こしてしまう。こうして、文明は「荒廃を後に残」してきたのだった。

さて、マルクスの「経済学批判」との連関、とりわけ「素材〔Stoff〕」と「形態〔Form〕」の絡み合いの分析との関連で、フラースの歴史的研究が興味深いのは、『時間における気候と植物界』が、リービッヒに依拠した「物質代謝論」を越えるような理論的地平を切り拓くように思われるからである。『資本論』のなかで、マルクスがリービッヒ受容を通じて描いていたのは、資本主義的生産が歴史貫通的な人間と自然の物質代謝のあり方を大きく変容するという洞察であった。物質代謝が価値形成的活動としての抽象的人間的労働によって媒介され、生産過程が価値増殖過程の観点から徹底的に変容され、再編成されることから、人間と自然の関わり合いに「亀裂」が生じてくる。価値が「貨幣」として自立化し、「資本」として主体化することで、物象化の論理は社会的・自然的物質代謝を貫き、資本蓄積にとって都合が良いように世界を変容するのである。その際には、社会的欲求の充足や社会的生産の持続可能性といった観点は副次的にしか考慮されないのであり、生産はあくまでも剰余価値生産のために行われる。そのため、こうした生産過程の再編成が、人間と自然の物質代謝を歪め、様々な矛盾を素材的世界において引き起こしてしまうのである。労働は歴史貫通的に人間と自然の物質代謝の媒介項であったが、この労働の資本主義社会における特殊な社会的形態規定が、物質代謝を攪乱する。際限なき価値の追求は、物質代謝に深い「修復不可能な亀裂」を生むのであり（MEGA II/4.2, 753）、その具体的事例こそが、リービッヒの警告した都市と農村の対立に起因する「掠奪農業」と「土地疲弊」の問題だったのだ。

もちろん、『資本論』第二版「大工業」章の議論が示すように、マルクスはリービッヒの「掠奪農業」についての理論を依然として高く評価しているのは間違いない。だが、それにもかかわらず、マルクスが一八六八年以降にフラースを研究し、「化学派」と「自然学派」の対立を知るようになったことの重要性は過小評価されてはならない。そこでは、リービッヒの土壌の化学分析からは見えてこなかった、気候変動という、より大きな矛盾が警告されているのである。その結果、物質代謝の攪乱の問題を、森林伐採、そして他の環境問題との連関で、一層深く研究しなければならないとマルクスが感じるようになったとしてもなんら不思議ではない。

フラースが主に扱っているのは古代文明についてであるが、『時間における気候と植物界』は、近代社会の生産活動が森林伐採を一層早めることを指摘しており、マルクスも一九世紀のヨーロッパ諸国で森林が急速に減少していることについてのフラースの叙述をノートに書き留めている。「今やフランスには

［43］ Ebenda, 59.

以前の森林面積の十二分の一程度の森林しかない。イングランドでは六九の森林のうち、大きい森林は四つだけになっている。イタリアや南西のヨーロッパ半島では、かつては平野でさえもしばしば見られたような立木数は、今となっては、山岳部でさえ見ることができなくなっている。」[44] フラースが予測するヨーロッパの未来は暗い。文明はより多くの木材を必要とするようになるだけでなく、技術の進歩は、増大した需要を充足すべく、以前には利用できなかった森林さえも伐採するようになっていくからである。こうして、長期的には、耕作の一般的な自然的条件は悪化していくことになると、フラースは考える。唯一の対策は、不要な伐採をできるだけ控えることでしかない。本の結論部でフラースは次のように述べている。

> 人工灌漑、多くの新しい耕作植物の導入、耕作方法そのものの変化、人口造林などを用いて、人間は〔気候変動の〕悪弊に力強く抵抗するだろう。しかし、悪弊を完全に取り除くことはけっしてできないし、ましてやその原因を完全に除去することなどできない。文明化して、人口の多い国家は、必然的に自然を傷つける装飾を草原や森林に対して行うことになるし、森林の代わりに耕地を必要とし、沼や湿地を干上がらせ、湿気を保つ泥炭や森林を燃やすことになる。要するに、そうした補完物なしには、国家は現在の国家の姿になることができないのである。しかし自然の状態が有害な影響をもたらしていない限りでは、必要に迫られなければ、こうした自然の状態の変化はけっして企てられるべきでなく、つまり、最も影響力の強い山岳部は、極めて切迫していない限り、伐採されるべきでない。[45]

過度な伐採によって禿山になってしまえば、ヨーロッパ諸国にも多くの有害な影響がでることになるとフラースは警告する。だが、文明生活が大量の木材消費を必要とする以上、自らの主張は受け入れられないだろうと考えていたフラースは、時折、悲観的な一般化を行うのだった。「草原や森林にもっともはっきりと見られる自然の装飾にとっての最大の敵は、商業と産業を伴った耕作である。」[46]

それに対して、マルクスは、フラースと異なり、人間と自然の持続可能な関係性を構築しようとする。それは将来社会において、アソシエイトした生産者たちが、人間と自然の物質代謝を「意識的に制御」することで実現されなくてはならない。しかし、「この意識的な支配にはもちろん彼［フラース］はブルジョワとして思い至らない」。フラースの「ブルジョア」らしさとは、将来社会において解決が要求される資本主義社会の深刻な矛盾を直視しているにもかかわらず、近代社会のエコロジー危機を文明論的に、超歴史的な形で論じる傾向があるということに尽きる。それに対して、マルクス自身は意識的な社会主義的傾向を持って、フラースの古代社会研究のなかに、現代資本主義社会の矛盾が投影されていることを見て取り、その克服を将来社会の実践的課題として措定したのだった。そして、マルクスは、環境問題という疎外の経験から、より持続的な社会的生産と人間の発達を意識的に実現しようとする主体的運動が生じてくる可能性を見定めようとする。

もう一点、フラースとの関連で重要なのは、マルクスがエコロジー危機の問題を単に資本主義が無か

［44］ Heft 1868-1878. IISG, MEN, Sign B 112, 45; Fraas 1847, 7.
［45］ Fraas 1847, 136. 強調原文。
［46］ Ebenda, 68.

ら作り出した問題として見ていないという点である〔47〕。そのようなエコロジー問題の把握は、一面的な経済決定論に陥ってしまうことになるだろう。実際には、フラースが論じているように、人間と自然の物質代謝における緊張関係は、両者の関係が常に無意識的なものにとどまっていた以上、いわば、歴史貫通的に存在しているのであり、その限りで矛盾は素材的なものである。しかしながら、フラースのように文明論に陥ることもまた一面的である。つまり、こうした素材的な緊張関係そのものが、資本主義的生産のもとで生産過程全体が剰余価値生産の観点から再編成されることで、特殊な歴史的規定性を受け取るのである。その結果、素材世界の攪乱はより一層深刻化し、資本主義的生産が拡大するのに伴い、環境問題もグローバルな規模で展開されるようになっていく。

その限りで、技術の発展と生産力の発展が今日引き起こしている環境破壊や自然資源の枯渇は、量だけでなく、質においても、前資本主義社会の状態と異なっている。資本主義社会は、目先に迫っている環境破壊が引き起こすカタストロフィーにもかかわらず、「自然の無償力」をますます使い尽くし、より廉価な商品を大量生産し、消費させることなしには、存続することができない。マルクスの「経済学批判」の方法は、このような社会的生産から生じる素材的世界の攪乱を、資本の論理が引き起こした矛盾として、その歴史的特殊性を把握することにある。ここで重要なのは、単に経済的形態規定の社会性を明らかにするだけでなく、そうした形態規定を素材的世界との関連で把握することがマルクスの問題意識であったということである。そして、この絡み合いの分析のために、経済学の研究と並行して、素材的世界の特質を自然科学への取り組みを通じて学ぼうとしていたのだ。

おわりに

なるほど、一八六八年以降に執筆された『資本論』草稿群において、マルクスはフラースに直接言及していない。しかしながら、フラースの議論を理解することで、マルクスが一八六八年にフリードリヒ・キルヒホーフ『農業経営学提要』(デッサウ、一八五二年)の森林伐採についての記述を読み、『資本論』第二巻第二稿で詳細に引用したことの狙いもわかるだろう。マルクスはキルヒホーフからの長い引用の後に次のようなコメントを挿入している。「文化および産業一般の発達は、昔からきわめて能動的に森林を破壊するものとして実証されてきたが、それに比べれば、この発達が逆に森林の保全および生産のためにしてきたいっさいのことがらはまったく微々たるものである」(MEGA II/11, 203)。ここには同時期に読んでいたフラースの影響が見られる。フラースの議論を考慮すれば、マルクスは社会存続の危機という視点からも、生産時間の問題を捉えようとしていたように思われる。

マルクスとエンゲルスはかつて『共産党宣言』において、資本の文明化作用を強調し、「自然力の征服」の一例として、「数大陸全体の開墾」を挙げていたが(MEW 4, 467)、そのような見解は、マルクスのプロメテウス主義を体現するものとして、繰り返し批判されてきた[48]。だが、マルクスが単純なプ

[47] ラヤ・デュナエフスカヤがジェンダーに関して、同じ点を強調している。彼女によれば、エンゲルスのアプローチは、資本主義における私的所有の成立をジェンダー不平等の起源と同一視するが、マルクスのモルガンからの抜粋ノートには異なった視点があるという。Vgl. Dunayevskaya 1991, 180 f.

ロメテウス主義的立場に止まることはなかったということが、一八六八年の抜粋ノートからもはっきりわかるだろう。さらに、マルクスはフラースを読んだ後にも、様々な自然科学についての文献をより一層熱心に研究し、リービッヒの「掠奪農業」批判を超えるような形で、人間と自然の物質代謝の攪乱の問題を理論的に発展させようと努力したのだった。その際に、マルクスは、単に生産力の上昇を賛美し、人間による自然の絶対的支配の確立を唱えた訳ではなく、人間の自然からの疎外を克服し、「人間が自然との物資代謝を合理的に制御する」こと、つまり、より持続的な生産の実現を一貫して求めていたのである（MEGA II/4.2, 838）。

一八六八年以降の研究にもかかわらず、マルクスは『資本論』を完成させることができず、抜粋の成果を草稿に反映させることもほとんどできなかった。だが、一八六八年のノートには、リービッヒとフラースの論争をきっかけとしたマルクスの問題関心の深化が記録されているだけでなく、一八七〇年代の数多くの抜粋ノートにも、これまで十分に注目されてこなかった「資本主義とエコロジー」という未知の領域がさらに広がっているのである。その解明こそが二一世紀のＭＥＧＡ研究にとっての課題となるだろう。

〔48〕 Löwy 1995, 20.

第二章　マルクスと発展した資本主義的生産における社会の物質代謝の絶え間ない破壊

カール＝エーリッヒ・フォルグラーフ
〔訳〕斎藤幸平

一八六八年から一八八一年の研究によって、マルクスは新たな段階に歩みを進めた。マルクスは、社会的富の源泉である人間の労働力と地力の掠奪的乱用〔Raubbau〕によって社会の物質代謝が絶え間なく破壊されるという問題についての取り組み――この萌芽はすでに『経済学批判要綱』に見いだすことができ、一八六五・六六年以来、マルクスは継続的にこの問題に取り組んでいた――を本格化したのである。このテーマは、資本の再生産過程についてのマルクスの見解が深まるにつれて、より大きな重要性を獲得することになった。支配的生産様式の止揚というマルクスの目標にとって、大量生産へと向かう資本主義的生産の不可逆的発展の趨勢において生じる、この掠奪的乱用の問題こそが事実上の死活問題となり、その重要性が、『資本論』第一巻でその根本的特質が論じられた資本主義的取得様式や、第三部で展開しようとしていた利潤率の傾向的低下といった問題の重要性さえも凌ぐようになったようにみえる。マルクスは長いこと十分には展開されてこなかった確固たる理論的連関に取り組み〔1〕、当時幅広く議論されていた「日常問題」〔2〕を「体系問題」へと高めたのである。以下の論稿は、マルクスの「日常問題」への取り組みが有する方向性を示そうとするにすぎないが、それでも問題は非常に複雑にならざるを得ない。その際には、これまで知られていないマルクスの学問上の遺稿が数多く言及されることになるだろう〔3〕。

以下では、どんなものであれ、表面的なやり方でマルクスの議論をアクチュアルなものにしようとは思っていない。そうしたことは必要ないのである。というのも、マルクスや彼が抜粋した原典は、それ自身で、今も世界中で行われているわれわれの営みを批判しているのだから。

1　掠奪的乱用について――日常問題から体系問題へ

一八六五・六六年に第三部「地代論」章を執筆した際、マルクスは「社会的な物質代謝と自然的な、土地の自然法則によって規定された物質代謝の連関」のなかに「修復不可能な亀裂」があることを認めた。農業の資本主義的経営が地力を「荒廃させ」、それによって「諸国民の生命力の再生のための予備元本」を破壊する、と第三部第一稿において述べられている（MEGA II/4.2, 753）。資本主義的生産様式の精神は利得を手早く獲得することを目指しており、したがって、作物の作付けや植替えは市場の価格に左右される。「合理的」農業にとっての決定的な障害は、短期間の借地契約であるとマルクスは述べている。というのも、借地農が土地の改良に投資するのは、その出資が借地期間中に戻ってくる場合だけだからだ。マルクスによれば、農業をそのような私的生産者の短期的な利害関心に委ねてはならず、むしろ農業は責任感をもって、連綿とつながる何世代もの人間の恒常的な生活条件を管理しなくてはならない（MEGA II/4.2, 670-673）。一年後の一八六六・六七年に第一巻の印刷原稿を仕上げた時、マルクスは、これらのテーゼを、第三部の原稿が出版可能な状態になるのを待たずに、あらかじめ第一巻に組み込んでおくことが適当だと考えるようになっていた。

『一八六一－一八六三年草稿』以来、明確ではあるものの、例証に乏しかった〔経済学批判の〕「構成」を変更させ、マルクスに先を急がせたものはなんだったのであろうか？　変更はけっして論理・構造的あるいは理論発生的配慮からなされたのではなく、むしろ当時行われていた学問的論争を理由とするものであった。つまり、変更はユストゥス・フォン・リービッヒによって火蓋が切られた一八六〇年代初頭の土地疲弊論争によるものである。なるほど、産業化の趨勢における自然の乱用は――それは、極めて重要な建築資材かつ燃料としての木材を獲得するための森林伐採に、最もはっきりと見て取ることができる――一八世紀初頭以来、繰り返し批判されてきた。しかしながら、そうした批判はまとまったものではなく、散発的なものにすぎなかった。該当する文献を挙げるなら、ザクセンの鉱山監督局長であっ

〔1〕それゆえ、一八四四年の夏に、マルクスはエンゲルスの『国民経済学批判大綱』との関連で、「土地と人間の分離」という表現を書き留めていたが（MEGA IV/2, 486）、その時とは状況が根本的に異なっている。
〔2〕Schumacher 1866, III.
〔3〕私のMEGA II/4.3への「序文」四五三～四六一頁も参照されたい。

たハンス・カール・フォン・カルロヴィッツが森林の「持続可能な使用」を求めていたし〔4〕、また森林学者であるゲオルク・ルードヴィヒ・ハルティッヒは現存する立木数を正確に査定しようと努めた〔5〕。農学者のアルブレヒト・ダニエル・テーアは合理的農業を「持続可能で」、継続的な利得獲得という意味で提唱した〔6〕。また農場経営者で、農学者のヨハン・ハインリッヒ・チューネンは一八二六年以来、持続可能な農業と林業の必要性を訴えていたのであり、そのための経営決定を最適化するために、差額地代計算を用いたのだった〔7〕。さらに、社会主義者シャルル・フーリエは規制なき森林伐採を批判したが、それはそうした森林伐採が地崩れ、気候変動、ならびに土壌の水分状況の変化を引き起こすからであった。自然との野蛮な付き合いは将来世代にとっての負担になるとフーリエは述べている〔8〕。

それに対して、一八六〇年代には有限な資源や再利用可能な資源の利用の問題が英語圏やドイツ語圏における社会分析の文献のなかで、集約的かつ継続的に議題に上がるようになっていった。博学多識なアメリカのジョージ・パーキンス・マーシュは、森林伐採が進行した地中海沿岸諸国を旅し、その経験をもとにして、一八六四年に『人間と自然』を刊行した。そのなかでマーシュは、人類は自然資源の掠奪的乱用のために自らの生存基盤を失うと強く警告した〔9〕。影響力あるドイツの経済学者であったヴィルヘルム・ロッシャーは、一八六五年に刊行された『農業の国民経済学』において、農業だけでなく、畜産業、漁業ならびに林業においても持続可能性の観点が不可欠であると述べた〔10〕。ベルリンの若き私講師オイゲン・デューリングは自然と社会の全体的考察を目標として掲げていたが、リービッヒを数多くのドイツ人批判者たちに対して擁護し〔11〕、一八六六年には次のように述べた。「限界のない自然の貯え」は存在せず、「また限界のない自然の遂行能力も」存在しないのであり、「あらゆる機能や量は時間と限度によって制約されている」。いまや土地疲弊の問題はアメリカだけでなく、ヨーロッパでも感じられるようになっているという。それは「国民の生存を根幹から」脅かす。こうして、デューリングは持続的で「意識的な物質分配の規制」を訴えた。広く知られたアメリカの経済学者で、出版業を営んでいたヘンリー・チャールズ・ケアリの「土地疲弊と掠奪耕作の回避を国民経済学政策の構成部分に含める」[12]という要求を、デューリングは支持したのである。

同一八六六年に、イングランド議会は、経済学者ウィリアム・スタンリー・ジェヴォンズの陰鬱な予言に驚いて、「石炭問題」を議論していた。ジェヴォンズによれば、イングランドの石炭埋蔵量は、急速な産業発展が続くなら枯渇するかもしれないというのである。ジェヴォンズは『石炭問題』という一八六五年に刊行されたパンフレットのなかで、リービッヒが資源利用を節制するよう注意を喚起したことに、繰り返し言及している[13]。議会の議論は、イングランドの産業覇権が米国に取って代わられるの

[4] Carlowitz 1713.
[5] Hartig 1795. ハルティッヒとマルクスについては、注21も参照。
[6] Thaer 1809-1812.
[7] Thünen 1826, 1863. チューネンはとりわけ、差額地代計算を用いて、森林伐採の最良なタイミングを確定しようと試みたのだった。
[8] Fourier 1841. 478.
[9] Marsch 1864.
[10] Roscher 1865b, 45, 179, 502 o. 562.
[11] Dühring 1865, XV.
[12] Dühring 1866, 196, 230/231.

ではないかという政治的懸念に結びついていた。というのも米国はずっと埋蔵量が多く、生産的で、地表に近い炭鉱を数多く有していたからである〔14〕。

私経営的な商取引は資源問題と環境問題を不可避に引き起こすというのが、これらの言説の中心的テーゼであったが、森林保護法の制定のような国家措置によって土地所有の自由な利用を制限するなら、それは支配的な自由主義的経済理論と対立することとなった。

マルクスは論争の主要人物たちを知っていた。一八六五・六六年にマルクスはリービッヒの諸著作や、その賛同者ならびに批判者の著作を抜粋している。マーシュの本はマルクスが定期的に読んでいた雑誌や〔15〕、マルクスがよく知っていた批評家たちによって論じられていた〔16〕。マルクスはロッシャー著『国民経済学体系』の新版が出るたびに手に入れようとしていたが、それはロッシャーの本が議論を手際よく整理し、毎回最新の資料を多く含んでいたからである。一八六八年初頭からはデューリングの著作を丁寧に読んだ。デューリングは『資本論』第一巻の書評を初めて書いた人物であった。『タイムズ』や『エコノミスト』を注意深く読んでいたマルクスがイングランド議会の〔石炭問題についての〕論争を知らなかったはずがない。労働の生産性と利潤率が傾向的に低下する要因に「森林、炭坑、鉱山などの枯渇」が含まれるとマルクスは一八六五年の第三部第一稿で書いていたが (MEGA II/4.2, 334)、そのことが論争によって確証されたと感じるようになっていた。

こうしてマルクスは直近の最良の機会、つまり『資本論』第一巻において論争に介入するのに十分な理由を見出すようになっていた。もちろん、リービッヒにおいてすでにそうであったように、持続可能性の問題はマルクスにとって、はじめから二つの側面を持っていた。つまり、地力の持続可能性と人間の労働力の持続可能性という側面である。逆の言い方をすれば、生産力の疲弊は土地疲弊だけでなく、人間の疲弊にも重大な損害を与えるのである。マルクスが一八六七年に第一巻で警告しているように、「同じ盲目的な掠奪欲は、一方の場合に土地を疲弊させる」が、労働力を際限なく吸い尽くすことで、「国民の生命力の根幹」あるいは「人民の生命源」も襲う (MEGA II/5, 184/185, 211)。資本家は労働力を最大限に流動化させるという目的を、それは「貪欲な農業経営者が土地の豊度を略奪することで収穫を増大させるように、労働力の寿命を短縮することで」達成する。資本主義的生産は「労働力そのもののあまりにも早い消耗と死」をもたらす (208)。

マルクスは、作業場に押し込まれた女性や児童の肉体的・道徳的消耗の事例を通じて、労働力の掠奪的乱用——「人間破壊」(MEGA II/5, 389) ——を多面的に描写している。その際、マルクスは児童労働と公衆衛生についてのイングランド議会の最新の報告書を用いている。そこでの息の詰まるような描写を考慮するなら、エンゲルスが第一巻の補遺として資本主義的な「人間屠殺産業」について書けばよいという一八六六年のマルクスの提案はあまり真剣に考えられていたわけではないだろう (MEW 31, 234)

〔13〕Jevons 1865, 105. マルクスはジェヴォンズのパンフレットのタイトルをノートに書き留め、購入を意図してバツ印をつけていた(IISG, Marx-Engels-Nachlass (以下、MEN), Sign. B 128, 2)。同様のメモは一八七七・七八年のノートにも見られる(IISG, MEN, Sign. B 148, 88)。

〔14〕Siehe "The duration of our supply of coal", 1866.

〔15〕例えば、Watkinson, Barber, and Telford 1867, 245/46.

〔16〕Schleiden 1870.

〔17〕マルクスは資料に語らせ、自分自身は簡潔、かつ冷笑的にコメントしている。もちろん、何十ページにわたる記録について、マルクス自身による要約があればなおよかっただろう。

[17]。エンゲルスがさらにどのような色彩を付け加えることができたというのだろうか？　一八六二年にリービッヒは肉体的・社会的影響による身体上の変形、そして、それに起因する新兵の体格や能力の減衰を嘆いているが、そうした事実にさえもマルクスはすでに言及していたのである（MEGA II/5, 185）。もちろん、マルクスと同時期には次のような発言もなされていた。一八六七年にドイツの社会経済学者であるアルベルト・シェフレも、児童労働の酷使を「次世代の人類の労働力を犠牲にした掠奪的乱用」とみなしていたのである[18]。

マルクスによれば、都市の工業と同様、近代農業においても「労働の生産力の上昇と流動化の増大とが、労働力そのものの荒廃と衰弱によってあがなわれる。そして、資本主義的農業のあらゆる進歩は、単に労働者から掠奪する技術における進歩であるだけでなく、同時に土地から掠奪する技術における進歩でもあり、一定期間にわたって土地の豊度を増大させるためのあらゆる進歩は、同時に、この豊度の持続的源泉を破壊するための進歩である」。マルクスの大まかな定式化によれば、一国の発展（ここでは北アメリカの例が挙げられている）が大工業から出発するほど、その破壊過程はより早く進行する。リービッヒの不滅の功績は近代農業の否定的側面を自然科学の立場から浮き彫りにしたことにある。ロッシャーが論争含みの歴史的典拠についてリービッヒを批判したことには言及せず[19]、マルクスは次のようにリービッヒを熱狂的に称賛した。「農業史にかんする彼の歴史上の概観も、粗雑な誤りがないわけではないが、現代のあらゆる経済学者の諸著作よりも多くの光明を含んでいる」（MEGA II/5, 410）。

2　掠奪農業批判についての文献研究

ところが、マルクスはリービッヒを参照したことについて、すぐに自信を失ってしまう。一八六八年三月二十五日付のエンゲルス宛の手紙では、「農業について最近のものや最新のものを正確に調べる必要がある。自然学派は化学派に対立している」とマルクスは述べている（MEW 32, 53、強調引用者）。一八六八年以降、マルクスは利用可能な目録の中から、あらゆる部門における掠奪的乱用〔Raubbau〕、つまりもっぱら利潤を目的とした自然資源の利用を取り扱う文献を探し回った。一八七五・七六年の研究ノート（IISG, MEN Sign B. 139）の文献一覧に整理されている数多くの本のなかには――タイトルを見ただけで、それらの本が掠奪耕作〔Raubbau〕のテーマを扱っていることがわかるために、マルクスはタイトルをノートに書き留めたのだ――以下のものが含まれている。アドルフ・マイヤー『肥料資本と掠奪耕作』（ハイデルベルク、一八六九年）〔20〕、クレメント・マンデルブリュー『土地疲弊と地力補償についての計算表』（ライプツィヒ、一八七〇年）、ヨハネス・コンラート『土地疲弊に関するリービッヒの見解とその歴史

〔18〕Schäffle 1867, 77.

〔19〕Vollgraf 2008, 105–108. を参照せよ。――またVollgraf 2012, 457/458も参照。

〔20〕Heft, 1875/76, IISG, MEN, Sign. B 139を見よ。農芸化学者マイヤー（一八四三～一九四二）が示そうとしたのは、合理的肥料は収穫によって奪われたミネラル物質をすべて補充しなくてはならないというリービッヒの要求が実現不可能であるということであった。この点について、マイヤーはユリウス・アウによる同様のリービッヒ批判に賛同し、フーゴー・ラスパイレスによる反論の妥当性に異議を唱えている。

的、統計的、国民経済学的基礎付けの批判的考察』(イェナ、一八六四年)、ヴィルヘルム・シューマッハー『耕作における疲弊と補充』(ベルリン、一八六六年)、そして、フリードリヒ・トーン『リービッヒの地力衰退と手洗問題』(カッセル、ゲッティンゲン、一八六六年)。

イングランドの飼育家ロバート・ベイクウェルによる羊の品種である「ニューレスター」は畜殺可能な状態に育つまでの時間が短い。それについての第二部第二稿のマルクスのコメントを読むだけであれば、畜産における飼育の成功はマルクスに感銘を与えているように思われる。ただし、マルクスは利益があがるという理由で意識的に行われている羊への否定的影響についても関心を持っている。同じ第二稿でマルクスは、ベイクウェルの羊肉について「生存に必要なだけの骨しかない」とコメントしている(MEGA II/11, 189)。また、羊の飼育において、羊毛を最大限に増やすことだけが過度に追求されるなら、羊の体格は衰えてしまう。定評あるベルリンの動物飼育学者ヘルマン・ゼッテガストは、北ドイツにおける牧羊の競争能力改善についての著作のなかでこのことを論証しており、マルクスは自家用本の該当箇所に赤線を引いている(MEGA IV/32, Nr. 1231)。

マルクスが第二稿の「資本の回転」で述べているように、飼料に対する支払義務とその市場価格の高騰は、小規模の農業経営者に「経済的標準年齢」に達する前の動物を畜殺することをしばしば強制する。この点について、マルクスはイギリスの農学者ウィリアム・ウォルター・グッド著『政治、農業、商業上の誤謬』(ロンドン、一八六六年)の自家用本から引用している。

このような理由から、農業は経済学諸原則によって規制されることを思い出すならば、以前は飼育のために酪農地帯から南部に送られてきた子牛が、いまやバーミンガム、マンチェスター、リヴァプールや他の近郊の大きな町の屠殺場において、生後一週間や一〇日で大量に生贄にされる。〔……〕子牛を飼育するように助言されると、これらの小農場経営者らはこう言うだろう。「乳で飼育することが割に合うのはよくわかっている。だが、そのためにはまずわれわれの財布に手をつけなければならないが、それができない。そして、酪農ですぐに金を回収するかわりに、金を回収するまでに長いこと待たなければならない。」(MEGA II/11, 188)

マルクスが掠奪耕作についての研究と同時進行で執筆した『資本論』第二部・第三部の草稿テキストはより抽象的な次元にとどまっており、新たに集められた経験的な題材を扱う資料との関連を見出すのは容易ではない。しかし、[第二部]第二稿の「資本の回転」に関しては事情が異なる。そこでは、たったいま言及された文章に加えて、ザクセンの農業経済学者であるフリードリヒ・キルヒホーフ著『農業経営学提要』からいくつもの抜粋が行われているのだ。マルクスがとりわけ関心を寄せているのは、持続可能な木材生産が必要とする条件が、利得に関心を寄せる「私経営の計画」どころか、しばしば「人間の生涯」という範囲さえも超えるというキルヒホーフの説明である。一八六八年にマルクスは『農業経営学提要』の自家用本の該当箇所に印をつけ(MEGA IV/32, Nr. 673)、その後、それを第二稿で用いた(MEGA II/11, 203)。第二稿第二章で、マルクスは長期の生産時間とそれに対応する形で引き伸ばされた資本の回転期間の諸事例を扱っている。マルクスによれば、森林の輪伐期——いくつかの木材種は伐採まで百五十年ほどかかるとキルヒホーフは述べている——は、林業を「不利な私経営部門に、それゆえまた不利な資本主義的経営部門にする。この資本主義的経営部門は（たとえ個々の資本家に代わってアソシエイトした資本家が現われても）、本質的に私経営である。」マルクスはまとめとして、数百年にわたる乱用を次のように批判している。「文化および産業一般の発達は、昔からきわめて能動的に森林を破壊するものとして実証されてきたが、それに比べれば、この発達が逆に森林の保全および生産のためにしてきたいっさいのことがらはまったく微々たるものである」（MEGA II/11, 203）〔21〕。ここで言及し忘れてはならないのは、第二部第二稿において、マルクスはキルヒホーフの発言も資本主義的掠奪耕作による異常な退化の問題として把握しており、第三部でも農業生産の投機と絡めてこの問題に戻ってくるつもりであった、ということである（MEGA II/11, 215/216）。

掠奪耕作のテーマは『資本論』第一巻第二版にも影響を与えている。スコットランドの高地でもっとも肥沃な地域が、〔狩猟という〕時間がかからず、費用もほとんどかからない利潤獲得のために、野生の森林へと変えられ、荒れたままの状態になっている事実についての最新の典拠をマルクスはいくつもの注で付け加えている（MEGA II/6, 658–660）。マルクスは第三部の「地代」についての考察でこの問題に帰ってくると予告している（643, Fn. 118a）。この段落が、例えば第一巻第三版で、もう一度訂正されることがあったとしたら、マルクスは長年「連れ添った」ロッシャーを証人として参照していたかもしれない。マルクスは『農業および関連する基本産業の国民経済学』第七版（シュトゥットガルト、一八七三年）の自家用本において、次のようなロッシャーの言明に線を引いている。すなわち、フランスでは購入後直ちに森林を開墾する権利が承認されるやいなや、国有森林の販売収益が三〇％高くなった、という言明である。マルクスがロッシャーの本に印をつけているのは一貫して、粗放的・集約的林業の問題に関するものであるが（600–634）、とりわけロッシャーが挙げている資料に印をつけている。そこでは本稿で言及された論者が何人も含まれており、フォン・カルロヴィッツ、ハルティッヒ、ベルンハルト、コッタ、フラース、マウラー、農学者で、『農業新聞』のオーナーであったヴィルヘルム・ハム――マルクスはハムのことを一八六五年以来知っていた――、そしてもちろん、この問題に精通したベルリンのプロイセン統計局所長エルンスト・エンゲルが含まれている。

3　私経営によって持続可能性は保証されない

先に言及された人々の専門を見ると、経済と自然の両義的関係の分析がすでにこの時代に議論されていただけでなく、すでに学際的なプロジェクトになっていたということが、もしかしたら大きな驚きをもって受け止められるかもしれない。しかも、ここではたんなる批判的な記録ではなく、社会の自然的、経済的、社会的基礎の維持に関する将来構想が問題となっているのだ。どのような選択肢、計画、戦略があるのだろうか？

情熱と立場によって差があるものの、このテーマに取り組む論者たちは、経済・政治的行動の必要性を構造的変革までも視野に入れて考えていた。一八六〇・七〇年代には、私経営によって持続可能性を

［21］　マルクスはHartig 1871やCotta 1872を所有していた（MEGA IV/32, Nr. 540 und 256.）。

実現することができないという確信はほぼ一般的なものになっていた。持続可能性と「短期的利害」はほとんど統合不可能なものとして考えられていたのである。もちろん、そうした事態に注意を促し、警告する作品は数多く存在する。だが、競争という条件下で持続可能性を規範的な企業倫理として求めることは、多くの人々にとって単なる空想としてしか映らなかった。どのようにして個々の資本家が、自分が持続可能に経営しているかどうかを判断すべきだというのか？　一八六七年にシェフレは次のような疑問を投げかけている。山腹の森林を破壊することで高い利潤が見込めるという時に、いかなる起業家が数十年先の気候、木材需要、渓谷での耕作のことを考えて、〔機会を逃せば〕「すぐに失われてしまう私的利害」を我慢するというのだろうか？　便宜を計られるべき世代がまだまったく存在していないのに、誰が資本家の寛大さに対する支払いをしてくれるのか？　「国家による共同経営」だけが「何世紀にもわたる持続可能性な欲求」を満たすことができると、シェフレは確信していた〔22〕。他の論者は、将来の必要とされるものを認識し、適切な措置を取ることのできる学問的教養をもった職員を揃えられるのは国家だけだ、と述べている〔23〕。マルクス自身は一八六五年の第三部第一稿において、森林は国家によって管理された場合のみ「ときおり全体の利益にいくらか沿うように経営される」と書いている(MEGA II/4.2, 670)。〔社会にとっては〕必要でありながらも、私経営では利益があがらないか、制御不能であろう分野に対する国家の共同経営的役割をめぐる当時の論争の一つとして、森林破壊についての議論が行われていたのである。

　一連の論者たちは小規模の共同経営を支持している。マーシュによれば、おそらく村落共同体によって自然は最もよく利用され、保護され、維持されるという。掠奪耕作を防ぐための耕作共同体の理念は、哲学者フリードリヒ・アルベルト・ランゲや農学者カール・ニコラウス・フラースの一八六六年の著作に見出せる〔24〕。マルクスは両著作に熱心に取り組んだ。実際、マルクスがランゲから抜粋した段落の多くが土地疲弊を扱うものである（MEN, Sign B. 107, 31-37）。マルクスはフラースのことを、リービッヒやジョンストンのように（MEGA II/4.2, 670）、資本によって強いられた土地破壊についての自然科学の証人と呼んでいる。

一八六八年三月二五日のエンゲルス宛の手紙のなかで、過度の耕作の結果生じた南ヨーロッパの植物の破壊について論じたフラースの『時間における気候と植物界』に関連して、マルクスは以下のように述べている。「結論は、耕作は――もしそれが自然発生的に前進していって意識的に支配されないならば、（この意識的な支配にはもちろん彼はブルジョアとして思い至らないのだが）――荒廃をあとに残すということだ。〔……〕したがってまたやはり無意識的に社会主義的な傾向だ！」マルクスはフラースの普遍的な専門知識や活動範囲の幅広さに感銘を受けており、フラースをたんなる弁護論者とみなしていない。「最初は医学ドクトルで、それから化学や技術学の視学官で教師だ。今ではバイエルンの獣医関係の機関の長官で、大学教授、国立農業実験所の長官、などだ。〔……〕たびたびギリシャや小アジアやエジプトを歩き回った！　彼の農業の歴史も重要だ。フーリエのことをこの「敬虔で人道的な社会主義者」と呼んで

〔22〕Schäffle 1867, 376.

〔23〕Walz 1870, S. 71. マルクスは自家用本において（MEGA IV/32, Nr. 1400）、七十一頁のうち六一頁にわたる諸段落に線を引いており、そのなかには言及された段落も含まれている。

〔24〕Siehe Lange 1866, 191; Fraas 1866, 210/211.

いる。」(MEW 32, 53)。

一八六八年にマルクスはフラースから刺激を受けて〔25〕、ゲオルク・ルードヴィヒ・フォン・マウラーの著作に取り組み、抜粋を行ったということを示す証拠もある〔26〕。というのも、フラースは法歴史家であるマウラーを非常に高く評価しており、マウラーによって、初期のゲルマンの村落形成が常に地力向上の必然性の法則に従っていたことが明らかにされたと述べているからだ〔27〕。後にマルクスは、ロシアや南スラブの村落共同体をまさにこうした観点から考察しているのであり、このことは一八八一年二月から三月にかけて書かれたヴェラ・ザスーリチ宛の手紙のための四通の下書きに注目に値する新たな光を当てる（MEGA I/25, 217–242)。

マーシュやフラース同様、マルクスもまた農村的共同経営にオルタナティヴを見ていたが、ただしそれは資本主義的生産様式の彼岸においてである。そこでは、マルクスにはすべてが単純になるように思われた。一八六八・六九年の第二部第二稿のなかで「造林」という見出しのもとで述べられているように、「共同生産」においては、経済的収益性の問題も資本とともに消失するという（MEGA II/11, 203)。収益性への強制をまったく欠いた経営形態？　長いことマルクスはこうした考えに——時折そうした考えが思い浮かんだとしても——満足しなかった。しっかり確認しておくべきことは、マルクスがこの箇所で〔諸個人が〕バラバラになった社会ではなく、経営共同体が意志決定を行うと述べている事実である。

一八七〇年代に入ってからも、マルクスはこのテーマに着目している。例えば、一八七五・七六年に、マルクスは研究ノートの一冊に『林業と森林保護』（ベルリン、一八六九年）というタイトルを書き留めている（MEN, Sign. B 139, 2)。後にマルクスはこの本を入手し、多くの欄外書き込みからわかるように、全体にわたって丁寧に研究した（MEGA IV/32, Nr. 120）[28]。著者であるプロイセンの上級営林官アウグスト・ベルンハルトもまた、森林経営共同体の理念を擁護していた。ベルンハルトと同様に公務員で、バイエルンの山林監督補佐をしていたエドゥナルト・ネイによる警告書である『森林の自然的使命と落葉の効用。教養人への警告』（デュルクハイム、一八六九年）もマルクスは共感を持って読んだ。その一九三〜二二〇頁には、マルクスの欄外書き込みがある。それらは、森林の気候に対する影響や、広域の保水のための森林の落葉と腐葉土層の重要性に関するものである[29]。中部ライン地方の平野部分やマルクスがしばしば訪れていた療養地バート・クロイツナハをもとに、ネイが議論を展開したということは、ネイの著作に対するマルクスの関心を強めたかもしれない。ネイの結論は「労働者が貧しければ貧しいほど、森林もまた貧しくなる」というものであった[30]。この結論は、マルクスに一八四〇年代初頭の木材窃盗法をめぐるライン地方の論争、したがって、一八四三年にたどたどしく経済問題に取り組み始め

[25] エンゲルスもまたフラース、とりわけ『時間における気候と植物界』に取り組んだことに言及しておくべきだろう。一八七九年の抜粋でエンゲルスは次の点に着目した。フラースは歴史を敵対的な過程として把握しており、旧来の過程においては、土地は疲弊し、森林は荒れ、土壌は豊度を失い、気候は悪化した。ドイツとイタリアでは、五〜六度の温暖化が進行したという（MEGA IV/31, 512-515）。

[26] Heft 1868, IISG, MEN, Sign. B 111, 116–140 und 144–162; Heft 1868/78, ebenda, Sign B 112, S. 5–21.

[27] Fraas 1866, 209.

[28] 欄外書き込みは、とりわけフランスの森林荒廃に関するものである。

[29] MEGA^2 IV/32, Nr. 948. ネイによれば、農業が森林の落葉を利用してしまうことは、森林土壌を世代ごとに悪化させ、最終的には、土壌を疲弊させることを意味する(53, 102)。落葉を取り去ることは森林伐採と同義である(184)。今の林業は略奪耕作であると、ネイはリービッヒを批判してもいる(136)。

[30] Ebed., 203.

た理由を思い出させただろう。

マルクスは二次被害にも注意を払っている。別の本のなかでは、著者が森林、木々、藪の伐採によって動物相が甚だしく被害を受けているのを嘆いている箇所に、マルクスは印を付けている。農家にとって害虫との戦いに欠かすことのできない鳥、爬虫類、その他の援助者たちの生存条件が、森林伐採によって失われていくのである[31]。

4 疲弊に抗する要因の研究

ロッシャーは『農業の国民経済学』において木材の節約と木材の代用品を使用する可能性に注意を促している。第三部第一稿で食料代用品の問題にまで取り組んでいたマルクスは、いくつかの箇所に印をつけている。それらは、第三部の費用価格、あるいは不変資本の節約についての考察で役立っただろう。MEGA第Ⅱ部第四巻第三分冊で初めて刊行された一八六七・六八年のテキストのなかで、マルクスは繰り返し、農業と採取産業における生産条件の悪化をほのめかしている。かつて執筆した第三部第一稿のように、剰余価値率ならびに利潤率の展開について論及する際に、「農業や採取産業などでいくつかの場合にみられる生産性の減少する自然的条件」の結果として、原料価格が高騰する事例をマルクスは計算しているのだ（MEGA2 II/4.3: 80.）。

もちろん、マルクスは一八七〇年代に、この想定が正しいかどうかを繰り返し新たに精査した。目を引くのは、農業生産についてマルクスがノートにメモし、手に入れ、読み、抜粋した著書が広範囲におよび、多様であることだ。農業一般についてのいくつもの教科書〔32〕、農業史や各国ごとの特徴についての研究〔33〕、農学や森林学の発展〔34〕、農民による共同占有〔35〕、肥料産業の急速な発展をもたらした農芸化学〔36〕、〔リービッヒの〕土地疲弊論に賛成ないし反対する論争書〔37〕、地代論の歴史〔38〕、「合理的」で、土壌に合わせた、持続可能な有用植物や飼料植物の栽培〔39〕、新しい有用植物や用畜の栽培・

〔31〕 Siehe Hagedorn 1873, RGASPI Sign. f. 1, op. 1, d. 6430, 55. 自家用本についてはMEGA IV/32, Nr. 530. この本のタイトルは一八七五・七六年のノートに赤のバツ印とともに書き留められている。MEN, Sign. B 139, 7.

〔32〕 Krafft 1875. (Siehe Heft, 1875/76, IISG, MEN, Sign. B 139, [0].) Sucker 1872. (Siehe ebenda, 19. Titel rot durchgestrichen.) Wagner 1874. (Siehe ebenda.)

〔33〕 Rodbertus 1865/1867. (Siehe Heft, 1875/76, IISG, MEN, Sign. B 139, [0].) Hennings 1869. (Siehe ebenda, 1. Titel rot durchgestrichen.) Lavergne 1877. (Siehe ebenda, 39.)

〔34〕 Fraas 1865. (Siehe Heft, 1875/76, IISG, MEN, Sign. B 139, 32.)

〔35〕 Nasse 1869. (Siehe Heft, 1875/76, IISG, MEN, Sign. B 139, 32.) Keussler 1876. (Siehe ebenda, 148.) (Siehe MEGA IV/32, 66. Fn. 143.)

〔36〕 Au 1869. (Siehe Heft, 1875/76, IISG, MEN, Sign. B 139, 12. Titel rot durchgestrichen.) In Marx' Handexemplar (413 S.) nahezu auf allen Seiten Marginalien. (Siehe MEGA IV/32. Nr. 42.) Mayer 1871. (Siehe Heft 1875/76, IISG, MEN, Sign. B 139, 12.)

〔37〕 Arnd 1864.

〔38〕 Trunk 1868. (Siehe Heft 1875/76, IISG, MEN, Sign. B 139, [0].) Wiskemann 1859. (Siehe ebenda, 26.)

〔39〕 Deiters und Guelich 1869. (Siehe Heft 1875/76, IISG, MEN, Sign. B 139, 2. Titel rot durchgestrichen. Löbe 1868. (Siehe MEGA IV/32, Nr. 790; siehe Heft, 1875/76, IISG, MEN, Sign. B 139, 7. Titel rot durchgestrichen.) Löbe 1869. (Siehe ebenda.) Ein dritter Löbe-Titel steht im Katalog zur Marx-Bibliothek: Löbe 1870. (MEGA IV/32, Nr. 791.) Knauer 1861. (Siehe Heft, 1875/76, IISG, MEN, Sign. B 139, 7. Titel rot durchgestrichen.)

飼育方法、畜産の個別部門、地質学と農業の関係〔40〕、地下水と農業の関係〔41〕、気候と農業・林業の関係〔42〕。農業の定期刊行物についてメモとして書き留められたものには、『農業新聞』『農業中央紙』『農芸化学の発展に関する年報』がある〔43〕。第一項目に「農業など（土地所有）」と書かれた「青書など。欠けているもの。」というリストも注目に値する〔44〕。マルクスはそのなかで、イングランドとアイルランドの農業統計について何年のものまで持っていて、何年のものをこれから手に入れなくてはならないかをリストアップしているからだ。

蒸気機械の大規模利用から生じる化石燃料への膨大な需要、および資本主義が強制する大量生産から生じる満たされることのない原材料への需要が、実際に、自然資源に対する不可逆的な掠奪的乱用を意味しており、土地について想定されたように、最終的には自然資源の枯渇をもたらすだろうか。それとも、科学的・技術的発展が、たとえば、素材の新しい処理・使用法の発見によって、〔自然資源の枯渇を〕たえず妨げることができるのか。マルクスはこうした問題にも他の問題に劣らぬ関心を持っていた。すでに『一八六一―一八六三年草稿』の多くの箇所で、マルクスは「商品の多様化」の問題を取り上げていた。それは「同じ使用価値の新たな用途が発見される」ことで生じる。

新たな欲望（たとえば産業の蒸気の応用に伴うより早くてより広範囲な交通機関の必要）が生じ、したがってまたその充足の新たな仕方が生じるか、または、同じ使用価値の新たな用途や、新たな素材や、古い素材のとらえ方を変えるための新たな処置法（たとえばプラスト＝ガルヴァーニ電気）が発見される。これはすべて次のことに帰着する。すなわち、その継起的な諸段階または諸状態にある一生産物が

> 別々の商品に変えられるということである。新たな諸生産物または新たな諸使用価値が諸商品として創造されるということである。（MEGA II/3, 1424/1425）

持続可能性とイノベーションの結合をもたらすものは何であろうか？　他の論者と同様に、一八七〇年代にはこうした問いがマルクスを駆り立てた。マルクスの選んだ研究方向は、生産者と自然の両義的で、ダイナミックな関係に着目するものである。例えば、一八七八年に『資本論』第二部を執筆しようとする新たな試みと並行して作成された、ジョン・イーツ『商業の原料の自然史』（ロンドン、一八七二年）からの抜粋がそうした方向性を示唆している（MEGA IV/26, 3-43）。この本では、ヨーロッパの諸地域や諸国における鉱物原料の形成、採掘、選別、輸送、また植物、動物を原料とする前生産物の海外向けの生産ならびに供給、また、その際に様々な学問が果たす役割が取り上げられている。後にこの抜粋を利用する際には、マルクスは比較費用、あるいは比較優位の問題に取り組まなければならなかったはずである。まず、マルクスは採取産業と農業の類似性を研究した。イングランドとスコットランドに向けたアイルランドの鉄鉱石の輸出に関して、マルクスは瞬間反射的に次のように述べている。「いかにしてよ

［40］ Clas 1869. (Siehe Heft, 1875/76, IISG, MEN, Sign. B 139, 7. Titel rot durchgestrichen.)
［41］ Gropp 1868. (Siehe Heft, 1875/76, IISG, MEN, Sign. B 139, 1. Titel rot durchgestrichen.) Baur 1869. (Siehe ebenda, 2. Titel rot durchgestrichen.)
［42］ Rivoli 1869. (Siehe Heft, 1875/76, IISG, MEN, Sign. B 139, 3. Titel rot durchgestrichen.)
［43］ Heft, 1875/76, IISG, MEN B. 139. 25.
［44］ Ebenda, 35.

り優等な採掘領域からより劣等な採掘領域へと進行していくかを示している」(MEGA IV/26, 8)。しかし、より「劣等な」鉄鋼作業場において問題となっているのが、より不毛な鉱山なのか、より採掘困難な鉱山なのか、それともより粗悪な鉱石なのかについては、もしイーツの原典を利用することを考えたなら、マルクスは後にもう一度本を読み直して検討しなくてはならなかっただろう。

すでに第三部第一稿のなかで、マルクスは農業について以下のことを確認していた。「このように、第一には、位置と豊度との相反する作用、および、位置という要因——つねに均等化されるとともに、均等化をもたらそうとする恒常的な前進的諸変化をたどっている——の可変性、これが交互に、等質地、より優等地、またはより劣等地を旧耕作地との新たな競争に加わらせる。」(MEGA II/4.2, 711)。一八六九年にエンゲルスとケアリの地代論について意見を交わした際に、マルクスはこの立場を擁護している。マルクスとエンゲルスは、常により劣等な土地が耕作されなくてはならないというリカードの予測にも、最良の土地はまだまったく耕作されていないというケアリの見解にも同意しない。時代、地域、気候に応じて、最優等と最劣等の土地は同時に耕作されるだろう (MEW 32, 386/387, 396–404)。こうした見解にいたった結果の一つとして、マルクスは第一巻第二版において、リービッヒの農業の歴史が、「現代の全経済学者の諸著作を合わせたよりも多くの光明を含んでいる」という発言を削除した (MEGA II/6, 477)。石炭、鉄鋼、ほかの原材料の作業場における採掘は、田畑森林の耕作と同様に行われる。

また、一八六五年の第三部第一稿で確認されているように、自然科学と農学の発展とともに、様々な土地種類の肥沃さについての知識と評価は変化する。さらに、それぞれの土地種類の肥沃さを増大させるための手段も変化するとマルクスは考えていた (MEGA II/4.2, 711/712)。いまや、マルクスは、一八六五年の研究によってたどり着いた結論を裏付けようとする。「農業に対する地質学の関係」という表題のもとで、マルクスは土壌種類の形成とそれらの活用可能性について考察しているのだ。「後になってから耕作されるようになる劣等で、自然的には不毛な土壌の例。ウィールド層の粘土はそれ自体では優等な土壌であるが〔……〕耕作のためにはかなりの整備が必要となる。しかし、そのままでも、森林の土壌よりも肥沃である。」「土壌が植物にわずかな無機物の養分しか与えないならば、少しの無機物しか必要としない植物だけが育つことができる。こうして、木は耕地作物がしばしば適さない場所でも育つことができるのであり、というのも、木の多くは比較的には、ほんのわずかな無機物しか必要とせず、また含まないからである。」(MEGA IV/26, 10/11)

　後に、マルクスはどちらのコメントも非常に重要だと考え、二重、あるいは三重に欄外線を引いた。同様のメモは、別のノートにおけるフリードリヒ・シェードラー著『自然の研究　物理学、農学、化学、鉱物学、地質学、生理学、植物学を包括して』第六版（ブラウンシュヴァイク、一八五二年）にも見られる。風化――一方では、鉱物の物理的・化学的分解、他方では、人類の数世代にわたる、数百年もの、耕作に適した土壌の形成過程――の問題がマルクスの地質学研究の中心テーマの一つであった。「響岩の風化から生じる明るい色の、粘土状の土壌は、耕作にほとんど適していない。」「砂岩の風化から生じた土壌はもっとも不毛な土壌の一つである。というのもカリウムもナトリウムも含まれておらず、保水能力もないからだ。砂岩は粘土あるいは泥炭岩を多く含む結合材と一緒になった場合にのみ耕作に適している。」「泥炭岩の土壌はもっとも肥沃である。ただし、炭酸カルシウムが一〇%以下でも、六〇%以上であってもならない。」(MEGA IV/26, 58, 60) これらの文章――意味的に同様のメモ書きをマルクスはすで一八六五・六六年の抜粋で行っているが——は経済学的あるいは哲学的観点から有用であると考え、ここにもマルクスは印をつけた。

一八七五年から一八七八年に作成された二冊のさらなるノートの最初のページに、マルクスはそれぞれ、「土地所有、地代、農化学、それに関する農芸化学」[45]、および、「農業+土地価格、地代」(MEGA IV/26, 123) と書いたが、これによってマルクスの研究領域は明確に画定されている。一八六五年の第三部第一稿でマルクスは、過去の経済学者たちは「現実の自然にあった土地消耗の原因」を知ることなしに差額地代について論じていると、一括りに批判していた (MEGA II/4.2, 723)。マルクス自身は一八六五年以降、様々な土壌の種類、あるいは耕作用の土壌の肥沃さの物理的・化学的原因をよりよく理解し、それらの名を挙げることが徐々にできるようになっていった[46]。それによって、マルクスは差額地代の創設者であるスコットランド人のジェームズ・アンダーソンの見解——個々の土地の相対的な不毛さは、農業の絶対的肥沃さとまったくなんの関係もない——に同意することができたのである (MEGA II/3.3, 766/767)。

5 結論——終わりなき分析プロジェクト

ケンブリッジ学派の創設者であるアルフレッド・マーシャルは、一八八九年にジョン・ネヴィル・ケインズ宛の手紙でチューネンについて次のように述べている。「ところで、彼の抽象的な経済学が入りこんでくる。彼はライ麦や肥料などについての事実にまでしか目を向けていなかった。」[47] マルクスはほぼ反対の発展を遂げた。『要綱』では「資本一般」の高みから出発したが、彼の作業過程はどんどん経験的対象を扱うようになっていき、ついに一八六〇年代末には窒素物を多く含む厩肥に到達する。というのも、マルクスは、土地疲弊が生じるのか、それとも未開の土壌資源が利用可能になるのかをめぐっての「鉱物肥料論者と窒素肥料論者のあいだの論争」について自分なりの判断を下そうとし、またそうしなければならなかったからである（MEW 32, 5)。

『資本論』第一巻刊行後に行われた経験的対象についての研究は、一八五〇～五三年の『ロンドン・ノート』の範囲を超えるものであり、マルクスはこの研究の道を一貫して進もうとした。それゆえ、一八六八年一〇月一〇日のエンゲルス宛の手紙では、次のようにも言われている。「ただ、相争う諸説のかわりに、相争う事実とそれらの隠された背景をなしている現実の諸対立とを置くことによってのみ、経済学をひとつの実証的な科学に転化させることができるのだ」(MEW 32, 181)。矛盾し、相争う事実の過程――ここでは科学・技術的な進歩と限られた資源の間で繰り広げられる追いかけっこ――をマルクスとエンゲルスは日々、目にしていた。

こうして一八八二年一二月一九日に、彼らがセルゲイ・ポドリンスキーのエネルギー概念について合

[45] Heft, 1875-1878, IISG, MEN, Sign. B 129, 1.
[46] Siehe Heft, 1878-1881, IISG, MEN, Sign. B 153, 78-91, 102-109, 111-169. マルクスの自家用本にも多くの農業関連書籍がある（MEGA IV/32, 730.)。
[47] Marshall 1996, Letter 268, 295.

意したとき、一方で、エンゲルスはマルクスに次のことを認めている。「エネルギーの貯蔵物である石炭や鉱石や森林などの乱費においてわれわれがなにをやっているかということは、僕よりも君のほうがよく知っている」(MEW 35, 134)。他方で、二人は資源の乱費に反作用したり、新資源を開拓したりする、重大な新技術の発展によって、古い技術が絶えず取って代わられることに気がついていた。

一八八二年九月二五日に、フランスの物理学者マルセル・ドゥプレがミュンヘンの電気展示会で、普通の電線を用いて、ミースバッハの炭鉱から五七キロ離れたミュンヘンまで電気を送り、ガラスの宮殿の人工滝を動かすことに成功した。エンゲルスは大きな感銘を受け、マルクスにその経済的効用を熱心に説いている。「このことは、まったく巨大な、これまでは遊んでいた水力量を、一挙に有用にするのだ」(MEW 35, 108)。エネルギーをその場で用いるという、それまで支配的であった原理は通用しなくなるという確信を、エンゲルスはベルンシュタインに手紙で伝えている。「これは非常に革命的なのです。……ドゥプレの最新の発見、すなわち、非常に高圧の電流を比較的わずかな力の損失をもって、簡単な電線によって従来は夢想もされなかった遠方に伝導して終点で使用することができるという発見は――事態はまた萌芽状態であるとはいえ――、産業を決定的にほとんどいっさいの局地的な制限から解放し、きわめて遠方の地にある水力をも利用することを可能にするのであって、それは、たとえ最初は都市にとって有利になるであろうとはいえ、結局は、都市と田舎との対立を廃止するための最も強力な梃子となるにちがいないのです。」(MEW 35, 444/445)

マルクス自身もまた、ドゥプレの発見が未来のコミュニケーションと流通過程にとって持つ大きな意義を確信し、すでに一八八一年以来、ドゥプレの仕事や実験についての情報を追っていた。義理の息子であるシャルル・ロンゲに、『エレクトリシテ』に掲載されたドゥプレの論文を手に入れるよう頼んでいる（MEW 35, 104）。一九一八年に刊行されたマルクスについての伝記のなかでフランツ・メーリングがドゥプレの発見は、マルクスの「狭い仕事の領域をより遠くに」まで広げたと書いているが、それは根本的に誤っている[48]。

限られた化石エネルギー資源を代用する可能性は、一八八〇年代初頭に視野に入るようになった。同時に、化石エネルギー資源の採掘における注目すべき技術的変革も生み出された。とりわけ、マルクスはアメリカ人による新しい石炭の掘削機の発展に興味を持っていた。一八八一年六月六日には、娘のジェニーに、この発明が石炭採掘の速度を大幅に上げるだろうと述べている。もちろん、この機械は多くの鉱山労働者を遊離するだろう。それは本稿の冒頭で言及された一八六五年のイングランド議会における石炭不足の不安に対する返答のように響く。新しい掘削機は、「ジョン・ブルの産業的優越」を大きく損なわせるだろう（MEW 35, 195）。

リカードやマルクスは、温暖化や種の多様性の減少といった問題を認識できなかったと『持続可能性経済学年報』二〇一一・一二年号で言われている[49]。我々が見てきたように、マルクスについてはそれほどおおざっぱな言い方は当てはまらず、マルクスの同時代の文献は――ここでは、もう一度、「理論家」としてフラース、マーシュ、シェフレを、山林管理者としてベルンハルトとネイを挙げておこ

［48］ Mehring 1960, 538.
［49］ Herr und Rogall 2013, 82.

う——今日通常考えられるよりもずっと熱心に、持続可能性の問題に取り組んでいた。とはいえ、マルクスはこのテーマに関する経験的知見を第三部の改稿作業を通じて、説得力ある必然性と一貫性を持つ形でまとめあげることができなかった。

最後に、一八六五・六六年の利潤率の低下に関するマルクスの説明には、リカードやジョン・スチュワート・ミルと同様の傾向的な土地疲弊（「収穫逓減の法則」）と原材料不足についての想定がある。さらに、土地の肥沃さの問題がマルクスの理論においてキャスティングボートを握っていることが判明するが、それは利潤論や、新たに構築され、内容的に変更された地代論に関してのみならず、労働価値論の制約なき妥当性に関してもそうなのである。土地疲弊をさしあたり熱烈に肯定しようとも、そして後には正しく、土地疲弊を否定しようとも、どちらにせよ、マルクスの立場は、人間的労働と並んで、自立的な価値形成要因としての土地の役割を認めているに等しい。第二部第二稿のマルクスのキルヒホーフからの引用が、木材生産においては、自然力が自律的に作用し、人間労働や資本の力を必要としないということで、他の生産過程から区別されるという確認から始まるのは偶然ではない（MEGA II/11, 202）。一八八一年の土地疲弊についての最後の考察の一つで、資本の少ないロシアの農民には労働力と肥料が足りず、規制的に介入できず、自然が「唯一の規制的要因」になると述べられているのも偶然ではない（MEW 35, 155/156）。どちらの該当箇所も、一八七五年五月に書かれた『ドイツ労働党綱領評註』におけるマルクスのコメントに一致しているのだ。マルクスはその中で「価値」という概念を使っていないが、次のように述べている。「労働はすべての富の源泉ではない。自然もまた労働と同じ程度に使用価値の源泉である（そして、物象的富もたしかにそうした使用価値からなっている?）。そして、その労働はそれ自体、一つの自然力、つまり人間的労働力の発現にすぎない。」(MEGA I/25, 9)。

マルクスの『資本論』完成版における積極的な叙述展開が、私的資本主義的条件のもとでの生産者と自然の不調和の批判に大きな重きを置くものになったであろうことは、以上から明らかだろう。マルクスは掠奪的乱用の普遍性についてのテーゼをけっして弱めなかっただろう。そう言えるのは、マルクスが、強制法則的に利潤を目指した資本主義的大量生産を想定しているという理由からだけではない。マルクスの著作が「エコロジーについてまばらにしか考察しておらず、環境との関連性を無視した、産業化についてのまったくもって肯定的な評価を含んでいる」〔50〕という二次文献の判断は、『マルクス・エンゲルス著作集〔MEW〕』の限られたテキストだけをもとにすれば、理解することもできるが、本稿が揃えた資料を考慮すれば、マルクスに対してフェアでないということがわかる。同じことは、マルクスには「エコロジー的な全体的視野が欠けている」という解釈にたいしてもあてはまる〔51〕。むしろ、本稿で取り上げた資料のなかには、エコロジー思想がマルクスの唯物論の根本的特徴であったという命題を擁護する論拠を見いだすことができる。

しかし、「修復不可能な亀裂」という終末論的なメタファーから、何が生まれるであろうか？ エンゲルスはこのメタファーを一八六五・六六年の第三部第一稿に見出したままの形で、マルクスのおそらく最終的な認識、あるいはマルクスとエンゲルス両者の結論として一八九四年に出版した。だが、マルク

〔50〕 Spangenberg 2005, 79.
〔51〕 Löwy 2005, 314.

ス自身は第三部の完成稿において、こうした先鋭化表現を用いなかったのではないかと私は考えている。「修復不可能な亀裂」というテーゼが一八六五年以降、たえず証明すべきテーマであったということを度外視しても、物質代謝における「修復不可能な亀裂」のもとで、どのようにしてポスト資本主義社会が始まるのかという問いが残る。破片は再び元の状態に戻されさえすればよいのだろうか？　それに対して、資本主義的生産がすべての富の源泉である土地と労働者を破壊するという『資本論』第一巻の説明は、よりニュアンスに富んでいる（MEGA II/5, 410/413）。こちらの表現は宿命論的トーンを弱め、将来の楽観主義のために必要な場を作り出している。

一八八一年二月二二日にマルクスが、彼が好んで援用した数学のメタファーを用いて、ニーウェンホイスに述べているように、「既知数のなかに解の要素を含んでいない方程式は解くことができない」(MEW 35, 160)。それによれば、現在疲弊してしまったロシアの土地の解決は「巨大な進展をとげつつある生産手段の確固たる発展」にかかっている（161）。資本主義的掠奪農業の「歴史的災い」――インドにイングランドがもたらしたような、すべての土地を「搾り取って疲弊させる」(157)「生命の源泉の独占」(MEGA I/25, 11)――が乗り越えられた暁には、共同体労働は「カウディナのくびき門を通ることなしに、資本主義制度によってつくりあげられた肯定的な諸成果をみずからのなかに組み入れることができる。それは、分割地農業を、徐々に、ロシアの土地の地勢がうながしている機械の助けによる大規模農業に置き換えることができる」(MEGA I/25, 228)。マルクスによれば、新しいものは土壌の風化のように、古いものから生じる。どのような仕方で、この取得過程が再生産過程として行われるかを説明することは、マルクスは自らの課題と考えていない。また、フーリエとは異なり、数学的に計算され、いかなる資源も浪費しない大量生産の形態が実現されるべきなのかについても、マルクスは展開していない。

ヘンリー・ジョージ著『進歩と貧困』(ニューヨーク、一八八〇年)の議論との関連で、マルクスは一八八一年に地代の国有化という案を再度退けている(MEW 35, 199/200)。同様に、エンゲルスも、来たる「電気革命」を国有化することに反対している(444/445)。同時に、マルクスの最晩年の考察は、資本主義的生産様式が長期にわたって続く可能性が高いという判断に基づいて——国民は「独占」を長いこと排除できないだろう(MEW 34, 359)——改良的変革、改革、労働組合闘争の意義を認めているが、それならば、そこには環境問題への取り組みも含まれるのではないか。その限りで、不変資本の節約が第三部において場所を占めているのは、エコロジー的観点からも興味深い。もちろん、別の場所で私が強調したように、マルクスの理論はクリーンなエコ資本主義を夢想するためには役立たないだろう[52]。しかし、MEGAにおける一八六〇・七〇年代の手書きの遺稿のまだ知られていない部分の刊行と、それに続くこうした背景を元にしてのMEGAの体系的な整理は不可欠であり、また極めて実りの多いものとなるだろう。

[52] Siehe Vollgraf 2012a, 116.

第四部

マルクスのエコロジー論の現代的射程

第一章　マルクス『資本論』における技術論の射程
——原子力技術に関する理論的考察

隅田聡一郎

はじめに

三・一一福島原発事故以降、日本の反核運動においてもようやく「原子力の平和利用」が見直され始めてきた（隅田二〇一二）。従来、商品・市場経済を中心とする生産＝消費システムの分析を課題としてきたマルクス経済学の側からも、反原発運動の理論的基礎ともいえるエコロジー経済学（「広義の経済学」）への接近が現実味を帯びてきている（玉野井一九七八）。

戦後日本の伝統的マルクス主義は、原子力や核技術を近代の「形式合理主義」の産物として拒絶する「文明論的」アプローチに対して、「反科学主義」などのレッテルを貼り、「生産力主義」的アプローチによって「原発」を将来の社会主義の「物質的基礎」として肯定的に受け入れてきた（加藤二〇一三、一六三頁）。他方で、原発事故以降、エコ・マルクス主義的立場からも、資本主義それ自体のみならず、資本主義の発達とともに生み出された工業文明に対する根本的な批判が提示されてきている（岩佐・高田二〇一二)。

日本の反原発運動を牽引してきた高木仁三郎は、「マルクスが人間と自然との過程を「物質代謝」と呼んだのは卓見であった」としながらも、ハーバーマスのマルクス批判をうけて、「それは労働についてだけいえるのではなく、全生活過程において、しかも人間と自然との相互的な交通においていえる」と述べていた(高木二〇〇三、一七七頁)。さらに、高木は、伝統的マルクス主義の「人間(労働)中心主義」を批判しながら、とりわけ原子力や核技術に関しては、その科学的な「利用」によって「安全な原発」が実現されるのではなく、むしろ技術そのものの「本質」にこそ根本問題を見いだしている(高木二〇〇二、五三〇頁)。

チェルノブイリや福島などの原発事故がもたらした未曾有の大規模被害を考えると、原子力発電が資本主義社会においてコントロール不可能なのは明らかであり、高木の見解に対して従来のように「反科学主義」や「反技術主義」のレッテルを貼るだけでは不十分であろう。伝統的マルクス主義は、「科学技術」による生産力の量的増大を追求するあまり、環境問題との関連で重要となる生産力の「質的意味」を看過して、生産力を生産関係から中立的なものとして把握してしまった(岩佐一九九四、一六〇頁)。しかし他方で、文明論的アプローチのように、近代工業が生み出した「科学技術」それ自体に矛盾を見いだすだけでは、「科学技術」と「資本主義」との内在的関連を問題化することはできないだろう。

こうした両見解について、後藤道夫は次のように指摘している。「資本主義ではなく科学・技術それ自体に矛盾があるという把握も、科学・技術それ自体ではなく資本主義に矛盾があるという把握も、ともに、科学・技術への資本主義の浸透と科学・技術の根本的な変化——生産様式全体の交代とむすびついた――の可能性とのイメージを欠いている」(後藤一九八四)。また、マルクス自身も極めて明確な立場を示していると思われる。ハリー・ブレイヴァマンも述べているように、『資本論』の課題は、「いかにして資本の社会的形態が、それ自身の生存条件としての絶え間ない蓄積へと駆り立てられることで、完全に技術を変えることになるか」(Braverman 1974, 20, 邦訳二一頁)なのである。

本稿では、このような問題意識から、『資本論』を中心とする経済学批判のテクスト解釈を通じて、「技術論」の観点から原子力技術を再検討する。原子力発電と聞くと、ともすれば、それは国家独占資本主義段階の科学技術であるのだから、産業資本主義段階にあるマルクスの『資本論』が通用しないと思われるかもしれない。しかし、蒸気力か火力、原子力といった動力形態の差異に囚われて[1]、あるいは、原子力産業においては国家が市場に強力に介入するという現代資本主義論に依拠するあまり、『資本論』の理論的意義を否定してしまうことはできない。

もちろん、具体的な日本の原子力政策を鑑みると、原爆開発や核抑止の冷戦構造を背景に、安全保障上の観点から日米原子力協定が制定され、一九七〇年代以降の構造的不況においては、開発主義政策によって原発が大量生産されたこと等を軽視してはならないだろう(牧野二〇一三)。しかしながら、重層的下請け構造で成り立ち、シビア・アクシデントの危機を常にはらむ原子力発電ほど、資本主義的生産の

[1] 石谷清幹(一九五四)がいち早く指摘していたように、原子力発電は石炭や石油の代わりにウランの核分裂による熱エネルギーによって水を沸騰させ、蒸気をつくり、その動力によってタービンを回して発電する点で、火力発電ひいてはワットの「蒸気タービン」と本質的な変化はない(中村一九七七、八三頁)。小出裕章(二〇一〇)もこの点をしばしば強調してきた。

基礎である賃労働や機械経営が徹底化されている産業は存在しないといえる。なお、本稿では、マルクスの『資本論』における「技術論」の視座から、原子力技術を理論的に考察することに課題を限定したい。

1　経済学批判における「技術学」概念の変遷

(1)「技術」そのものを考察する「技術学」

本節ではまず、マルクスの経済学批判における「技術学（Technologie）」概念を再検討する。紙幅の関係で、戦後日本で展開された「手段体系説と意識的適用説」を巡る膨大な技術論論争を逐一取り上げることはできない［2］。一言だけ付言するならば、この技術論論争は、技術の本質規定（「技術とは何か」）という問題設定に固執するあまり、マルクスの経済学批判における「技術学」の位置づけをほとんど考慮することはなかった。

しかし、戸坂潤が『日本イデオロギー論』（戸坂一九七七）においていち早く指摘していたように、マルクスは「『経済学批判要綱』への序説」において、経済学と技術学との方法論的差異を強調している［3］（吉田一九八七、二七八）。さらに、より重要な、経済学批判における「技術学」の位置づけに関連して、マルクス自身が、『一八六一—一八六三草稿』の「労働過程」論において次のように述べている。

商品の使用価値そのものの考察が商品学に属するように、その現実性における労働過程の考察は技術学に属する。(MEGA II/3.1, 49)

周知のように、マルクスの経済学批判の課題は、資本主義的生産関係における商品や貨幣といった経済的形態諸規定の解明であって、「経済的形態規定にとってはどうでもよい」、「使用価値としての使用価値」(MEGA II/2, 108) をさしあたり考察の対象外とする。すなわち、「商品の分析のさいに、商品の特定の素材あるいは使用価値は、われわれには関係ない」(MEGA II/3.1, 48)。したがって、商品の使用価値そのものは、経済学批判の対象ではなく、「一つの独自の学科たる、商品学の材料を提供する」にすぎないのである (MEGA II/6, 70)。

［2］渡辺雅男のサーベイ研究「技術論の反省」を参照。渡辺（一九九〇）は、論争の二項対立的性格（労働手段という客体的規定か意識的適用という主体的規定か）を克服すべく、「技術を主体 - 客体の矛盾・統一としうる視点」から労働過程に立脚した技術論を展開している。

［3］「生産一般がないとすれば、一般的生産もまたない。生産はいつも一つの特殊的な生産部門であるか、あるいは生産は総体である。しかし、経済学は技術学ではない。ある与えられた社会的段階での生産の一般的諸規定が、特殊的な生産諸形態に持つ関係は、別のところで展開されるべきである。(のちに)」(MEGA II/1.1, 23)

［4］星野芳郎は経済学批判における技術学の位相を的確に捉えながらも、「技術学は、労働過程そのものは扱わない」と述べるなど、混乱が見られる（星野一九七八、一五一頁）。それに対して、大谷省三は、技術と技術学の区別をふまえつつ、「技術は、このように経済学の範囲外にあるものとして、生産過程の、したがってまた生産関係の奥底に横たわっている。けれども、それは、経済関係と無関係ではありえない」と適切に把握している（大谷一九七三、二九〇頁）。

重要なことは、マルクスの経済学批判にとって、資本の生産過程としての価値増殖過程を解明するうえで、「労働過程」そのもの、すなわち「労働の特定の内容あるいは目的、したがってまた労働の特定の様式」もまた、「われわれには関係ない」という点である（MEGA II/3.1, 48）。すなわち、「労働過程」そのものの考察は、経済学批判ではなく技術学に属するのである〔4〕。

とはいえ、留意すべきことは、マルクスの経済学批判が、資本の価値増殖過程や賃労働の歴史的特殊性といった経済的形態規定を把握する限りにおいて、労働過程を考察の対象としている点である。

資本の生産過程は同時に、技術学的過程〔……〕つまり特定の使用価値の、特定の労働による、要するにこの目的それ自体によって規定された様式での生産であり、こうした生産過程のすべてのうちで、身体が自分に必要な物質代謝を再生産するための、すなわち生理学的な意味での生活手段をつくりだすための生産過程が、最も基礎的な生産過程として現象する。（MEGA II/1.2 524）

すでに『要綱』においてマルクスが洞察していたように、「単純で抽象的な諸契機」としての「労働過程」は、歴史貫通な意味において、「諸使用価値を生産するための合目的的活動であり、人間の欲求を満たす自然的なものの領有であり、人間と自然とのあいだにおける物質代謝の一般的な条件」であった（MEGA II/6, 198）。また、労働過程は、「純粋に素材的に考察すると」（MEGA II/3.1, 53）、「使用価値を生産するための合目的活動」としては、「技術的〔5〕過程」と呼ぶことができる（鳥居一九七三、神田一九八五）。

ここで注意されたいのは、『一八六一年―一八六三草稿』前半までのマルクスによる、技術と技術学に関する定義である［6］。マルクスは、人間の労働によって意識的に媒介されるところの物質代謝（素材変換）そのものとの関連において、すなわち歴史貫通的な意味において、労働過程における「技術(Technik)」を捉え、この技術を考察する独自の学科を「技術学」と定義していた［7］。ただし、ここでの「技術」とは、「技術論論争」に見られるように、単なる物質的基礎あるいは意識的適用を意味するのではなく、「人間の労働のもつ決定的な種差である、目的意識的な能動的振る舞い」(松下二〇〇七、一八八頁)、すなわち人間が生産手段にたいして能動的に関わる(verhalten)仕方・様式を意味している［8］。こうした技術それ自体を考察するのは、独自の学科たる技術学であった。

他方、マルクスの経済学批判にとって重要なのは、技術それ自体の考察ではなく、人間と自然との物

［5］須藤（一九八二）によれば、「科学の技術学的適用」という表現を除き、マルクスは、『資本論』初版で「生産過程の技術」を叙述するさいに用いたtechnologischという表現を第二版以降でtechnischに書き改めている。形容詞の用語法としては両者に区別はないことに注意されたい。なお、TechnologieとTechnikの概念上の差異とその変遷については、木本（一九八一）を参照。

［6］戸坂潤は、相川春喜の技術学と技術の混同を批判しながら、次のように述べている。「マルクスは技術と技術学（テヒノロギー）を殆んど同義に使っているように見える場合もあるが、両者は科学的には区別されねばならぬ」(戸坂一九七七、三二五頁)。

［7］吉田文和は、ポッペ『技術学史』に関するマルクスの抜粋ノートに基づいて、「物質的土台」としての技術（テヒニック）とそこから発生する「学」としての技術学（テヒノロギー）を区別している（吉田一九八七、三五九頁)。

［8］グラムシも『獄中ノート』において次のように述べている。「人間と自然とは自分自身が自然の一部分であることによって関係をむすぶのではなく、労働と技術によって能動的に関係をむすぶのである。しかもまた、これらの関係は機械的ではない。これらの関係は能動的、意識的である。」(グラムシ一九六一、二七四頁)

質代謝を媒介するところの技術が、経済的形態規定によってどのように変容させられるのかという点である。すなわち、「技術的過程」としての労働過程は、それ自体としては経済学批判の対象外でありながらも、「経済的形態規定」を解明する経済学批判にとって不可欠な構成要素をなしていた。要するに、マルクスの経済学批判は、技術そのものを考察するわけではないが、経済的形態規定を解明する限りにおいて、技術を考察対象とするのである。

(2)大工業における近代科学としての「技術学」

しかしながら、歴史貫通的な意味で「技術」そのものを考察する独自の学科としての「技術学」規定は、『一八六一年―一八六三草稿』後半の「機械そのものの技術学的分析」を通じて修正された点が重要である。一八六三年一月二八日付エンゲルス宛の手紙において、マルクスは同草稿冒頭での構想とは別に、「機械にかんする篇へのいくつかの追記」を予告している。

そこには、最初の編成のときには僕が無視していたいくつかの奇妙な問題がある。それを解決するために技術学に関する僕のノート（書き抜き）を全部読み返した。(MEW 30, 320)

マルクスは、『資本論』第四篇第一三章「機械設備と大工業」のうち、第二・三・五節の骨子を『一八六一年―一八六三草稿』前半で確立したが、第一節「機械の発達」と第四節「工場」に関しては同草稿後半において初めて展開した（佐武一九八四）。当時読み返されたマルクスの技術学抜粋は、すでに一八四五年のブリュッセル・ノートに始まり、主として五一年のロンドン・ノート（『テヒノロギー史抜粋ノート』）で行われているが、同草稿後半の執筆においては、主要三著書ポッペ『技術学史』、ユア『工場の哲学』、匿名書『諸国民の産業』に関して、抜粋ノートのみならず原典からの引用を含む詳細な研究がなされている。とりわけ、「技術論論争」においても焦点となってきた、『資本論』第一三章第一節注八九における「もし批判的な技術学史というものがあれば、それは一般に、一八世紀の発明が一個人のものであることがどんなに少ないかを証明するだろう」(MEGA II/6, 364）という記述は、ポッペ『技術学史』抜粋を念頭に置くことなしには理解できない（吉田一九八七、二六〇頁）。

しかし、吉田が指摘するように、ベックマンと並んでドイツ官房学の影響を受けたポッペの「一般技術学」が、手工業や工芸を主として考察する一方で、マルクスの『資本論』における「技術学」概念は、前近代の手工業における世襲的な「秘技」(MEGA II/6, 465）とは明確に区別されている点が重要である。

> これらの〔社会的分業から自然発生的に生じた〕産業部門は、その職業的慣行の秘密を飽くなき執着心でもって守りつづけたが、この秘密の理論は、秘法を伝授された者にとってさえ依然として謎であった。人間に対してその生活の物質的基礎である社会的生産を覆い隠していたこのヴェールは、マニュファクチュア時代を通じてはぎ取られはじめ、大工業の到来で全面的に引き裂かれた。(MEGA II/7, 422)

それゆえ、手工業時代の世襲的な「秘技」と労働用具の「骨化した」技術的姿態が、一八世紀以降の「大工業」時代において完全に解体され、人間に対して生産過程を覆い隠していたヴェールがはぎ取られた結果として初めて、「秘技の理論」とは異なる「学」としての「技術学」が生じるのである[9]。そして、近代以降の大工業によってもたらされた「技術学」は、合目的的な労働による人間と自然との物質代謝の媒介という「すべての社会組織の物質的土台」(ebd., 318) を明らかにし、人間が自然に対して能動的に振る舞い、どのようにして生産手段にかかわるかを暴露することを可能にした。

技術学は、人間の自然に対する能動的関わり (Verhalten) を、人間の生活の直接的生産過程を、それとともにまた人間の社会的生活関係およびそれから湧き出る精神的諸表象の直接的生産過程をあらわにする (enthüllen)。(MEGA II/6, 364)

ここでの「技術学」は、『一八六一年―一八六三年草稿』以前のように、技術それ自体を一般的に考察する独自の学科を意味するわけではないことに留意されたい。この意味での「技術学」は、「生産過程における実践」すなわち、生産手段に対する能動的な関わり方としての「技術」そのものを考察の対象とするものであった。他方で、『資本論』における「技術学」規定は、独自の学科たる一般的な「技術学」ではなく、大工業において初めて創造された、近代科学としての「技術学」を意味するのである。

各生産過程をそれ自体としてさしあたりは人間の手を何ら考慮することなく、その構成諸要素に分解するという大工業の原理は、技術学という全く近代的な科学を作り出した。社会的生産過程の多様な外見上連関のない骨化した姿態は自然科学の意識的に計画的な、そしてめざす有用効果に従って系統的に特殊化された適用（Anwendung）に分解された。また、技術学は、使用される用具はどんなに多様でも人体の生産的行動はすべて必ずそれによって行われるという少数の大きな基本的な運動形態を発見したのであるが、それは、ちょうど、機械がどんなに複雑でも、機械学がそれにだまされて簡単な機械的な力の不断の反復を見誤ったりしないのと同様である。（ebd., 465）

次節で詳しく見ていくが、大工業においては、「生産過程そのものが、単純な労働過程から、科学的過程」（MEGA II/1.2, 577）すなわち「科学の技術学的適用」へと転化している。大工業において初めて生み出された、近代科学としての「技術学」は、社会的生産過程の多様で骨化した諸姿態を「特定の目的のための自然科学、力学、化学などの意識的適用」（MEGA II/4.1, 95）に分解し、人体の生産運動の基本形態を発見したのである。したがって、「技術学」は、一般的な生産過程に関する労働者の伝統的な「技能」や「知識」に関する理論ではなく、科学の意識的適用として体系化された近代固有の「知の様式」にほかならない。

［9］この点に関して、同じ一八六三年一月二八日付エンゲルス宛の手紙において、マルクスは「手工業の基礎の上では学問と実際の関係が例えば大工業におけるのとは全く違っている」と述べている（MEW 30, 320）。

2　『資本論』第一部第一三章「機械設備と大工業」における技術論

(1)大工業における機械

本節では、前節で考察した技術および技術学の基本的規定にそくして、大工業の産物である「技術学」が具体的に展開された「機械設備と大工業」章における「技術論」を見ていきたい。技術論論争の超克を目指した渡辺のように、技術の本質規定（「技術とは何か」）の考察にとっては、「労働過程」論がより重要であろうが、マルクスにとって問題なのは、何よりもまず、大工業が生み出した近代科学としての「技術学」である。

まずは、その前提として、「技術論」的観点から大工業における機械を概観しておこう。ここで注意されたいのは、「機械制大工業」という一般的な表現に見られるように、大工業をその物質的基礎である「機械」と直接に結びつけて理解してはならないという点である（大谷二〇一一、一〇四頁）。マルクスは、第四編「相対的剰余価値の生産」の下書きにおいて、マニュファクチュアから大工業への移行のメルクマールを次のように述べている。

> ここでは決して道具と機械（Maschine）との厳密に技術学的な区分が問題なのではなく、生産様式とそれゆえにまた生産諸関係を変革するような、充用される労働手段における革命が問題なのである。
> (MEGA II/3.6, 1915)

大工業は、機械の基礎上に築かれた工業ではあるが、それ自体としては「生産過程をその構成諸局面に分解し、与えられた諸問題を力学、化学など、要するに自然科学の適用によって解決するという機械経営の原理」(MEGA II/6, 442) を意味している〔10〕。マルクスの経済学批判にとっては、道具と機械の技術的区別それ自体ではなく、こうした大工業を生み出すような、充用される労働手段における革命こそが問題となる。すなわち、労働手段という生産の技術的条件が、価値増殖過程としての資本の生産過程に適合するかたちで根本的に変革されることで、「加工される素材への直接的な働きかけに関係する部分」が駆逐されるという事態である (MEW 30, 321)。

その意味において、機械設備 (Maschinerie) は原動機、伝動機構、道具機からなるが、大工業の考察において最も重要なのは「道具機」である。マニュファクチュアから大工業を通じた、労働手段における一連の変革・革命によって、これまで人間の手によって直接的に使用された道具が、道具機自身の力で対象を加工する機械へと転化する。そして、大工業においては、まず機械による分業体系が成立するが、道具機がすべての運動を人間の助力なしで行うようになった結果として、工場において、伝動機構の媒介によって一つの中央自動装置から動力をうけとる自動機械体系が完成するのである。

〔10〕 大工業のいまひとつの契機は、「巨大な生産手段を充用する」労働過程であって、「多数の諸個人の協業」すなわち「社会的労働によってはじめてなされうる、まったく社会的な過程である」(大谷二〇一一、一〇三～一〇四頁)。

（2）「精神的能力の労働者からの分離過程」としての「資本のもとへの労働の実質的包摂」における「技術学」

さらに、「技術論」的観点からより重要なのは、「大工業における機械」が労働者に与える影響である。マニュファクチュア段階は、分業によって作業が専門化するといはいえ、労働手段としての道具がいまだ労働者の「技能」と結びついた生産システムであった。しかし、大工業においては、「労働能力の自立的な生産的能力」が最終的に剥奪させられるのに対応して、「機械設備とともに、生きた労働に対する過去の労働の支配は、たんに資本家と労働者との関係に表現される社会的な真実性にとどまらず、いわば技術学的な真実性を獲得する」(MEGA II/3.6, 2059)。すなわち、直接的生産過程において、生産手段が主体となり労働者が従属するという「資本のもとへの形態的包摂」が、大工業においては「技術的にも」実質的なものとして成立するのである。

形態的包摂を一般的に性格づけるもの、すなわち労働過程——技術学的にどのような仕方で行われていようとも——の資本のもとへの直接の従属は、そのままである。しかしながら、こうした基礎の上で、技術学的にもそしてその他の点でも種差的な生産様式、すなわち労働過程の実在的な性質とその実在的な諸条件とを変化させる生産様式——資本主義的生産様式が立ち現れる。この生産様式が生じたときにはじめて資本のもとへの労働の実質的包摂が行われるのである。(MEGA II/4.1, 104-105)

「形態的包摂」段階では、労働過程の技術的実在性は問題にならなかった。しかし、「実質的包摂」段階になると、まさに労働過程における技術的変化が問題となる。すなわち、マニュファクチュア、大工業の段階を経て、労働手段の技術的条件が資本の価値増殖に適合するかたちで変革されることによって、生産に必要な労働者の技能や知識が機械体系に取って代わられるのである。ここでは、生産過程は、労働者の直接的技能によって自立的に営まれるのではなく、「技術学」に基づいて自然科学などを意識的に適用する「科学的過程」へと転化している[11]。この「技術学」は、前節で見たとおり、大工業によって初めて生み出された、科学の意識的適用としての「知の様式」を意味する。マルクスは、『一八六一年―一八六三年草稿』において、「技術学」による科学の適用と対応した、精神的能力の労働者からの分離過程を次のように述べている。

物質的生産過程への自然科学の適用もまた、生産過程の精神的能力が一人一人の労働者の知（Wissen）、知識（Kenntniß）、熟練（Geschick）から分離されているかどうかにかかっている。（MEGA II/3.6, 2061）

［11］「資本の完全な発展がはじめて生じるのは、〔……〕固定資本が生産過程の内部で労働に対立して、機械として登場するときであり、生産過程全体が、労働者の直接的技能のもとに包摂されたものとしてではなく、科学の技術学的適用として登場するときである。」(MEGA II/1.2, 574)「資本主義的生産がはじめて、物質的生産過程を科学の生産への適用―実地に適用された科学―に転化するのであるが、資本主義的生産はこの転化を、ただ、労働を資本に従属させ、労働者自身の精神的および専門的発達を抑圧することによってのみ行う。」(MEGA II/3.6, 2065)

それゆえ、協業、分業とマニュファクチュア、機械設備と大工業への移行は、ブレイヴァマンが的確に捉えたように、労働手段の技術的変革と対応して、物質的生産過程における精神的能力が労働者から分離して資本に集中される一連の過程として把握されなければならない。「精神的諸能力の分離過程」は、資本家の指揮する単純協業においてすでに始まっていたが、「労働者を不具化して部分労働者にするマニュファクチュアにおいて発展する」。そして、この分離過程は、機械という労働手段を媒介して、「科学を自立的な生産能力として労働から分離して資本に奉仕させる大工業において完成する」のである(MEGA II/6, 355-356)。

(3)資本主義システムのもとで機械において実在化された「科学」

ところで、マルクスは、科学を「社会的発展の一般的な精神的産物」(MEGA II/3.6, 2164)、そして「抽象的精髄の一般的歴史的発展の産物」(ebd., 2162)と定義している。科学それ自体は資本によって創造されはしないが、「資本は科学を徹底的に利用し、科学を生産過程に従属させる。同時にそれにともなって、生産に適用される科学としての科学の直接的労働からの分離」が生じる(ebd., 2060)。とりわけ重要なのは、「実質的包摂」段階での、生産手段による労働者の技術的レベルでの支配は、労働者の知から自立化した科学が機械設備において「実在化(realisieren)〔12〕」(MEGA II/4.1, 122)されることで成立するという点である。それゆえ、資本主義システムにおける科学は、単なる精神的産物ではなく、技術学を媒介として機械設備において具体化され、労働者を支配する。

科学は魂をもたない機械設備の手足に、これの構造を通じて、合目的に自動装置として作用することを強制するのであるが、この科学は、労働者の意識のうちに存在するのではなく、機械を通じて、疎遠な力として、機械そのものの力として、労働者に作用する〔13〕。(MEGA II/1.2, 572)

すでに見たように、労働手段の機械設備への発展は、「伝統的に受け継がれてきた労働手段を、資本に適合するように変形されたものとして、歴史的に変革することであった」(ebd., 573)。この労働手段の技術的変革に対応して労働者から自立・対立して発展した科学は、それ自体としては「知(Wissen)の蓄積と熟練(Geschick)の蓄積、つまり社会的頭脳の一般的生産力の蓄積」(ebd.)であるが、労働手段である機械において初めて実在化される。したがって、科学は、生産手段が労働者を支配する資本主義システムにおいては、「資本の生産力」として現象せざるをえない。

〔12〕すでに述べたように、「大工業の原理」は、「各生産過程をそれ自体としてさしあたりは人間の手を何ら考慮することなく、その構成諸要素に分解する」というものだが、「機械経営の原理」とも言い換えられ、「機械設備を基礎として構築された大工業」(MEGA II/6, 410)と述べられているように、「機械装置」において初めて実在化される。その意味において、大工業の原理と機械設備は区別されながらも、密接不可分である。この点についてはより立ち入った論証が必要であるので、稿を改めて論じたい。

〔13〕ただし、『要綱』は、後の『一八六一年―一八六三年草稿』や『資本論』と比較すると、実質的包摂が非労働過程と把握され、機械労働において人間労働一般が排除されるなどの問題点がある(後藤一九七七)。よく指摘されるように、原子力発電においても、原子炉内の機械装置の検査・修理などは過酷な被曝労働によって担われており、人間労働が排除されるわけでは決してない。

社会的発展の一般的な精神的所産としての科学は、ここでは、自然諸力そのものや社会的労働自体の自然諸力と同様に、資本に直接合体されたもの（個々の労働者の知（Wissen）や技能（Können）から切り離された科学としてのそれの物質的生産過程への適用は、労働の社会的形態からのみ生じる）として現象する。(MEGA II/3.6, 2164)

このように、資本主義システムにおける「科学」は、労働者の精神的能力が、労働者の技能から剥奪され機械において実在化されたものである。すでに見たように、「大工業の原理」の産物である「技術学」は、この「科学」を意識的に適用する近代固有の「知の様式」であった。そして、「技術学」によって適用される「科学」は、個々の労働者の知識や技能から切り離され、生産手段である機械設備において実在化されているため、資本主義システムのもとでは、「自然諸力そのものや社会的労働自体の自然諸力と同様に」、資本の生産力として現象するほかない。したがって、科学は、資本主義システムのもとでは、労働者の精神的能力によって発揮されることはなく、資本から中立的に、独立した技術者や科学者によって「適用」されることも決してない[14]。

そして実際、全てのこの社会的労働にもとづいた科学、自然力、そして大量の労働諸生産物の充用が、それ自身むろんただ労働の搾取手段として、剰余労働の領有手段として、それゆえ労働に対して資本に属する諸力として現象する。(MEGA II/4.1, 122)

近代工業における「技術学」による科学の適用は、機械という生産手段が生産者を支配する資本主義システムのもとで、労働者と対立して彼らの剰余労働を領有する手段として必然的に現象せざるをえない。それゆえ、次節で詳細に検討するが、ルカーチが強調するように、近代科学としての技術学が生産過程において行う「合理化」は、形態規定すなわち剰余価値生産の観点からの「合理性」と密接不可分であり、現実にはその資本主義的利用が、労働者の犠牲、労働力や自然力の濫用といった「不合理性」をもたらすのである（佐々木二〇一一、三八八頁）。

ところが、「日本の社会主義」に特徴的な、「生産力主義」的に原子力・核技術の「意識的適用」を肯定する「科学主義」は、科学が「資本の生産力」として現象せざるをえないという転倒を軽視したために、結果的に原子力産業における資本蓄積と賃労働の問題を過小評価したのである。他方で、そのようなマルクス主義の「科学主義」に反対して高木仁三郎が提起した「市民科学者」概念も、原子力産業や体制的科学者・知識人が独占する科学を市民が自らの手に取り戻すことを志向していたが、「労働」を中心とした社会把握を拒絶する傾向があるために、科学と賃労働‐資本関係の内在的連関を等閑視してしまった。

それでは、この両見解をマルクスの視点からどのように克服できるのだろうか。ここで、節をかえて「大工業の原理」としての「技術学」と資本主義システムとの関連をよりいっそう考察していきたい。

［14］大谷省三が適切に批判しているように、武谷三男や星野らの「技術者」論は、資本主義的生産過程における生産者と生産手段の「顛倒的関係は、資本主義的技術の基本的特徴として、現実の技術形態の中に自己を表現しているということ」を軽視している（大谷一九七三、三一六頁）。

3　「大工業の原理」と「資本主義的形態」の矛盾からみた原子力技術

(1)『資本論』における「大工業の本性」とその資本主義的形態の矛盾

近代科学としての「技術学」は、従来、(熟練)労働者の手にあった技能や知識とは全く異なり、社会的生産過程の多様で骨化した諸姿態を「特定の目的のための自然科学、力学、化学などの意識的適用」に分解する「知の様式」であった。この「技術学」を生み出したのは、生産過程をその構成諸要素に分解する大工業の原理である。ここで重要なことは、大工業の産物である「技術学」による「合理化」は、素材的観点のみからすると、剰余価値生産の追求という形態規定の「合理性」と区別されるという点である。ただし、前節で見たように、資本主義システムのもとでは、近代科学としての技術学による「合理化」は、形態規定すなわち剰余価値生産の観点からの「合理性」と密接不可分である。すなわち、大工業の原理は、素材的観点のみに従うならば、生産過程の合理化と技術学による科学的適用を成し遂げるのだが、形態規定上は、資本の価値増殖という「合理性」に従うほかない。このことは、マルクスが『資本論』で強調しているように、「大工業の本性」(技術上の必然性)とその資本主義的形態の矛盾に対応している。

この両者は、反原発運動に見られる「文明論的アプローチ」によって混同されているだけではなく、両者の絡み合いについては伝統的マルクス主義もほとんど注意を払うことはなかった。しかし、大谷禎之介が強調するように、マルクスは、資本主義の形態規定から区別された技術的過程として、「自然諸法則の科学的認識の生産過程への適用という大工業のポジティブな質」を把握していた[15]（大谷二〇一一、一〇九頁）。また、近代工業の原理は、それ以前の生産様式の保守的な「技術的基礎」と比較して、「機械設備、化学的工程、その他の方法によって、生産の技術的基礎とともに、労働者の諸機能および労働過程の社会的結合を絶えず変化する」という点で革命的である（MEGA II/6, 465）。ただし、マルクスは、大工業の本性とその資本主義的形態の絡み合いを把握することによって、「技術的見地からみると、機械体系が古い分業体系を終わらせるとはいえ」、形態規定上は、「資本がこの分業体系をとらえ、これをさらにいっそう忌まわしい形態で系統的な搾取手段として固定し再生産する」ほかないという矛盾を指摘している（MEGA II/7, 362）。

大工業の本性自体は、労働の変換、機能の流動、労働者の普遍的可動性を必然的にするが、他方では、大工業は、その資本主義的形態のもとで、旧来の分業をその固定した特有性とともに再生産する。すでに見たように、大工業の技術上の必然性と、大工業が資本主義システムのもとでおびる社会的性格との、この絶対的矛盾が、ついには労働者の生活のあらゆる保証を破壊するのであって、

[15] 「大工業は、相互に分かちがたく結びついたそれの二契機、すなわち科学の意識的応用および社会的労働によって、資本主義的生産のもとで、巨大な発展を遂げる。労働する諸個人の自然にたいする、したがって生産にたいする関わりは、ますます社会的なもの、科学的なものとなっていく」（大谷二〇一一、一〇五頁）。また、芝田進午は大工業とその資本主義的形態を区別しながらも、資本主義システムのもとで「現実に存在するのは資本主義的大工業であって大工業ではない」と強調する（芝田一九六一、二一〇頁）。

彼は常に労働手段とともに生活手段を奪われ、彼の部分機能の廃棄によって、彼自身が余計なものにされるおそれがある。(ebd., 423)

仏語版での追記(強調部分)によってより明確になっているように、マルクスは、技術的な側面からみた「大工業の本性」と、その「大工業の技術上の必然性」が受けとる形態規定、すなわち資本主義システムを峻別していた。なお、ここで留意されたいのは、前節でみた「大工業の原理(Prinzip)」と本節における「大工業の本性(Natur)」の区別である。すなわち、「大工業の原理」が、生産過程内部における合理化と技術学による科学的適用を意味する一方で、「大工業の本性」は、生産過程の外部すなわち社会内部の分業における絶えざる変革、すなわち労働力の流動化という「合理化」を意味している。そして、後者の「大工業の本性」がもつ「合理性」もまた、生産手段が労働者を支配するという転倒した資本主義システムのもとでは、労働力の可動性を窮乏化や失業として実現するほかかない。このように、大工業の原理および本性による「合理化」は、形態規定すなわち剰余価値生産の観点からの「合理化」と密接不可分であり、近代科学および技術学の利用は絶えずネガティブな「不合理性」をもたらすのである。このことは、とくに「機械設備と大工業」章の結論部である第一〇節「大工業と農業」において、物質代謝(素材変換)の亀裂との関連で提起されている。

資本主義的農業のあらゆる進歩は、単に労働者から略奪する技術(Kunst)における進歩であるだけではなく、同時に土地から略奪する技術における進歩でもある。〔……〕資本主義的生産が社会的生産過程の技術（Technik）と結合を発展させるのは、同時にいっさいの富の源泉を、すなわち土地をも労働者をも、破壊させることによってなのである。（MEGA II/6, 477）

ここでマルクスは、「大工業の原理」がもたらす「技術進歩」すなわち合理化が、賃労働者のみならず、とりわけ農業や農村（土地）に対して及ぼすネガティブな影響に着目している。「人間と自然との物質代謝の破壊」としてつかまれた、農業や農村プロレタリアートに対する資本主義的生産の否定的影響は、現代的には原発事故によってもたらされた様々な原発災害（放射能汚染、被曝労働など）を想起させるであろう（柳沢二〇一四）。ここで最後に、「大工業の原理」と「資本主義的形態」との矛盾からみた原子力技術を考察しておきたい。

（2）素材的次元において根本から変容させられた原子力技術

確かに、純粋に技術的な観点からすれば、大工業の原理それ自体は、科学的な制御を通じて自然に対して普遍的に関わる仕方を人々に提供したという意義を持っている。じじつ、資本主義システムのもとで、生産過程の精神的能力が個々の労働者からよりいっそう分離された結果であるとはいえ、大工業の究極段階における、原子力という新たな自然力の発見は、しばしば科学者たちによって「自然の理論的征服」（MEGA II/3.6, 2060）として肯定的に受け入れられてきた。なぜなら、マルクスも述べているように、「以前の時代には思いもよらなかったほどの規模」において、「資本主義的生産が自然科学のために研究・観察・実験の物質的諸手段を大部分初めて作り出す」からである（ebd., 2062）。

しかしながら、そもそも原子力技術は、「人間の手をなんら考慮しない」生産過程の「合理化」が極限まで推進された結果として生み出されたものであった。すなわち、原子力技術は、極めて特異な自然力を取り扱うものであって、素材的次元において根本から変容させられた技術なのである。じじつ、人工放射能プルトニウム二三九（半減期二万四千年）の発見に見られるように、原子力は、他の自然力と決定的に異なり、自然力の内実自体が素材的次元において根本的に人間に敵対している。すなわち、「人間と自然との物質代謝」を全く考慮しない資本の生産力発展に規定された、核分裂反応による巨大なエネルギーとその結果生じる大量の放射性物質である。ただし、文明論アプローチのように、「技術」の素材的欠陥を、資本主義の形態規定を捨象した、人間あるいは労働それ自体の「道具的性格」に求めてはならない。重要なことは、まさしく資本主義的形態の大工業において、剰余価値生産に適合した、特異な自然素材とその処理技術が生み出されたという点である。

(3)資本主義システムにおける現代の批判的技術学の意義と限界

ところで、原子力工学といった既存の原子力技術学は、ルカーチが近代科学の特徴として述べたように、「自分の領域の外部にある世界も、またさらにはまず認識のために自分に与えられている質料……までもが、方法論的にも原理的にも把握できない」(Lukács 1923, 112, 邦訳一九三頁)。他方で、原子力技術にみられる、人間の自然に対する特異な関わり方について、高木以降の現代の批判的な技術学は、「物質代謝」の具体的論理を科学的に考察することによって、原子力技術が人間および自然に対して根本的に敵対しており、制御不能なものであることを明らかにしている[16]。こと原子力技術に関しては、実践における困難（不測の事態や事故）を原因究明と技術改良によって取り除いていくという「大工業の原理」による「合理化」をそもそも見込むことができないため、批判的な技術学の立場からは、「無公害化が現在の技術水準では不可能か、あるいは困難、容易ではないとわかれば、これを廃棄するのが当然の処置」なのである（中村一九七八、二三六頁）。しかしながら、資本主義システムにおいて、原子力という自然エネルギーおよび原子力技術は、素材的に本質的な欠陥をはらんでいるにもかかわらず、剰余価値生産を追求するという形態規定の「合理性」に基づいて、自然科学（核物理学など）および既存の技術学を通じて物質的生産過程（原子力発電）に適用されるほかない[17]。

要するに、原子力技術に関してマルクスの視点を応用するとすれば、原子力産業を基盤とする資本主義システムの高度な深化によって、形態規定と癒着した大工業の原理が生産過程の「合理化」を極限ま

[16] 大友詔雄が強調しているように、原子力技術は原子炉の技術のみならず、放射性廃棄物の処理や中間貯蔵、最終処分までを含む個別的技術の総体であって、とりわけ放射能は「あらゆる面で制御不可能な技術」である（大友二〇一二）。したがって、原子力技術論の課題はその「廃絶」にあると提起されている（大友・常盤野一九九〇）。

[17] なお、戦後の先進資本主義国において、核抑止政策という安全保障上の理由のみならず、その核技術の一部を利用した原子力発電が一九六〇年代に西側諸国で相次いで導入された理由は、時を同じくして大量生産／大量消費／大量廃棄を前提とするフォーディズム型資本主義が急速に発展したためであった。

[18] しばしば、国策民営で原子力政策が展開された日本においては、発送電分離がなされず、新規の再生可能エネルギー企業が参入できないため、電力市場の自由化という資本主義市場経済の「合理性」に依拠した脱原発シナリオが主張されている（吉岡二〇一一、一七八頁）。しかし、発送電分離が「再生可能エネルギー普及」の前提条件であったとしても、市場の自由化がそれを保障するわけではない。じじつ、原発大国フランスでは、電力自由化のもとで原発の余剰電力が各国に輸出されているという（小野二〇一四、一七六頁）。

で推進した結果、技術が素材的次元において根本から変容されられた点が重要である。しかし、現代の批判的な技術学が、相次ぐ原発のシビア・アクシデントなどを具体的に分析することで、原子力技術の「不合理性」をどれほど明らかにするとしても、資本主義的大工業のもとで剰余価値生産という「合理性」が追求されるために、原子力技術は旧来の原子力産業を中心とする社会的分業において引き続き利用されるほかない[18]。このように、一九三〇年代後半以降、大工業の究極的な産物としての原子力技術とその資本主義的利用という新たな「絶対的矛盾」が、「大工業の本性とその資本主義的形態の矛盾」のさらなる展開として出現し、戦後の核実験や原発事故などに見られるように、「自然と人間との物質代謝」を徹底的に破壊するに至ったと言えるのではないか。

おわりに

三・一一以降、マルクス経済学の側からも「物質代謝」論への着目は広く見られるが、「日本の社会主義」に見られた積極的な「原子力の平和利用」論を鑑みると、その理論的基礎にあった「技術論」についての根本的な総括なしに、脱原発運動の課題を展望することはできないだろう。また、原子力事故がもたらした大規模な災害を予言的に警告していたという意味では、反原発運動を牽引してきた高木らの実践的かつ理論的功績は疑うべくもない。しかし、反原発運動は、文明論的アプローチによって、人間の「労働」を中心とした社会把握を拒絶するために、資本主義システムにおける科学と賃労働‐資本関係の必然的関連を過小評価する傾向がある。

マルクスが環境破壊を「人間と自然との物質代謝の亀裂」と把握していたように、そして「赤と緑」が結合した福祉国家ドイツの脱原発運動に見られるように、すべての社会形態において物質代謝の意識的媒介を「労働」が担う限り、エコロジー（運動）と労働（運動）をトータルに考える必要があるだろう。マルクスは、「機械設備と大工業」章の末尾において、資本主義的生産の浸透による労働者の生活と土地の破壊を通じて、人間たちが「人間と自然との物質代謝」をエコロジカルにコントロールしないではいないことを強調している。

> 資本主義的生産は、〔……〕土地の肥沃の諸要素や化学的な諸成分――それらは、食物や衣料などの形で土地から取り上げられて使用される――の復元をますます困難にすることによって、人間と土地とのあいだの物質代謝を攪乱する。〔……〕しかしそれは、この物質代謝が停滞した社会によってほとんど自然発生的に遂行されるばあいの諸条件を、破壊することによって、人間の十全な発展に適合する形態で、社会的生産の規制的法則として、この物質代謝を体系的に再建することを、強制する。（MEGA II/7, 438）

ポール・バーケットも述べているように、エコロジー運動は、単に自然保護のみならず、人間と自然との物質代謝を攪乱する貨幣や資本といった経済的形態規定に対抗した、労働者たちのコミュニティ運動としてのアソシエーションを志向しなければならない（Burkett 1999）。さらに、すでに見たように、科学をはじめとする「技術学」は、資本主義システムのもとで、生産者から自立して機械設備において実在化されるのだから、アソシエーションを形成するためには、本来の「生産の精神的能力」を労働者自身の技能や知識として、既存の機械設備や科学技術から奪還しなければならないだろう。じじつ、資本主義システムのもとであるとはいえ、「大工業の本性」それ自体が、旧来の分業の廃棄を目的とする「変革の酵素」として、全面的な「技術学」教育を社会にたいして要求している[19](佐々木二〇一一、三九〇頁)。この「大工業の本性」を媒介とした、技術的レベルでの実質的包摂への抵抗なしには、資本主義的形態と癒着した機械設備や「技術学」を将来的にそのまま適用することは決してできない。

ただし、文明論的アプローチのように、ナイーブな形で、生活世界にそくして「市民」の手に科学を取り戻すと提起するだけでは不十分である。マルクスが提起している変革論の核心は、後藤(一九七六)が「個人的所有の再建」論と関連づけているように、大工業以前の手工業経営に見られた、生産者の手のもとにある「生産の精神的能力」を高次の形態で新たに復活させることにある。すなわち、「人間と自然との物質代謝」を合理的かつエコロジカルにコントロールする「新たな技術学」は、資本主義システムとの対抗を通じて、あくまで生産者たちの精神的能力において涵養されなければならないだろう。その意味において、原発事故以降も、文明論的アプローチのように技術そのものを拒絶するのではなく、生産者ひいてはコミュニティの手のもとに、廃炉に向けた「新たな技術学」を創造していく必要がある[20]。

〔19〕「大工業は、資本の転変する搾取欲求のために予備として保有され自由に使用されうる窮乏した労働者人口という奇怪事を、転変する労働需要のための人間の絶対的な使用可能性によって置き換えることを、すなわち、一つの社会的な細部機能のたんなる担い手にすぎない部分個人をさまざまな社会的機能をかわるがわる行うような活動様式をもった、全体的に発達した個人によって置き換えることを死活問題とする。大工業を基礎として自然発生的に発展した、この変革過程の一契機は工学および農学の学校であり、もう一つの契機は、労働者の子どもたちが技術学とさまざまな生産用具の実践的な取り扱いについて若干の授業をうける「職業学校」である」(MEGA II/6, 466-467)。このように、『資本論』においては、大工業が要求する全面的な「技術学」教育（職業教育）と旧来の分業に固執する資本主義システムの矛盾が展開されているが、現代的には、前者の「大工業の本性」を、原子力技術を廃棄するための批判的な技術学教育および諸個人の発達と読み替えることができるかもしれない。

〔20〕吉岡斉は、脱原発路線の目標として、従来の原子力工学とは正反対の、「脱原発を実現するための実用的な知識全般」である「脱原発工学」の必要性を提言している（吉岡二〇一二、一八一頁）。

第二章　マルクスの資本主義に対するエコロジー的批判と二一世紀の食糧危機——過少生産論に対する批判的検討

権五範《クォン・オボム》
［訳］梁英聖

1　序論

二〇〇七～〇八年の世界経済危機は明らかに資本主義の構造的危機であった。それは米国発サブプライムローン問題や、それによる英米圏で起きた投資銀行の経営不振化のような現象に代表されるグローバル金融危機に還元できるものではない。それは石油価格急騰として現われたエネルギー危機と食糧価格急騰として現われた食糧危機が複合的に現われた資本主義生産様式の総体的な危機として分析する必要がある。実際に国連食糧農業機関（以下、ＦＡＯ）で五品目の食糧価格を基に算出される食料価格指数の変動を調べてみると、本格的な価格急騰がはじまる以前の二〇〇四年の指数は一一二・七であるが二〇〇八年には二〇一・四と大きく上昇し、二〇一一年には二二九・九と最高水準にまで高騰した。わずか四〜七年で名目価格指数が二倍に増加している。これと同様にインフレーションを勘案して二〇〇二〜二〇〇四年間の価格を基準として算出された実質価格指数もまた、ほぼ同期間に一・六〜一・七倍の水準に上昇した。このような異常な国際食料価格の上昇に直面して、気候変動の影響による自然災害や農業への否定的影響が食料価格上昇の原因であると指摘したり、古典派経済学者マルサスと変わらない観点から持続的な人口増加に比べて農業生産が鈍化したのではないか、という見解も提起された（Sachs 2008）。

実際には二〇〇〇年代半ば以降の食糧価格急騰については、需要と供給の両面において、構造的・一時的要因が複合的に作用した結果であるとみるのが妥当である。しかし農業および食糧生産にとって気候変動の否定的影響は、時間の経過にしたがってより一層増大する可能性が高いものであり、「安価な食糧価格時代の終焉」を予測する学者が少なくない。農業生産に対する気候変動の否定的影響があると仮定したうえで、それが農産品や食糧の希少性を高めたり、需要をまかなう農産品の過少生産を招いたのがもしも事実であるとするならば、このような現象はジェイムズ・オコンナーが注目した「資本主義の第二の矛盾」として適切に理論化しうるだろう。

エコロジカル社会主義言説の発展に大きな影響を与えたオコンナーの「第二の矛盾論」は伝統的なマルクス主義を生産力と生産関係の矛盾に注目したものであると批判し、自然という生産条件と生産関係の矛盾を分析しようと試みた。「第二の矛盾論」は資本主義的生産様式において一般化する資本と商品の過剰生産の傾向を認めた上で、過少生産の可能性を提起した。「第二の矛盾論」が主張するエコロジー的意義はまさに、個別資本の外部性が環境汚染を増加させて特定の自然（資源）の希少性を高めたり、総資本の環境コストを増加させて費用面で利潤を圧縮して、それが資本の過少生産につながる、というものである。

オコンナーの「第二の矛盾論」によって簡単に分析すると、二一世紀の食糧危機は次のように整理しうる。個別資本による莫大な温室効果ガス排出が気候変動を引き起こし、農業生産に対する気候変動の否定的影響が持続的に作用する。それは食糧の希少性を高めたり、農業食品資本（agro-food capital）の利潤を圧縮したり、あるいは賃金上昇に起因する総資本の過少生産につながりうる、と。このような食糧危機の原因とメカニズムに対する描写はもちろんジェイムズ・オコンナー自身が示したものではない。しかし様々な形でオコンナーの過少生産論を発展させているジェイソン・ムーアは、新自由主義プロジェクトの歴史を検証して次のように分析する。曰く、賃金を搾取するために低廉な労働力を確保することが新自由主義のはじまりだったのであり、その兆候的危機は低廉な四つの投入要素、すなわち労働力、食糧、エネルギー、原材料価格の時代の終焉として現れるのだ、と（Moore 2014）。

本稿は二一世紀の食糧価格急騰として現れた食糧危機を分析する上で、オコンナーとムーアの過少生産論がどれほど有効でありうるのか、その妥当性を批判的に検討するものである。なお両者の立場は次の点で対照をなす。オコンナーはマルクスが資本主義の「第一の矛盾」と過剰生産の傾向にのみ注目したために、資本主義のエコロジー的な矛盾を正しく分析することができなかったと批判した。他方でムーアはマルクスについて機械の過剰生産に対比される原材料の過少生産の傾向に注目したと彼を評価する。本研究は過少生産論を共有するオコンナーとムーアの以上のような違いを考慮しつつ、資本蓄積過程における食糧を含む農産品・原材料についてのマルクスのエコロジー的分析と関心を明らかにし、それを発展的に継承するためにはどのような課題があるのかを検証しようとするものである。

2 オコンナーとムーアの過少生産論

オコンナーの資本主義「第二の矛盾論」は現代のエコロジカル社会主義における議論では欠かすことのできないジャーナル"Capitalism, Nature, Socialism"創刊号を通じて初めて理論化され、その後も様々な論者の批判と討論、そしてその継承を通じて発展した。過少生産論を重点的に検討する本研究で「第二の矛盾論」を全面的に検討するのは適切でない。本稿ではまずオコンナーが強調する「過少生産」の意味を明確に規定する必要がある。オコンナーの「第二の矛盾」は資本の費用部分での利潤圧縮を通じて生じる。利潤の増大を目的に個別資本が生産条件の費用を外部化してコスト削減を行えば、それによって他の資本の費用を上昇させる。結局は総資本の利潤を下落させるという意図せざる結果を招く。このような「第二の矛盾」は伝統的な過剰生産による恐慌、すなわち生産力と生産関係の矛盾に伴うとされる危機とは異なる矛盾である（O'connor 1998）。オコンナーの分類法によると、伝統的マルクス主義理論では価値生産とその実現との間の矛盾および経済危機は「実現の危機」(realization crisis) あるいは資本の過剰生産という形態として現れる。しかし彼が主唱するエコマルクス主義理論では経済危機は「流動性危機」(liquidity crisis) あるいは資本の過少生産という形態として現れる。

伝統的な理論において経済危機は資本が生産力と生産関係を形態と内容において一層確実に社会的に

再編するメカニズムであり、他方でエコマルクス主義において経済危機は資本が生産条件を形態と内容においてより一層社会的に再編するメカニズムである（O'connor 1988, 15）。オコンナーは生産のトレッドミル理論や様々なエコロジー言説が資本主義に対するマルクスの分析を無視したり歪曲していると指摘しながらも、そうなった原因がマルクス自身にあると理解している。その理由は彼の主張によれば、現代資本主義の深刻な生態系の危機は経済危機を誘発するほどに発展したのであり、これは生産力と生産関係の矛盾に注目した伝統的なマルクス主義の経済危機論では理論化されなかった内容である、というものである。しかしオコンナーもマルクスの『資本論』に見出せるいくつかのエコロジー的分析の意義を認めるものの、マルクスが「エコロジー的に破壊的な営農法が資本の生産要素の費用を高める可能性を、そのために特定の形態の経済危機、すなわち資本の過少生産を招くであろうことを決して考慮しなかった」と批判する（O'connor 1988, 13）。オコンナーによれば、正常な資本の拡大再生産が資源の枯渇とその副産物である環境汚染の増加という形態で生態系の危機を生み出すのならば、経済危機の時期には一般的に過当競争と効率性および費用削減に対する圧迫が激しくなるために「経済的暴力」を増大させて、これが費用の外部化にともなう環境汚染と労働者に対する搾取の強化を引き起す（O'connor 1998, 181-182）。

オコンナーの「第二の矛盾論」を二一世紀の食糧危機分析に活用するならば、結局、気候変動や生態系破壊的な営農法が資本の生産費用を高めたり食糧の希少性を高めて資本の過少生産（これは社会的総資本あるいは農産物加工食品資本の両方に該当しうる）という結果を招いてきた、という構図にまとめることができる。もちろんオコンナー自身が提示した主な事例では、二〇世紀後半が「第二の矛盾」による費用面での経済危機として特徴づけられていると思われる。一九六〇年代の賃金上昇、農業の化学化が招いた否定的な影響、一九七〇年代のオイルショックなどがその具体的な事例である。オコンナーが提示する資本主義の「第一の矛盾」、「第二の矛盾」をよりオーソドックスな経済理論の用語法で紐解けば、「第一の矛盾」は需要面での商品の過剰生産危機として現れ、「第二の矛盾」は供給面の流動性危機あるいは資本の過少生産として現れる（Kligarrd 2013）。オコンナーは資本が生産条件を破壊することによって蓄積能力を自ら脅かす事例として「地球温暖化、酸性雨、地下水の塩類化、土壌侵食」を挙げて、このような現象が自然のみならず利潤をも破壊すると述べた（O'connor 1988）。環境汚染と資源枯渇によるエコロジー問題は、天然資源の希少性を高めたり汚染される前の自然環境へと復元・浄化する費用を増大させ、結果的に自然的生産条件の再生産費用を増加させて利潤を脅かす、というのである。

もちろんオコンナーは新マルサス主義の立場ではなく、マルクス主義の立場から「希少性」を経済危機理論に導入したと主張する。しかし天然資源の希少性あるいは汚染されていない自然環境の「希少性」が価格次元の上昇に直結するというその論理構造は、商品の希少性を反映する市場価格という新古典派経済学の価格理論と異ならない。価値と使用価値の矛盾に注目するマルクス経済学〔1〕においては、特定の天然資源の希少性の高まりや環境汚染は、必ずしも生産条件の価格次元での再生産費用上昇に結びつくとは限らない。すなわち資本主義的生産様式においては、使用価値の次元での資源あるいは商品の

〔1〕原文で「「정치경제학」〔政治経済学〕」と朝鮮語で書かれている箇所は全てpolitical economyなので「経済学」と訳した。

希少性が自然的生産条件の変化のみならず価値法則にも規定される。オコンナーの理論は「自然的生産条件の変化にともなう希少性が経済危機を誘発するという特殊な状況を資本主義の一般法則として規定したもの」であるという批判に直面した（김二〇〇九）。しかし多くの理論的検討にもかかわらず、オコンナーの過少生産論を現実の経済危機と生態系の危機に適用して、その妥当性を検証する研究は稀である。これは本研究の重要な課題の中の一つである。

オコンナーの過少生産論が伝統的マルクス主義またはマルクス自身の議論と距離をおくことを通じて形成された理論であるならば、社会学者ジェイソン・ムーアの「過少生産論」はマルクスとオコンナー両者の議論を総合し、これを継承・発展させる試みである。ジェイソン・ムーアの場合、「不変資本のうち、機械設備などの固定資本からなる部分の生産および増加は、有機的原料からなる不変資本部分の生産および増加をいちじるしく追い越し、その結果、これらの原料にたいする需要がその供給よりもいっそう急速に増大」（Marx 2004b, 邦訳二〇三頁）するというマルクスの指摘を「機械（固定資本）の過剰生産が原料（流動資本）の過少生産と弁証法的に対比される」（Moore 2011, 21）ものとして理解した。ムーアは各種原料、「綿花、ゴム、パームオイル、ニッケルなど」の過少生産のために資本蓄積の攪乱が起きた歴史的事例を列挙しながら、資本の有機的構成の高度化が機械の過剰生産と生産に投入される原料の過少生産を招いて自然界が資本化される過程を引き起こすと主張する。今まで資本に包摂されていなかった自然が競争の法則に強いられた資本によって、森や土地の再生産期間とはかけ離れた社会的必要回転時間（socially necessary turnover time）という資本の短期的論理で包摂され統制される、というのである（ibid., 30）。結局、このような社会的必要回転時間のエコロジー的フローは自然の循環という統制を逃れ、資源枯渇のような形態で生産条件を掘り崩すようになるのであり、資本の有機的構成の高度化は価値法則下での資源枯渇を引き起こす（ibid., 33）。オコンナーの過少生産論が価値の次元での、自然的生産条件の再生産費用の増加によって資本の過少生産が引き起こされるという論理構造を持っているとすれば、ジェイソン・ムーアの過少生産論は資本の有機的構成の高度化傾向が使用価値の次元で相対的な原料の過少生産を引き起こす、というものである。

ムーアは世界システム分析と過少生産論の観点に基づいて新自由主義の登場と危機を説明する独創的な概念を提示した。ムーアが提示する新しい理論枠組みが「エコロジー的剰余の傾向的低下（the tendency of the ecological surplus to fall）」である。ここでの「エコロジー的剰余（ecological surplus）」とは、剰余価値全体のうち、領有による蓄積の二種類の形態――生物物理学的再生産（biophysical reproduction）と地質学的採取（geological extraction）――を通じて生産された剰余価値部分の比率である。二つの蓄積形態の例を挙げれば、生物物理学的再生産には労働力・林業・農業が、地質学的採取にはエネルギー・鉱物資源採取が該当する（Moore 2011）。ムーアは資本主義の価値法則あるいは価値関係を通じて資本・権力・自然がどのようにして再編されるのか、分析を試みる。しかし彼によると価値関係の一般化は生産の資本化と再生産の領有という弁証法を通じて作動し、価値は商品生産における労働力搾取と、アンペイド・ワーク（unpaid work）としての自然の生命再生産能力に対する領有によって現わる、というのである（Moore 2014, 291）。このような「エコロジー的剰余」が資本蓄積に寄与する仕方に対するムーアの叙述をまとめると次のようになる。資本にとって天然資源は一種の自然からの無償の贈り物として現れ、資本蓄積にとって無償である生物界次元の働き（biospheric work）のより多くの領有は、資本の有機的構成を系統的に低下させるのに寄与しうる、と。

このような観点からムーアは、「史的システムとしての資本主義（historical capitalism）」とは、人間と外的自然双方の新たな有用性を認識し、探し求め、これらを捕捉し、コントロールする巨大な統制プロジェクトであり、価値関係の発展は四つの低廉な生産要素すなわち労働力・食糧・エネルギー・原材料の巨大な物質的膨張として現れる、というのである。これは歴史的な蓄積戦略あるいは蓄積プロジェクトのための必要不可欠な条件であり、資本主義の実際の歴史において一八四六〜一八七三年、一九四七〜一九七三年、一九八三〜二〇〇七年のサイクルにおいて確認しうるという主張である（ibid., 291）。特に最後の時期である新自由主義的グローバル化の時代が始まる一九八三年頃から食糧、エネルギー、資源価格の深刻な価格下落が観察され、二〇〇三年以降、全世界の「エコロジー的剰余」は高度化の傾向を止めて低下しはじめた、という。ムーアはこのような現象を、資本主義において長期持続した安価なエコロジー体制の歴史的限界として認識すべきことを主張する（ibid., 300-301）。

ムーアの過少生産論はマルクス自身の資本主義に対するエコロジー的分析を発展させようとする試みであり、資本の蓄積戦略において外的自然を領有して労働力を搾取することの重要性を浮き彫りにしている。しかし自然を領有するすべての生産過程には人間労働が投入されなければならないという事実、すなわち実際の生産過程において搾取と領有を厳密に区分することは不可能であるという点は、指摘されなければならない［1］。もちろんムーアのこのような理論は価値の生産過程そのものが使用価値の生産と密接に結びついているという点、価値の生産は自然の領有に基づいた有用な使用価値の生産と切り離すことができない過程であるという点を強調しているようである。しかし自然の生命能力の領有を「支

	マルクスとの関係	過少生産の内容	資本蓄積に対する制約
オコンナー	断絶	資本の過少生産	自然の希少性と環境汚染が費用面で資本の利潤を圧縮
ムーア	継承	原料の相対的過少生産	エコロジー的剰余の傾向的低下＆低廉な自然の終焉

〈表１〉オコンナーとムーアの過少生産論の比較

払われない作業」（アンペイド・ワーク）として、労働力への搾取を意味する「支払い労働」（ペイド・ワーク）と対比させるという点では、ムーアの理論は自然の内在的価値を主張する自然価値論と同じではないかという批判に直面するほかない［2］。価値の実体である抽象的人間労働を単純な生理学的な同等労働あるいは同等な水準のエネルギー支出としてのみ把握するならば、「支払われない作業」と「支払い労働」の双方をエネルギー支出に還元させることもできよう。しかし人間労働の質的特性（熟練、労働強度、

［1］『資本論』第二巻第三篇においてアダム・スミスの価値論を批判的に検討しながらマルクスは「剰余価値は生産過程で労働者が新たに生み出した価値」であり「剰余価値が凝固した不払労働（unpaid work）であるという事実」を紛れもなく解き明かしている。したがって剰余価値をペイド・ワーク（paid work）に対する搾取と、対価を支払われない自然の再生産能力に対する領有（unpaid work）に区分し、それら二つの間の比を全世界のエコロジー的剰余として概念化したムーアの過少生産論は、マルクスの議論からはその理論的根拠を見出すことができない。

［2］ムーアが資本の自然の再生産能力に対する領有をアンペイド・ワークとしてとらえ、これを剰余価値生産において労働力搾取（ペイド・ワーク）によって生産されたものと同次元において比較していることはムーアの概念がエネルギー奴隷（energy slave）という概念に類似することを示す。エネルギー奴隷とは、化石燃料の使用によって節約された人間労働を奴隷人員に換算し、現代資本主義の化石燃料の依存について警鐘を鳴らすことを強調する概念である（Nikiforuk 2012）。もちろん使用価値の次元において化石燃料の使用や自然の再生産能力に対する資本の領有は莫大な生産力の増大をもたらす。しかし価値の実体は人間の抽象的人間労働であり剰余価値は剰余生産物とは概念的に異なる。そのため剰余価値全体のうち労働の搾取に基づくものと天然資源及び再生産能力の領有に基づくものとを分けることは出来ない。また使用価値の次元での生産性の増大は剰余価値の増大とは同一視しえない。そのためエコロジー的剰余という概念はマルクス主義経済学の観点からは正当化しがたい。

労働者文化）を考慮するならばカロリーの単位にそれら二つを還元させることはできない。もしこのような還元を通じて搾取と領有の弁証法を分析するならば、労働価値説を放棄してエネルギー価値論の立場をとるのと根本的に異ならないはずだ。オコンナーとムーアの過少生産論は資本主義的生産において自然の重要性と寄与を分析的に理解する試みであるという点で評価を受けるに値する。しかしオコンナーの場合、「第一の矛盾」と「第二の矛盾」を人為的に分離させて、使用価値の生産もまた価値法則が作用する領域であることを看過したことについては批判されるべきである。ムーアの場合、オコンナーとは異なり、使用価値の次元で原料が機械に比べて過少生産される傾向をマルクスが指摘したことに着想を得て、資本の有機的構成との関連でこれを継承・発展させようとした。しかし剰余価値全体のうち天然資源及び自然の生命能力の領有に基づく剰余価値が占める比率を意味するムーアの「エコロジー的剰余」とその傾向的低下という概念は、自然価値論あるいはエネルギー価値論と共通する問題を抱える。

〈表1〉はオコンナーとムーアの過少生産論を簡単に比較したものだ。オコンナーの場合、「第一の矛盾」と「第二の矛盾」の違いを強調して、伝統的マルクス主義あるいはマルクス自身の資本主義分析が、自身の主張するエコマルクス主義とは異なり、後者が前者の限界を克服してそのカテゴリーを発展させたと主張する。ムーアの場合、マルクスが分析した資本の有機的構成の高度化の傾向と、機械の過剰生産に対比される原料の相対的過少生産に注目して、これを独創的な方式で継承・発展させ、「エコロジー的剰余の傾向的低下」として理論化した。しかしオコンナーとムーアは二人とも、現代資本主義において自然が資本蓄積に寄与しながらも同時に一定の制約として機能することついて概念的に分析を行うためには、マルクス自身の資本主義分析だけでは不充分であるとみなした点で一致している。したがって次項では資本主義のエコロジー的矛盾に対するマルクスの分析をとりあげる。マルクスの分析が、オコンナーとムーアの過少生産論によって理論化できるどのような論点を欠いているのかを、そして二一世紀のエコロジー的危機を分析するにあたって決定的な障害が存在するのか否かを、検証しよう。

3 マルクスの資本主義に対するエコロジー的批判と分析

マルクスの資本主義的生産様式に対する分析と批判はエコロジー的側面においても遂行されたが、それは一種の断片的な叙述ではなく、青年期マルクスあるいは経済学を本格的に検討する以前の唯物論者マルクスの時期から存在した、固有なエコロジー的観点（人間と自然の物質代謝的関係）の進化的発展である。このことはポール・バーケットとジョン・ベラミー・フォスターによる二つの記念碑的な著作を通じて広く知られる事実となった（Burkett 1999; Foster 2000）。そのためここでは数多くの先行研究の議論を

［4］ オコンナーの過少生産論に対する正当な評価はこの理論が最初に提起された時期と切り離しては考えられない。一九八七年にペレルマン（Perelman 1987）はケアリとマルクス、マルクスとマルサスとの関係、経済学における自然資源の希少性の意味を正面から分析する記念碑的な著作を出版し、オコンナーの「第二の矛盾論」(及び過少生産論）は一九八八年に"*Capitalism, Nature, Socialism*"創刊号で公表された。ペレルマンとオコンナーの偉大な業績は八〇年代のエコロジー言説に相当な影響を与えた政治的エコロジーの用語ではなく、マルクス主義経済学の用語で資本主義のエコロジー的矛盾を説明しようと努めた先駆的な試みとして評価されねばならない。

繰り返すことはしない。以下、過少生産論が注目する資本主義に対するエコロジー的批判と分析が、マルクスには本当に存在しなかったのかという論点と、エコロジー的矛盾についての『資本論』での分析を中心に、簡単に検証してみたい[4]。

オコンナーによれば少なくともマルクスは「第二の矛盾」に対して三つの点で有意義な分析を残した。第一に、生産条件または「自然的条件」の欠乏である凶作が経済危機を生むという分析である。第二に、生産にとってのある種の障害は明らかに生産様式にとって外部的であるが、このような障害は資本主義において経済危機という形態を帯びるという命題をマルクスは確信していた。第三に、マルクスは資本主義の搾取が人間の労働力に害となったように、資本主義的な農業と山林開墾が自然にとって有害であるということを疑わなかった（O'connor 1988, 12-13）。さて、オコンナーがムーアと共有する過少生産論は結局のところ、自然が資本蓄積に寄与することと同様に自然的条件（の変化）あるいは環境汚染が資本蓄積の攪乱を引き起こし、さらには経済危機を誘発しかねないという点を強調する理論的枠組みである、ということができる。では、自然的条件あるいはそのような条件の変化が資本蓄積の攪乱や再生産過程の破局を引き起こすという理論的な分析が、果たしてマルクスには存在しないのだろうか？

その答えは『資本論』第三巻第一篇第六章「価格変動の影響」に見出せる。マルクスは自然的条件において生産される原料の価格変動が利潤率と資本主義経済に及ぼす影響を論じながら、さらに原料価格と利潤率の間の関係に対する一般的法則を提示した。つまり原料価格の変動においては、その他の事情（剰余価値率および利潤率に影響を与えるその他の条件）が変わらない場合、資本の利潤率は原料価格の変動に反比例する、という一般的法則である（Marx 2004b, 128）。しかしマルクスは、この法則はある事業に新しく投下される資本の場合、すなわち資本の投下（貨幣資本から生産資本に転化される場合）が初めて行われる場合にのみ妥当する、と主張した。すでに機能している資本の場合、一部は流通領域、一部は生産領域にあるので、一部は商品として市場で貨幣に転化されるべきであり、他の一部は貨幣として存在して生産条件として再転化されるべきであり、別の一部は最初の形態である生産手段と完成過程にある生産物として存在する、という点を考慮しなければならない。すなわち原料の価値変動による資本価値の増加または減少がどのような影響を及ぼすのかは、先の各部分の構成比率にかかっていると強調するのである。もちろん原料の価格変動として直接あるいは直ちに反映されない自然的生産条件の質的低下あるいは変動が生じる場合、それが資本蓄積にどのような影響を及ぼすかという問題が残ってはいる。しかし天然資源の希少性の高まりによる資本の費用上昇や四つの投入要素の価格変動によって資本が利潤圧縮（あるいは利潤率低下）を被るという過少生産論の核心にある議論とも一致するのが、原料価格変動と利潤率の反比例関係に対するマルクスの一般的法則である。マルクスは『資本論』第三巻第一篇第六章で原料の激しい価格変動が再生産過程の中断や大きな混乱と破局を引き起こすと指摘し、特に農産物（有機的自然から得られる原料）が自然的生産条件の変化にともなう収穫の変動の結果としてこのような価値変動を最も受けやすく、不変資本の比率が増大し蓄積が急速になればなるほど、機械やその他の固定資本に比べて原料の相対的過少生産傾向が頻繁に現れると指摘した。

原料の価格が騰貴すれば、労賃の控除後に、原料の価格を商品の価値から完全に補填することは不可能であろう。それゆえ、激しい価格変動は再生産過程における中断、大きな衝突、さらに破局をさえ引き起こす。収穫高の変動などの結果、このような価値変動にさらされるのは、とくに、本来の農業生産物、有機的自然に由来する原料である……。ここでは、同じ分量の労働が、制御できない自然の諸事情、季節の順不順などの結果、非常に異なる分量の諸使用価値のうちに現れることができ、それに応じて、これらの使用価値の一定総量が非常に異なる価格を持つことになるであろう。……これは、原料のこの価格変動のもう一つの要素である。……植物的及び動物的諸素材は、その成長および生産が一定の有機的な、ある自然的期間に結びついた諸法則に支配されており、それらの素材は、例えば機械設備その他の固定資本、石炭、鉱石などが、他の自然的諸条件さえ前提されれば、産業的に発達した国では極めて短期間に増加され得るのと同じ程度に突然には増加されえない、ということである。それゆえ、不変資本のうち、機械設備などの固定資本からなる部分の生産および増加は、有機的原料からなる不変資本部分の生産および増加をいちじるしく追い越し、その結果、これらの原料にたいする需要がその供給よりもいっそう急速に増大し、それゆえその価格が騰貴するということが、可能であり、また発展した資本主義的生産のもとでは不可避でさえある。

(Marx 2004b, 135-136, 邦訳二〇二～二〇三頁)

資本主義的生産が発展すればするほど、それゆえ、不変資本のうち機械設備などからなる部分を突発的また持続的に増加させる諸手段が大きくなればなるほど、蓄積が……急速であればあるほど、それだけ、機械設備その他の固定資本の相対的過剰生産が大きくなり、またそれだけ、植物的および動物的諸原料の相対的過少生産がひんぱんになり、それだけ、これらの原料の価格の前述した騰貴およびこれに照応する反動が目立つようになる。したがって、それだけ、再生産過程の主要要素の一つのこの激しい価格変動に根拠をもつ激変がひんぱんになる。(Marx 2004b, 137、邦訳二〇四頁)

右の最初の引用文からわかるように、マルクスは自然的、気候的要因に大きな影響を受ける原料と農産物の価値変動が深刻な場合、経済的な再生産過程において中断、混乱、破局に直面しうるという点を明確に提示している。特に自然的条件の欠乏あるいは希少性の高まりが天然資源の価格上昇に直結するという単純な論理とは異なり、マルクスはこのような原料および農産物の価格変動が価値変動ではなく資本間競争と信用制度の影響によっても引き起こされうること(Marx 2004b, 130)、そのような原料と農産物の使用価値の面での供給が十分な場合にも、その「供給が劣等な生産条件から出てくる場合に価格が上昇しうる」点を指摘した(Marx 2004b, 139)。マルクスのこのような議論は資源の希少性を反映する市場価格なる一面的な分析や、自然の希少性の高まりが価格上昇によって費用面で資本の利潤を圧縮するというオコンナーの過少生産論とは異なり、価値と使用価値の矛盾を考慮する多角的な分析であると評価することができる。他方でマルクスは他の産業と区別される農業の特殊性、そして農業において自然的条件が持つ重要性を明確に認識していた。『資本論』第二巻第三篇「社会的総資本の再生産と流通」でマルクスは重農主義者の弱点を批判しながらも彼らの経済分析の強みを認めて次のように書いた。

経済的再生産過程は、その特殊的社会的性格がどうであろうと、この領域(農業)ではつねに自然的再生産過程とからみ合う。自然的再生産過程の明白な諸条件は、経済的再生産過程の諸条件を明らかにし、流通の眩惑によって引き起こされるにすぎない思想の混乱を許さない。(Marx 2004a, 432, 邦訳五七五頁)

農業における経済的再生産過程が自然的再生産過程と絡み合っているということでの指摘は、農業生産が自然的条件に制約されているということと同じ意味を持つ。マルクスにとって農業での剰余労働の存在は剰余価値と利潤の一般的存在条件であるため「社会の一部の総農業労働が社会全体の必要な食糧を生産するのに充分でなければならないのであり」同時に「農業従事者と工業従事者の間の大きな分業」および「農業従事者間の食糧を生産する人々と原料を生産する人々の間の分業も可能でなければならない。」(Marx 2004b, 782)。すなわち自然的再生産過程に絡み合っている農業の経済的再生産過程が自然的、気候的要因あるいは環境汚染に大きな影響を受けるならば、剰余価値生産の土台が揺らぐことになるのであり、これをマルクスは「自然の肥沃度が出発点または、土台として一つの限界を設定」していると叙述している。彼は全体の剰余価値生産において、農業および食糧生産が持つ特殊な社会的意味と自然的条件が剰余価値生産にいかなる制約として作用するかを十分に理解し、資本主義生産様式の分析のうちにこれを解き明かした。同時にマルクスは農業が持つ特殊なエコロジー的意義に注目した。彼は『資本論』第三巻第六篇「超過利潤の地代への転化の緒論」において、資本主義的農業において作物の栽培が市場価格の変動に左右されたり、市場価格の変動につれて栽培の規模と性格に変化が起きること、そして資本主義的生産の貨幣的利潤動機が「連続する世代の人間が必要とする恒久的な生活条件の全体を保障しなければならない農業と矛盾」すると指摘した (Marx 2004b, 761)。このような未来世代の必要のための、恒久的な自然的条件に対する関心はフォスターが適切に指摘したように、持続可能な発展に対する現代的視点の核心をマルクスが共有していたということを示している（Foster 2000）。

しかし資本主義的生産様式がどのようにエコロジー的矛盾を引き起こさずにはいないのかという点に関するマルクスの洞察は農業だけに限られたものではなかった。『資本論』第二巻二篇一三章「生産時間」においてマルクスは造林が、生産時間が長く回転時間が長いというその特性のために資本主義的生産に適さないということを指摘し、「文化および産業一般の発達は、昔からきわめて能動的に森林を破壊するものとして実証されてきたが、それに比べれば、この発達が逆に森林の保全および生産のためにしてきたいっさいのことがらは、まったく微々たるものである。」と辛らつに資本主義的農業と産業一般のエコロジー的矛盾を批判した（Marx 2004a, 290, 邦訳三八八頁）。森林あるいは造林がその自然的条件のために、資本主義的生産に適さないという彼の見解は先に引いた『資本論』第三巻六篇「超過利潤の地代への転化の緒論」で再び短く言及されている。彼は資本主義的生産および資本主義的土地所有と「連続する世代の人間が必要とする恒久的な生活条件全体を保障すること」との間の矛盾を指摘しながら、このような矛盾の適切な事例として森林を挙げながら、私的所有でなく国家管理下にある場合にのみ森林は公共の利益のために管理されうると指摘した（Marx 2004b, 761）。

先に見たように『資本論』であらわになる、資本主義的生産および資本蓄積と自然的条件が結ぶ矛盾に満ちた関係に対するマルクスの関心は現代的意味における「持続可能性」の核心を共有しており、資本主義のエコロジー的矛盾に対する分析の基礎を提供する。すでに先行研究を通じて十分に紹介されている物質代謝の亀裂、綿花飢謹、都市と農村の対立的分離、リービッヒおよびケアリの土地肥沃度低下に対するエコロジー的考察を除いても、資本主義のエコロジー的矛盾に対するこのように豊富で深みのある洞察がマルクスには存在するのである。確かに、オコンナーとムーアが共有する過少生産論は、資源枯渇や生態系の危機が資本蓄積の攪乱あるいは経済危機を引き起こす可能性に注目するにとどまらず、前者と後者の間の必然的関係があると理論的に前提したり（オコンナー）、あるいは特殊な歴史的時代における前者と後者の間の因果関係（ムーア）を主張する。例えばムーアは二〇〇八年のグローバル経済危機が、二〇〇三年以降にエネルギー・食糧・労働力・原料価格の上昇として現われている全世界の「エコロジー的剰余」の低下による大きな影響を受けたと主張するのだが、これを実証できる資料を提示することができないという点で、説得力を欠くと思われる。ムーアの「エコロジー的剰余」という概念は、自然の再生産能力に対する資本の領有が剰余価値を生産すると主張しつつ、むしろマルクスの剰余価値論とは質的に異なる分析へと進んだ。マルクスは『資本論』第二巻第三篇一九章でアダム・スミスの『国富論』の次の叙述を引用してスミスの重農主義的偏向と再生産過程分析の問題点を批判した。

> 農業においては、自然もまた人間とともに労働する。しかも自然の労働にはなんら経費がかからないにもかかわらず、その生産物は、もっとも経費のかかる労働者の生産物と同じように、価値をもっている。(Marx 2004b, 433, 邦訳五七七頁)

マルクスのここでの批判はムーアの「エコロジー的剰余」概念にも適用しうる。「自然の肥沃度」が剰余価値生産の土台となる点では正しいが、しかし自然の領有が剰余価値に占める比率は算出することとさえできない。そのうえ「エコロジー的剰余」をアンペイド・ワークに類比させたことは、自然が人間と共に労働するのだと主張することとほとんど変わらない誤謬である。マルクスのエコロジー的観点に相対的に無関心であったオコンナーとは異なり、ムーアはマルクスの「機械の過剰生産＋原料の相対的過少生産」というテーゼを高く評価し、これを発展させようとした。しかしオコンナーとムーアが共有する「過少生産論」は資本主義生産様式において自然的条件の重要性を強調しようとしたものの、マルクス経済学とは異質な「資源の希少性を反映する市場価格」または「自然に対する資本の領有が剰余価値を生産する」という理論を持ち込み、かえってマルクス自身の農産品と原料に対するエコロジー的観点を浮き彫りにすることには失敗したように思われる。

4　過少生産論は二一世紀に複合的に現われた食糧危機および経済危機を説明できるか？

二〇〇八年の世界経済の混乱を過少生産論によって説明する議論はムーアが明確に提示した。ムーアは、二〇〇八年のグローバル金融危機に代表される資本主義の構造的危機が実際には二〇〇三年から続いた低廉な四種の投入要素の価格上昇と「エコロジー的剰余」の低下の影響に大きく影響を受けたものであり、これは蓄積体制の衰退を表わすものだと分析した（Moore 2014, 298）。ムーアによると二〇〇三年から全世界の「エコロジー的剰余」は上昇を止めて下落することになるのだが——これは自然を組織する方法における新自由主義の兆候的危機を意味する――その最も明確な指標は金属・エネルギー・食糧の価格上昇である。同時に彼は中国の持続的な実質賃金上昇という事例を挙げて低廉な労働力の時代も終わったと評する（Moore 2014, 300）。しかしムーアの分析を実証的に検討することはかなり困難である。というのもそれは、全世界の「エコロジー的剰余」の低下の有無を検証するためには、剰余価値のうち純粋に労働力搾取に基づいたものの割合と自然の再生産能力の領有に基づいたものの割合を求めることが必要であるが、それは不可能であるからだ。しかしそれだけではない。「エコロジー的剰余」などのムーアの概念が、マルクス経済学のオリジナルな概念とは質的に異なるものであるためである。ただし、ここで次のように問うてみることはできる。安定的な資本蓄積にとっての四つの低廉な投入要素の重要性を高く評価するムーアの理論的枠組みを用いて、過去一〇年間の国際原油価格の変動の経済的意味を説明しうるのかどうか、と。米国西部テキサス産原油（WTI, West Texas Intermediate）基準で二〇〇八年七月にバレル当たり一四五ドル水準で高騰した原油価格は二〇一四年七月から持続的な下落傾向に転じ、二〇一五年八月末には三八ドル水準に落ちた。ムーアの主張どおり二〇〇三年以降の持続的な四つの投入財の価格上昇が蓄積体制の衰退を表現したものであるならば、一年以上持続している低原油価格とＦＡＯ食料価格指数の安定傾向は、蓄積体制という面からみて、新しい時代の到来を意味するのだろうか？　もちろん二〇一四年と二〇一五年の間に、蓄積体制の変化であると言えるほど重大な世界史的な変化が生じたわけではない。結局、四つの投入財価格の上昇傾向と下落傾向を資本主義の景気循環あるいは蓄積体制の成立や衰退過程と同一視したり、両者に無媒介的な関連があると仮定することは、現実の経済を分析するうえで有用な観点ではない。では今度はオコンナーの過少生産論を、二一世紀に複

年度	耕作面積（単位：百万ha）	穀物生産量（単位：百万トン）
2005	690.8	2,268.2
2006	679.0	2,235.8
2007	697.5	2,355.8
2008	712.3	2,527.3
2009	699.5	2,498.0
2010	693.2	2,475.6
2011	705.8	2,588.0
2012	704.9	2,563.4
2013	721.8	2,779.9

〈表2〉世界の穀物耕作面積と年間穀物生産量（2005〜2013）年度
資料：FAOSTAT（available: http://faostat.fao.org）

合的に現われた食糧危機と経済危機に適用したらどうだろうか？　前述したとおり個別資本の環境コストの外部化が引き起こす持続的な温室効果ガス排出がもたらす気候変動が農業生産に及ぼす否定的影響のために、食糧の希少性が高まり、これが農業食品資本の過少生産（過少蓄積）を招いたり、賃金財である食糧価格の上昇が総資本の利潤を圧縮しうる、という仮説を検証することができる。では、オコンナーの「第二の矛盾論」と過少生産論に依拠して、本当に気候変動の影響による食糧の希少性の高まりが食糧価格の上昇を引き起したのか、そのような食糧価格の上昇が農業食品資本の過少蓄積やあるいは賃金財の価格上昇という側面で総資本の利潤を圧縮したのかを、まず検証してみよう。

はじめに食糧価格急騰の実態を確認しよう。ＦＡＯが集計する二〇〇二〜二〇〇四年価格基準の実質食料価格指数によると五ヶ食品群を総計した食料価格指数は二〇一一年に最大値である一六九・二を記録し、穀物価格指数は二〇〇八年に最大値である一七九・五を記録した。すなわちＦＡＯの集計によれば世界的に、わずか四年〜七年の間に実質価格が一・

六～一・七倍に上昇したのである。二〇〇〇年代半ば以降の食糧価格急騰は食糧の希少性の高まりのせいだろうか？

〈表2〉から、二〇〇五年～二〇一三年の世界の年間穀物生産量と穀物耕作面積がわかる。私たちは二一世紀の食糧危機が発生した二〇〇〇年代後半以後、全般的な生産量の増大を確認できるのだが、実際の食料価格指数が急騰する時期である二〇〇八年は前年度比で生産量が七・二％増加し、二〇一一年の場合は生産量が四・五％増加した。この数値は農業生産が常に自然的、気候的要因に左右されやすく一定の変動性を持つということを考慮すれば、非常に良好な食糧生産量であると言える。加えて穀物耕作面積が徐々に増加する傾向に比べると、穀物生産量はかなり持続的に上昇した。これは開発途上国における以前の農業保護主義政策を廃棄する農業構造調整プログラムや都市化による脱農民化現象によって二〇〇七年に初めて都市人口が農村人口を上回ったという歴史的事実にもかかわらず達成された順調な生産量増加である。したがって気候変動による農業の否定的影響が一部地域やデリケートな品種に対する長期的な農業生産性に影響を与えうる可能性はあるにもかかわらず、それが二一世紀の食糧危機の主な要因であるということができないのである。では二一世紀の食糧危機は爆発的な人口増加による食糧の希少性の高まりのためなのだろうか？　もちろん近年世界の人口は比較的着実に増加しているが、わずか四～七年間に食糧価格が一・六～一・七倍に跳ね上がるほど急激な食糧需要の増大を誘発する人口増加現象が発生することなどあり得ない。実際に世界銀行が集計した世界開発指標（World Development Indicator）によれば世界人口の増加率は年平均で一九九三年の一・五三％から二〇一二年の一・一七％に低下したし、同じ時期にＦＡＯが集計した世界穀物生産の増加率は年平均で一・七％であった。した

	需要	供給
構造的要因	・バイオ燃料生産増大 ・持続的な人口増加と新興開発国の肉類消費増大	・農業構造調整と農業に対する投資の減少 ・脱農民化
一時的要因	・投機的取引	・石油価格上昇:化学肥料、耕作機械、運送 ・気候変動の影響

〈表3〉国際食糧価格の上昇に影響を与えた要因
資料:権五範(2015)

がって食糧価格の急騰として現れた二一世紀の食糧危機は食糧の過少生産や人口増加による食糧の希少性の高まりが主たる原因ではない。では、二一世紀の食糧危機はどのように説明しうるのか? 一般的に多くの食糧および農業研究者は、二一世紀の食糧危機が単一要因による市場秩序攪乱や需給不均衡ではなく、構造的・一時的要因が複合的に作用した結果として理解している(Brinkman and Hendrix 2011)。

〈表3〉は需要と供給、一時的/構造的要因の区分に基づいて二〇〇〇年代半ば以降の食糧価格急騰に影響を与えた要因を簡単に整理したものだ。気候変動の影響や石油価格上昇を除いた他の要因はマクマイケルが「企業フード・レジーム」と呼んだ新自由主義的なフード・レジームの矛盾を表している(McMichael 2009)。第二次世界大戦以後、冷戦秩序下で成立した農業保護主義のフード・レジームは一九七〇年代初めのオイルショックと食糧価格急騰によって事実上崩壊し、一九八〇年代の穀物過剰生産と開発途上国の債務危機などによって農業構造調整プログラムが導入され、小農に親和的な農業保護主義の遺産は完全に解体される(Bernstein 2010)。このような企業フード・レジームの下で農業食品資本の市場支配力が強化され、これらが先進国の政府支援を受けるようになり、第三世界の小農と直接に競争するようになることで、多くの開発途上国の農民が農村を離れたり収入源としての営農を放棄する脱農民化現象が発生した（Araghi 2009）。また新自由主義的グローバル化時代に高い経済成長率を成就したいくつかの開発途上国の肉類消費の増加や石油価格上昇、そして温室効果ガス排出規制および炭素排出権取引等の制度的変化に対応したバイオ燃料生産の増大も構造的要因として作用したとみられる。このような構造的要因に加え、農業食品資本の先物取引を含む投機的取引の増大と気候変動の影響、農業機械と石油に依存する工業型農業に対する石油価格上昇の影響が重複したものが二一世紀の食糧価格急騰現象なのである（權二〇一五）。したがって食糧価格上昇現象の原因を気候変動の影響による食糧の過少生産や食糧の希少性の高まりによってのみ説明することは複雑な問題を単純化する誤謬に陥るだろう。

既に二一世紀の食糧危機の原因は過少生産論では説明できないことを確認した。では、オコンナーが主張した、自然の希少性の高まりあるいは環境コスト上昇面において現れるという資本の過少生産（過少蓄積）は実現されたのだろうか？　まず食糧危機のおかげで農業食品資本は莫大な利益を得た。新自由主義時代の著しい金融化現象は主な多国籍アグリビジネス企業が農産物とリンクした店頭デリバディブ取引に飛びつくよう促した。二〇〇〇年初め、米国の関連法規変更にあわせ、穀物メジャーは子会社を再編したり投資を拡大して投機取引に専門化した商品取引子会社を設立した。よく「ＡＢＣＤ」と称される巨大多国籍アグリビジネス企業（ADM, Bunge, Cargil, Louis Dreyfus）は、生産から消費までにいたるバリューチェーンのすべての面に関与している。そのおかげでこれら企業は農産品先物取引やデリバディブ商品取引において多くの情報を独占しており、食糧市場の変動と攪乱を優先的に把握することができる。これら企業の商品取引子会社は農産品先物取引を扱ったり農産品価格と連動する店頭デリバディブ

年度/国	ドイツ	イタリア	日本	韓国	メキシコ	スペイン	スウェーデン	英国	米国
2005	0.697	0.675	0.545	0.572	0.290	0.592	0.567	0.638	0.553
2006	0.671	0.670	0.547	0.587	0.259	0.587	0.542	0.627	0.541
2007	0.646	0.660	0.535	0.579	0.245	0.586	0.553	0.624	0.530
2008	0.674	0.681	0.563	0.575	0.226	0.588	0.579	0.615	0.543
2009	0.771	0.716	0.572	0.558	0.250	0.598	0.624	0.685	0.545
2010	0.701	0.693	0.521	なし	なし	なし	0.541	0.659	0.515

〈表4〉OECD 主要国の労働分配率（2005 ～ 2010）
資料：OECD.Stat（http://stats.oecd.org）

商品をつくり、他の投資者に販売して利潤を得る。穀物メジャーは国際穀物市場において投機的取引を主導しながら食糧価格急騰を利潤創出の機会として活用した。例えばカーギルは二〇〇〇年に純収益が五億ドル水準だったが二〇一一年度にはその八倍に当たる四〇億ドルをやや越える純益を記録したし、二〇〇六年には五億二一〇〇万ドルに過ぎなかったブンゲの純収益は二〇一〇年に二三億五四〇〇万ドルと四倍に上昇する。ＡＤＭの場合、二〇〇四年に五億ドル水準だった純収益が二〇一〇年には二九億三一〇〇万ドルとほとんど六倍に上昇した（Oxfam 2012）。すなわち食糧危機による農業食品資本の過少蓄積ではなく過剰蓄積が、そして収益性増大が引き起こされたのである。もちろん食糧価格急騰が農業食品資本の収益性下落につながる可能性がとくにないということを考慮した上で、賃金上昇という側面から総資本の利潤を圧縮する可能性を検証することはできるだろう。伝統的な意味での利潤圧縮は、労働者階級の組織力と交渉力が優れていたり、国民所得が停滞する景気低迷状況において労働者階級が組織された力に基づいて賃金下落を防ぐことで、剰余価値率の代理変数とみなせる労働分配率が上昇することで発生する。したがってムーアの主張どおり、新自由主義の蓄積体制の危機が低廉な労働力と食糧の時代の終焉として現れて利潤を圧縮したのであれば、労働分配率の持続的な増加や急騰が観察できなければならない。

〈表4〉はOECDが集計したOECD加盟九ヶ国の労働分配率の数値である。もしもムーアの主張どおり、二〇〇三年以降に低廉な四種の生産要素の時代が終わりを告げ、労働力と賃金財である食糧価格が上昇して利潤を圧縮したとするならば、労働生産性に比べ実質賃金が大きく上昇して、世界経済の主要国家において労働分配率の明らかな上昇傾向が観察されるはずである。しかし〈表4〉では二〇〇三年以降、明確な労働分配率の上昇傾向を見出すことはできない[5]。しかしフランスの経済学者ピケティが指摘したように労働分配率が一定に保たれるという主流の経済学者の仮定は間違っていた。新自由主義の時代には労働分配率がそれ以前の時期に比べてはるかに下落したのであり、その意味を経済理論で把握しようとする研究が途方もなく増えている (Piketty 2014; Stockhammer 2013)。労働分配率の下落に着目する研究によれば、新自由主義時代の労働分配率の下落は単にOECDの先進国だけの問題ではなく、開発途上国を含めて世界中で観察することができる。ムーアが実質賃金の上昇に注目した中国でも一九九〇年代初めに労働分配率は最大値に達して以降、持続的な下落が観察できる (Guerriero 2012)。結論的に言えば、実質賃金の上昇や賃金財である食糧価格の上昇が利潤を圧縮し、資本の収益性の低下を引き起こし、またそれが資本蓄積の攪乱あるいは経済危機を引き起こしてきたという可能性はない。ムーアの主張のとおり二〇〇三年以降、四種の低廉な生産要素の価格上昇は、新自由主義的な方法で自然を収奪する蓄積戦略の失敗あるいは危機を示してはくれる。しかしそれが資本蓄積の重大な攪乱や経済危機を引き起こしたという証拠を見出すことは難しい。二〇一五年現在、原油と食糧価格はある程度安定した状態を維持しているが、これが新たな蓄積体制への移行を意味すると分析することはあまりにも過大な評価であろう。オコンナーとムーアが共有している過少生産論は資本の蓄積に自然がどの程度で寄与するのかだけでなく、自然がどのように資本蓄積の制約となりうるかを分析しようとする真剣な試みである。しかし過少生産論は二一世紀の食糧と経済の複合的危機を分析的に説明するには適さないと思われる。

5 結論

本研究はオコンナーとムーアが、自然が資本蓄積に寄与すると同時に制約として作用するという点を強調するために主張している過少生産論を、マルクス自身の資本主義に対するエコロジー的批判と分析、および二一世紀の食糧危機というリトマス紙を通じて、その理論的妥当性を批判的に検討したものである。オコンナーはマルクスあるいは伝統的マルクス主義と彼じしんが主張するエコロジー的マルクス主義を分離し、ムーアは過少生産論の起源がマルクス自身にあると評価する点で、両者は対照をな

［5］特に雇用者報酬に、平均的な賃金労働者と同一の水準の収入を得ていると仮定した自営業者の収入を加え、これを国民所得で割り、労働分配率を計算するＯＥＣＤ方式では、零細自営業者が多い韓国の労働分配率が過大評価されるという批判が提起されており、他の方法では韓国の労働分配率は九〇年代半ば以降下落しているという批判がある（이二〇一五）。

す。マルクスは『資本論』において――ムーアが注目する――機械の過剰生産および原料の相対的過少生産傾向を指摘し、原料の価格変動に対する考察を通じて他の条件が不変である場合、原料の価格変動が資本の利潤率と反比例の関係にあるという一般的法則を提示した。もちろん資本の年平均の利潤率に関する実証分析において、不変資本であると同時に流動資本であるとみなされる原料およびエネルギー投入要素の回転時間を測定することが困難なために、いくつかの意味のある試みにもかかわらず（例えばLebowitz 1982）、現実の資本主義世界経済において原料およびエネルギーが利潤率に及ぼす影響に対しては、未だ十分な究明がなされていない。しかしマルクスは自然的、気候的要因による原料および農産物の価格変動が資本蓄積の破局および利潤率低下を引き起こす可能性があることを明確に認識していたのであり、自然の希少性を反映した価格変動によって利潤が圧縮されるという一面的な分析を越えて、価値と使用価値の矛盾を考慮したより深い分析を試みた。このようなマルクスの弁証法的な資本主義の矛盾関係についての分析は、オコンナーの「第一の矛盾」、「第二の矛盾」の議論においてほとんど見出せず、マルクスの資本主義に対するエコロジー的批判と分析は低く評価されている。しかしオコンナーの「第二の矛盾論」は、二〇世紀末から二一世紀初にマルクスのエコロジー論（あるいはマルクスの資本主義に対するエコロジー的批判）が本格的に紹介される以前に提起された先駆的試みであるため、「第二の矛盾論」の限界はもう少し公正に評価されるべきかも知れない。しかし過少生産論を共有するムーアの場合、マルクスのエコロジー論を認めながら二一世紀の経済危機と食糧危機の重複（あるいは新自由主義の兆候的危機）を過少生産論によって分析するために、「エコロジー的剰余の傾向的低下」という新しい概念を提示したものの、自然の領有が剰余価値を生産するという彼の見解はマルクス経済学の理論的枠組みにおいて正当化し得ない。本研究は過少生産論の理論的妥当性を検討するために、二一世紀の食糧危機の原因と現象、経済危機との関係を、どれほど説得的に分析できるかを簡単に検討した。まず、一部の食糧危機に対するマルサス的観点が主張するのとは異なり、食糧価格急騰は気候変動の影響による食糧の過少生産や希少性の増大のためではなかったのであり、食糧供給はとても順調であった。また、自然の希少性の高まりによる費用価格の上昇が利潤を圧縮するというオコンナーの見解、あるいは二〇〇三年以降に四種の投入要素の価格上昇が経済危機に大きな影響を与えたというムーアの見解とは異なり、アグリビジネス資本の過少蓄積は発生せず、賃金財である食糧価格上昇および労働力の価格上昇が労働分配率を上昇させて、総資本のレベルで利潤を圧縮する現象は観察できなかった。本研究は経済学の理論的枠組みとしての過少生産論が持つ理論的脆弱性と、資本主義の構造的危機を説明する力の乏しさを確認した。過少生産論は資本蓄積に対する自然の寄与と同時に自然が資本蓄積にとって障害物として現れうるという点を強調しようとした理論的試みである。しかし過少生産論は、伝統的マルクス主義の過剰生産危機論との差異を強調して生態系の危機と経済危機との必然的関係を前提としたり、既存のものとは異なる新しい概念を発展させることに重きを置いたことで、本来のマルクス自身の資本主義に対するエコロジー的批判に内在する豊かな可能性を過小評価することになったと思われる。過少生産論の生態系の危機および経済危機についての分析が現実を説明するうえでマルクスのエコロジー論より優れた説得力を持っているわけではない。だがマルクスは私たちの時代の深刻な地球規模の生態系の危機に直面しなかったし、彼の資本主義に対するエコロジー的批判と分析は理論的に完結した体系ではなかった。そのため過少生産論の合理的な問題意識である「気候変動あるいは生態系の危機が資本蓄積に及ぼしうる複雑な影響」を説得的に分析しうるマルクス経済学の理論的枠組みが求められている。そしてその課題の成功裏な解決のための鍵は、マルクス自身の資本主義に対するエコロジー的批判と分析から断絶するのではなく、これを発展させることにある。

あとがき

今から二〇年ほど前、ちょうど私が大学に入学した頃、「マルクス葬送」が大流行であった。それに対抗する側も、旧態依然としたマルクス理解に固執するか、現代思想などを背景とした「新しい読み方」を提示するだけであった。要するに、マルクスそれじたいは研究され尽くされており、その思想の内実は自明であるという暗黙の前提が存在したのである。私が大学院に入学した頃でさえ、そのような風潮は依然として頑強であった。

だが、本書をお読みになった読者であれば、そのような前提がたんなる思い込みでしかなかったことを直ちに了解されるであろう。誤解を恐れずに言えば、いまようやくマルクスその人自身の思想を研究するための条件が整いつつあるのである。

もちろん、一番大きいのは、新MEGA（新マルクス・エンゲルス全集）の刊行の進展である（大月書店から『マルクス・エンゲルス全集』が刊行されているが、これは実は「全集」ではなく、Marx-Engels Werke（マルクス・エンゲルス著作集）の翻訳である）。新MEGAには、マルクスが生前に刊行した著作にとどまらず、草稿、手紙、抜粋ノートのすべてが収録される予定であるが、なかでも重要なのが、『資本論』草稿と抜粋ノートである。

言うまでもなく、前者はエンゲルスが編集した『資本論』第二巻及び第三巻では見えにくくなっているマルクス自身の理論の展開を明らかにするものであり、新MEGAではすでにすべての草稿の刊行が完了している。現存している『資本論』草稿をすべて収録した第二部門は、新MEGAの最大の成果の一つと言えよう。いまや、『資本論』草稿を参照せずに、マルクスの経済学批判研究をおこなうことは不可能である。

後者の抜粋ノートは、マルクスがさまざまな書物を読む際に作成した抜粋のためのノートであり、これによって、そのときどきの関心の所在を把握することができる。どの本を抜粋したかということはもちろんであるが、それだけでなく、どの箇所を抜粋したのか、さらには抜粋した文章のどこにアンダーラインを引いているのか、といったことが様々な示唆を与えるのである。

抜粋ノートは、とりわけ晩期マルクス研究にとって不可欠である。というのも、晩期マルクスの抜粋ノートは全体の三分の一を占めるほどの膨大な量がありながら、マルクスは健康面の制約からそれらを用いて原稿や著作を書くことがほとんどできなかったからだ。その意味で、抜粋ノートは晩期マルクスの思想の展開を理解するうえで第一級の資料を提供するのである。じっさい、本書第三部のフォルグラーフ論文や斎藤論文を読めば、晩期マルクスの思想の展開がどれほど豊かで深いものであったかが理解できる。これらさえ、晩期マルクスの思想展開の一部でしかないのである。

だが、これまで私たちがマルクスじしんの思想に向き合うことができなかったのは、たんに資料的制約のためだけではない。マルクスの理論、とりわけ経済学批判の理論的意義についての理解の不十分さが、マルクスの思想の広大さや深さを把握することを困難にしてきた。当時の研究水準を考えればやむをえないことではあるが、旧MEGAを編集した、あの偉大なリャザーノフでさえも、次のような疑問を呈さざるを得なかったほどである。「どうしてマルクスはこのような体系的で、徹底した要約のために、これほど多くの時間を無駄にし、一八八一年という晩年に地質学についての基本書の章ごとの要約にエネルギーを費やしたのであろうか。彼はもう六三歳だったのであり、こうした行いは弁明の余地のない学者ぶった振る舞いにすぎないのではないか」。

しかし、現在では、優秀なマルクス研究者たちの努力が実を結び、経済学批判の理論的核心を見通すことができるところまで到達しつつある。海外では、七〇年代の価値形態論争、国家導出論争がマルクス研究の水準を飛躍的に押し上げ、一九二〇年代ロシアのルービンやパシュカーニスらの偉大な研究を継承し、発展させる潮流を作り出した。九〇年代以降、この潮流はいっそう強力になっている。日本では、久留間鮫造とそれを継承する大谷禎之介らの研究者たちが『資本論』研究を世界随一の水準にまでたかめ、マルクスの経済学批判体系に肉薄することを可能にした。

このような研究の蓄積によるマルクス解釈の深まりが、一見雑然としたテーマを抜き書きしたようにみえる抜粋ノートの重要な意義を照らし出すことを可能にしたのである。本書は、これまでのマルクス研究者たちの文献学的な努力、理論研究における努力を背景にして、マルクスのエコロジー的意義を明らかにしようとしたものにほかならない。

本書をお読みになればわかるように、マルクスのエコロジー的意義は、たんにマルクスの枠組みによってもエコロジー危機を理解することができるというだけではない。むしろ、マルクスの経済学批判、そして物質代謝論を前提にしてこそ、エコロジー危機はより深く、より適切に分析することができるのである。その意味では、マルクス研究をつうじて、マルクスの理論的枠組みについての理解を深めると同時に、この理論的枠組みを応用しながら、現実のエコロジー危機についての具体的分析を深めることが重要であろう。資本主義的生産様式の行き詰まりとともに、地球規模の気候変動が本格化しつつある現在、本書がそのような試みのための第一歩となれば幸いである。

最後に、本書の刊行のために労をとられた堀之内出版に心からお礼を申し上げる。

二〇一六年五月

佐々木隆治

Vollgraf, Carl-Erich (2008), Marx' erstmals veröffentlichte Manuskripte zum 2. und 3. Buch des Kapitals. In: *MEGA* II/11, Berlin.

— (2012), Einführung. In: *MEGA* II/4.3, Berlin.

Wagner, Ladislaus von (1874), *Handbuch der Landwirthschaftslehre*, Budapest.

Walker, K. J. (1979), "Ecological Limits and Marxian Thought," *Politics* 14, no. 1.

Wallis, Victor (1992), "Socialism, Ecology, and Democracy: Toward A strategy of conversion," *Monthly Review* 44, no. 2.

— (2004) "Technology, Ecology, and Socialist Renewal," *capitalism, Nature, socialism* 12, no. 1.

Walz, Siehe Gustav (1870), *Ueber den Dünger und die Waldstreu*, 2. Aufl., Stuttgart.

渡辺雅男(一九九〇)『技術と労働過程論』梓書房

Watkinson, William Lonsdale, Barber, Benjamin Aquila and Telford, John(1867), *The London Quarterly Review.* Vol. 27. Publ. in October 1866, and January 1867, London

Weart, Spencer R. (2003), *The Discovery of Global Warming*,Cambridge, MA, Harvard University Press.(増田耕一・熊井ひろ美訳『温暖化の"発見"とは何か』みすず書房、二〇〇五年)

Weisskopf, Thomas E. (1991), "Marxian Crisis Theory and the Contradictions of Late Twentieth-Century Capitalism," *Rethinking Marxism* 4, no. 4.

Wishart, Ryan (2013), "The Metabolic Rift: A Selected Bibliography," October 16, http://monthlyreview.org/ commentary/metabolic-rift.

Wiskemann, Heinrich (1859), *Die antike Landwirthschaft und das von Thünen'sche Gesetz*, Leipzig.

柳沢健二(二〇一四)「マルクス、エンゲルスの視点で原発を考える」『経済』No. 221

Yergin, Daniel (2011), *The Quest*, New York, Penguin.(伏見威蕃訳『探求　下』日本経済新聞出版社、二〇一五年)

York, Richard and Clark, Brett (2011), *The Science and Humanism of Stephen Jay Gould*, New York, Monthly Review Press.

吉田文和(一九八〇)『環境と技術の経済学』青木書店

—(一九八七)『マルクス機械論の形成』北海道大学図書刊行会

吉岡斉(二〇一二)『脱原子力国家への道』岩波書店

Betriebes, Breslau.
須藤浩行(一九八二)「『資本論』におけるtechnischとtechnologisch」『経済科学通信』第三七・三八号基礎経済科学研究所
隅田聡一郎(二〇一二)「放射線リスクの生命倫理」『唯物論研究年誌』第一七号、大月書店
Swaney, James A. (1990), "Common Property, Reciprocity, and Community," *Journal of Economic Issues* 24, no. 2.
高木仁三郎(二〇〇二)『高木仁三郎著作集　第二巻』七つ森書館
── (二〇〇四)『高木仁三郎著作集　第八巻』七つ森書館
玉野井芳郎(一九八七)『エコノミーとエコロジー』みすず書房
Tansley, Arthur G. (1935), "The Use and Abuse of Vegetational Concepts Terms," *Ecology* 16.
Thaer, A. (1809-1812), *Grundsätze der rationellen Landwirthschaft*, Bd. 1-4, Berlin.
"The duration of our supply of coal" (1866), *The Economist,* London, Nr. 1167, 6.
Thünen, Johann Heinrich von (1826-1863), *Der isolirte Staat in Beziehung auf Landwirthschaft und Nationalökonomie*, Th. 1, 2, Rostock.
Timpanaro, Sebastiano (1975), *On Materialism*, London, Verso.
鳥居廣(一九七三)「マルクスの技術概念について」『現代と思想』第一四号
戸坂潤(一九三五=一九七七)『日本イデオロギー論』岩波文庫
Trunk, T. (1868), "Geschichte und Kritik der Lehre von der Grundrente," *Jahrbücher für Nationalökonomie und Statistik*, Jena, Bd. X.
Uranovsky, Y. M. (1935), "Marxism and Natural Science," *Marxism and Modern Thought*, ed. Nikolai Bukharin, et. al., New York, Harcourt, Brace and Co.
U.S. Bureau of Economic Analysis (2013), National Income and Product Accounts, "Government Consumption Expenditures and Investment by Function," Table 3.15.5, http://bea.gov.
Usher, Peter (1993), "Aboriginal Property Systems in Land and Resources," *Green On Red: Evolving Ecological Socialism*, ed. Jesse Vorst, Ross Dobson, and Ron Fletcher, Winnipeg, Fernwood Publishing.
"U.S. Marketing Spending Exceeded $1 Trillion in 2005" (2006), *Metrics 2.0*, January 26, http://metrics2.com.
"U.S. Remains World's Largest Luxury Goods Market in 2012" (2012), *Modern Wearing*, October 22, http://modernwearing.com.
Veblen, Thorstein (1923), *Absentee Ownership and Business Enterprise in Recent Times*, New York, Augustus M. Kelley.
Vlachou, Andriana (2002), "Nature and Value Theory," *Science & Society* 66, no. 2.
Vogel, Steven (1996), *Against Nature*, Albany, State University of New York Press.

Rethinking Marxism 7, no. 2.
Sartre, Jean-Paul (2004), *Critique of Dialectical Reason*, vol. 1, London, Verso. (竹内芳郎・伊内原伊作訳『弁証法的理性批判　第一巻　実践的総体の理論』人文書院、一九六二年)
佐々木隆治(二〇一一)『マルクスの物象化論──資本主義批判としての素材の思想』社会評論社
佐々木隆治(二〇一六)『カール・マルクス──「資本主義」と闘った社会思想家』ちくま新書
佐武弘章(一九八四)「マルクス機械論の形成：2・執筆の中断」『社会問題研究』第三四号
Schäffle, Albert Eberhand Friedrich (1867), *Das gesellschaftliche System der menschlichen Wirthschaft*. 2., neu bearb. u. bedeutend verm. Aufl., Tübingen.
Schleiden, Matthias Jakob (1870), *Für Baum und Wald*, Leipzig.
Schmidt, Alfred (1971), *The Concept of Nature in Marx*, London, New Left Books. (元浜清海訳『マルクスの自然概念』法政大学出版局、一九七二年)
Schneider, Mindi and McMichael, Philip M. (2010), "Deepening, and Repairing, the Metabolic Rift," *Journal of Peasant Studies* 37, no. 3.
Schumacher, Wilhelm (1866), *Erschöpfung und Ersatz bei dem Ackerbaue*, Berlin.
Shandro, Alan(2000), "Karl Marx as a Conservative Thinker," *Historical Materialism*, no. 6.
Shanin, Teodor (1983) "Drafts of the Letter to Vera Zasulich", *Late Marx and the Russian Road*, New York, Monthly Review Press.
Sherman, Howard J. (1970), "The Economics of Pure Communism," *Review of Radical Political Economics* 2, no. 4.
芝田進午(一九六一)『人間性と人格の理論』青木書店
椎名重明(一九七六)『農学の思想』東京大学出版会
庄司光・宮本憲一(一九七五)『日本の公害』岩波新書
Slater, Eamonn and McDonough, Terrence (2008), "Marx on 19th century colonial Ireland: Analyzing Colonialism beyond Dependency Theory", *NIRSA Working Paper Series*, No.36.
"Socialism: Alternative Views and Models"(1992), symposium in *Science & Society*, 56, no. 4.
Spangenberg, Hans-Joachim (2005), *Die ökonomische Nachhaltigkeit der Wirtschaft. Theorien, Kriterien und Indikatoren*, Berlin.
Stanley, John L. (2002), *Mainlining Marx*, New Brunswick, NJ, Transaction Publishers.
Stockhammer, E. (2013), "Why have wage shares fallen?: A panel analysis of the determinants of functional income distribution."
Stoner, Alexander M. (2013), "Sociobiophysicality and the Necessity of Critical Theory," *Critical Sociology*, online version, March 19.
Sucker, Oswald (1872), *Die intensive Wirthschaft, die Bedingung des jetzigen Landwirthschafts-*

Oxford English Dictionary (1971), vol. 2, Oxford, Oxford University Press.
Paolucci, Paul (2007), *Marx's Scientific Dialectics*, Chicago, Haymarket Books.
Paolucci, Paul, Lewontin, Richard and Levins, Richard (2007), *Biology Under the Influence*, New York, Monthly Review Press.
Pepper, David (1993), *Eco-Socialism*, London, Routledge.（小倉武一訳『生態社会主義──エコロジーの社会』食料農業政策研究センター、一九九六年）
Perelman Michael, (1987), *Marx's Crises Theory: Scarcity, Labor, and Finance*, Praeger Publishers.
Piketty, T. (2014), *Capital in the Twenty-First Century*, Belknap Press.（山形浩生他訳『21世紀の資本』みすず書房、二〇一四年）
Polanyi, Karl (1944), *The Great Transformation*, New York, Farrar & Rinehart.(吉沢英成・野口建彦・長尾史郎・杉村芳美訳『大転換──市場社会の形成と崩壊』東洋経済新報社、一九七五年）
ラートロウ、ヨアヒム（二〇一二）『自然と権力』みすず書房
Rivoli, J. (1869), *Ueber den Einfluss der Wälder auf die Temperatur der untersten Luftschichten*, Posen.
Rockström, Johann et. al. (2009), "A Safe Operating Space for Humanity," *Nature*, 461.
Rodbertus, Carl (1865-1867), "Zur Geschichte der römischen Tributsteuern," *Jahrbücher für Nationalökonomie und Statistik*, Jena, 1865, Bd. IV u. V, 1867, Bd. VIII.
Roscher, Wilhelm (1865a), *Nationalökonomik des Ackerbaues und der verwandten Urproductionen. Ein Hand- und Lehrbuch für Staats- und Landwirthe. Vierte, vermehrte und verbesserte Auflage*, Stuttgart.
── (1865b), *System der Volkswirthschaft, Bd. 2: Nationalökonomik des Ackerbaues*, 4. verm. und verb. Aufl., Stuttgart.
Rosemont, Franklin (n.d.), "Karl Marx and the Iroquois," http://www.geocities.com/cordobakaf/marx_iroquois.html.
Routley, Val (1981), "On Karl Marx as an Environmental Hero," *Environmental Ethics* 3, no. 3.
Sachs, J. D. (2008), "Are Malthus's Predicted 1798 Food Shortages Coming True?," *Scientific American*, Retrived from http://www.scientificamerican.com/article/are-malthus-predicted-1798-food-shortages/.
Saito, Kohei (2016a), *Natur gegen Kapital: Marx' Ökologie in seiner unvollendeten Kritik des Kapitalismus*, Campus.
── (2016b), "Marx's Ecological Notebooks," *Monthly Review*, Monthly Review Press, Vol.67, No.9.
Sandler, Blair (1994), "Grow or Die: Marxist Theories of Capitalism and the Environment,"

中村静治(一九七七)『技術論入門』有斐閣
── (一九七八)『現代技術論の課題』青木書店
"NASA Satellite Measures Earth's Carbon Metabolism"(2003), *NASA Earth Observatory*, April 22, http://earthobservatory.nasa.gov.
Nasse, Erwin (1869), *Ueber die mittelalterliche Feldgemeinschaft und die Einhegungen des sechszehnten Jahrhunderts in England*, Bonn.
Nikiforuk, A. (2012), *The Energy of Slaves: Oil and the New Servitude*, Greystone Books.
西澤正彦(一九八七)「大工業の自立と「資本の突発的膨張力」」慶應義塾大学『三田学会雑誌』第七九巻、六号、五八〇〜五九五頁
Nove, Alec (1983), *The Economics of Feasible socialism*, London, Allen & Unwin.
──(1990), "socialism," in *The New Palgrave: Problems of the Planned Economy*, ed. John Eatwell, Murray Milgate, and Peter Newman, New York, Norton.
O'Connor, J. (1988), "Capitalism, Nature, Socialism: a theoretical introduction," *Capitalism Nature Socialism,* 1(1), 11-38.
── (1998), *Natural Causes: Essays in Ecological Marxism*, the Guilford Press.
Odum, Eugene P. (1969), "The Strategy of Ecosystem Development," *Science*, 164.
Odum, Howard T. (2007), *Environment, Power, and Society*, New York, Columbia University.
Odum, Howard T. and Scienceman, David (2005), "An Energy Systems View of Marx's Concepts of Production and Labor Value," in *Emergy Synthesis 3: Theory and Applications of the Emergy Methodology*, Proceedings from the Third Biennial Emergy Conference, Gainesville, Florida, January 2004, Gainesville, FL, Center for Environmental Policy.
Ollman, Bertell (1979), "Marx's Vision of Communism," in *Social and Sexual Revolution: Essays on Marx and Reich*, Boston, South End Press.
── (1993), *Dialectical Investigations*, New York, Routledge.
── (2005), "The Utopian Vision of the Future (Then and Now)," *Monthly Review* 57, no. 3.
小野一(二〇一四)『緑の党』講談社
Ostrom, Elinor (1990), *Governing the Commons*, Cambridge, Cambridge University Press.
大谷省三(一九七三)『自作農論・技術論』農文協
大谷禎之介(二〇一一)『マルクスのアソシエーション論』桜井書店
大谷禎之介・平子友長編(二〇一三)『マルクスの抜粋ノートからマルクスを読む』桜井書店
大友詔雄(二〇一二)「原子力技術の根本問題と自然エネルギーの可能性(上)」『経済』No. 202
大友詔雄・常盤野和男(一九九〇)『原子力技術論』北海道大学生活協同組合
Oxfam (2012), "Cereal Secrets: The world's largest grain traders and global agriculture," Retrived from http://www.oxfam.org/en/research/cereal-secrets-worlds-largest-grain-traders-and-global-agriculture.

— (1975-) *Gesamtausgabe,* Berlin.
— (1976), *The German Ideology*, Moscow, Progress Publishers. (花崎皋平訳『【新版】ドイツ・イデオロギー』合同出版、一九六六年／大内兵衛・細川嘉六監訳『マルクス=エンゲルス全集』第三巻、大月書店、一九六〇年)
— (1987a), *Collected Works*, vol. 25, New York, International Publishers. (大内兵衛・細川嘉六監訳『マルクス=エンゲルス全集』第二〇巻、大月書店、一九七三年)
— (1987b), *Collected Works*, vol. 42, New York, International Publishers. (大内兵衛・細川嘉六監訳『マルクス=エンゲルス全集』第三一巻、大月書店、一九七三年)
— (1988), *Collected Works*, vol. 30, New York, International Publishers. (資本論草稿集翻訳委員会訳『資本論草稿集④』大月書店、一九七八年)
松下和輝(二〇〇七)「いわゆる「技術の内的発展法則」について」大谷禎之介編『21世紀とマルクス』桜井書店
Mayer, Adolf (1871), *Lehrbuch der Agrikulturchemie in vierzig Vorlesungen*, Th. 1, Heidelberg.
McLaughlin, Andrew (1990), "Ecology, capitalism, and socialism," *socialism and Democracy*, no. 10.
McMichael, P. (2009), "A food regime genealogy", *The Journal of Peasant Studies*, 36(1), 139-169.
Mehring, Franz (1960), *Karl Marx. Geschichte seines Lebens*, Berlin.
Merleau-Ponty, Maurice (1973), *Adventures of the Dialectic*, Evanston, IL, Northwestern University Press. (『弁証法の冒険』滝浦静雄ほか訳、みすず書房、一九七二年)
Mészáros, István (1970), *Marx's Theory of Alienation*, London, Merlin Press. (三階徹・湯川新訳『マルクスの疎外理論』啓隆閣、一九七二年)
— (1972), *Lukács' Concept of Dialectic*, London, Merlin Press.
— (1995), *Beyond Capital*, New York, Monthly Review Press.
宮田和保(一九八三)「マルクスの『資本の弾力性』について」北海道大学『經濟學研究』三三(三)、一三三〜一五二頁
Moore, Jason W. (2011), "Transcending the Metabolic Rift: A Theory of Crises in the Capitalist World-Ecology," *The Journal of Peasant Studies* 38(1), 1-46.
— (2014), "The End of Cheap Nature. Or How I Learned to Stop Worrying about "The" Environment and Love the Crisis of Capitalism", eds. Suter, C., Chase-Dunn, C., *Structures of the World Political Economy and the Future Global Conflict and Cooperation*, Intl Specialized Book Services, 285-314.
Morris, William (1915), *Collected Works*, vol. 23, New York, Longhams Green.
— (1936), *William Morris: Artist, Writer, Socialist*, vol. 2, Cambridge, Cambridge University Press.
Morrison, Roy (1995), *Ecological Democracy*, Boston, South End Press.

Frederick Engels, Moscow, Progress Publishers.
— (1976a), *Capital*, vol. 1, London, Penguin.（資本論翻訳委員会訳『〔上製版〕資本論』第一巻、新日本出版社、一九九七年）
— (1976b), *Value, Price and Profit*, New York, International Publishers.（大内兵衛・細川嘉六監訳『マルクス=エンゲルス全集』第一六巻、大月書店、一九六六年）
— (1978), *Capital*, vol. 2, London, Penguin.（資本論翻訳委員会訳『〔上製版〕資本論』第二巻、新日本出版社、一九九七年）
— (1981), *Capital*, vol. 3, London, Penguin.（資本論翻訳委員会訳『〔上製版〕資本論』第三巻、新日本出版社、一九九七年）
— (1985), "The Civil War in France," in *On the Paris Commune*, Karl Marx and Frederick Engels, Moscow, Progress Publishers.（大内兵衛・細川嘉六監訳『マルクス=エンゲルス全集』第一七巻、大月書店、一九六六年）
— (1988), "Economic Manuscript of 1861–63, Third Chapter," in *Collected Works*, Karl Marx and Frederick Engels, vol. 30, New York, International Publishers.（資本論草稿集翻訳委員会訳『資本論草稿集④』大月書店、一九七八年）
— (1989a), "Drafts of the Letter to Vera Zasulich, March 8, 1881," in *Collected Works*, Karl Marx and Frederick Engels, vol. 24, New York, International Publishers.（大内兵衛・細川嘉六監訳『マルクス=エンゲルス全集』第一九巻、大月書店、一九六八年）
— (1989b), "Notes on Bakunin's Book Statehood and Anarchy," in *Collected Works*, Karl Marx and Frederick Engels, vol. 24, New York, International Publishers.（大内兵衛・細川嘉六監訳『マルクス=エンゲルス全集』第一八巻、大月書店、一九六七年）
— (1994), "Economic Manuscript of 1861–63, Conclusion," in *Collected Works*, vol. 34, New York, International Publishers.（資本論草稿集翻訳委員会訳『資本論草稿集⑨』大月書店、一九九四年）
— (2001),『자본론』제 1 권, 김수행 옮김, 비봉출판사.（資本論翻訳委員会訳『〔上製版〕資本論』第一巻、新日本出版社、一九九七年）
— (2004a),『자본론』제 2 권, 김수행 옮김, 비봉출판사.（資本論翻訳委員会訳『〔上製版〕資本論』第二巻、新日本出版社、一九九七年）
— (2004b),『자본론』제 3 권, 김수행 옮김, 비봉출판사.（資本論翻訳委員会訳『〔上製版〕資本論』第三巻、新日本出版社、一九九七年）
Marx, Karl and Engels, Friedrich (1956-1990), *Werke*. Bd.1-43, Ergänzungsband. Teil.1-2, Berlin.（大内兵衛・細川嘉六監訳『マルクス=エンゲルス全集』大月書店、一九五九〜一九九一年）
— (1968), "Manifesto of the Communist Party,' in *Selected Works*, London, Lawrence & Wishart.（大内兵衛・細川嘉六監訳『マルクス=エンゲルス全集』第四巻、大月書店、一九六〇年）

Verso.
Magdoff, Fred and Es, Harold Van (2009), *Better Soils for Better Crops*, Waldford, MD, Sustainable Agricultural Research and Education Program.
Magdoff, Harry (1982), "The Meaning of Work," *Monthly Review* 34, no. 5.
牧野広義(二〇一三)「原発問題を考える視点」『経済』No.212
Mandel, Ernest (1992), *Power and Money: A Marxist Theory of Bureaucracy*, London, Verso,
Marcuse, Herbert (1960), *Reason and Revolution*, Boston, Beacon Press.(桝田啓三郎ら訳『理性と革命』岩波書店、一九六一年)
Marsh, George P. (1864), *Man and Nature; or, Physical Geography as Modified by Human Action*, New York (Reprint, Seattle and London 2003).
Marshall, Alfred (1996), *The Correspondence of Alfred Marshall, Economist. Vol. 1: Climbing, 1868-1890*, Ed. by John K. Whitaker, Cambridge.
Marx, Karl (1938), *Critique of the Gotha Programme,* New York, International Publishers.(大内兵衛・細川嘉六監訳『マルクス=エンゲルス全集』第一九巻、大月書店、一九六八年)
— (1963), *Theories of Surplus Value*, part 1, Moscow, Progress Publishers.(資本論草稿集翻訳委員会訳『資本論草稿集⑤』大月書店、一九八〇年)
— (1964), *Economic and Philosophical Manuscripts of 1844*, New York, International Publishers.(大内兵衛・細川嘉六監訳『マルクス=エンゲルス全集』第四〇巻、大月書店、一九七五年)
— (1966), *Critique of the Gotha Programme*, New York, International Publishers.(大内兵衛・細川嘉六監訳『マルクス=エンゲルス全集』第一九巻、大月書店、一九六〇年)
— (1968), *Theories of Surplus Value*, part 2, Moscow, Progress Publishers.(資本論草稿集翻訳委員会訳『資本論草稿集⑥』大月書店、一九八一年)
— (1970), *A Contribution to the Critique of Political Economy*, New York, International Publishers.(資本論草稿集翻訳委員会訳『資本論草稿集③』大月書店、一九八三年)
— (1971), *Theories of Surplus Value*, part 3, Moscow, Progress Publishers.(資本論草稿集翻訳委員会訳『資本論草稿集⑦』大月書店、一九八二年)
— (1973), *Grundrisse*, New York, Vintage.(資本論草稿集翻訳委員会訳『資本論草稿集①／②』大月書店、一九八一／一九九三年)
— (1974), "Inaugural Address of the International Working Men's Association," in *The First International and After*, ed. David Fernbach, New York, Random House.(大内兵衛・細川嘉六監訳『マルクス=エンゲルス全集』第一六巻、大月書店、一九六六年)
— (1975a), "Notes on Wagner," in *Texts on Method*, ed. Terrell Carver, Oxford, UK, Blackwell.(大内兵衛・細川嘉六監訳『マルクス=エンゲルス全集』第一九巻、大月書店、一九六八年)
— (1975b), Marx to Engels, January 8, 1868, in *Selected Correspondence*, Karl Marx and

『서양사연구』52호, p. 191-229.
Lange, Friedrich Albert (1866), *J. St. Mill's Ansichten über die sociale Frage und die angebliche Umwälzung der Socialwissenschaft durch Carey*, Duisburg.
Lange, Oskar and Taylor, Fred M. (1964), *On the Economic Theory of Socialism*, New York, McGraw-Hill.
Lankester, E. Ray (1890), *The Advancement of Science*, New York, Macmillan.
— (1913), *Science From an Easy Chair*, New York, Henry Holt.
Lavergne, L. de (1877), *L'économie rurale de la France depuis 1789*, 4ème édit., Paris.
Lebowitz, M. (1982), "The General and the Specific in Marx's Theory of Crisis," *Studies in Political Economy* 7, 5-25.
— (1992), "Capitalism: How Many Contradictions?," *Capitalism, Nature, Socialism* 3(3), 92-94.
— (n.d.), "Building Socialism in the 21st Century," http://mrzine.monthlyreview.org/lebowitz280705.html.
Lessner, Friedrich (n.d.), "Before 1848 and After," in Institute for Marxism-Leninism, ed., *Reminiscences of Marx and Engels*, Moscow, Foreign Languages Publishing House.
Levins, Richard and Lewontin, Richard (1985), *The Dialectical Biologist*, Cambridge, MA, Harvard University Press.
Levy, Hyman (1933), *The Universe of Science*, New York, Century Company.
— (1938), *A Philosophy for a Modern Man*, New York, Alfred A. Knopf.
Liebig, Justus von (1862), *Einleitung in die Naturgesetze des Feldbaues*, Braunschweig.
Löbe, William (1868), *Anleitung zum rationellen Anbau der Handelsgewächse*, Stuttgart.
— (1869), *Die Futterkräuter aus der landwirtschaftlichen Flora Deutschlands*, 3. Aufl., Leipzig.
— (1870), *Die Feldgärtnerei oder der Gemüsebau auf dem Ackerlande zur Erzielung der höchsten Bodenrente*, Stuttgart, Leipzig.
Löwy, Michael (1995), "Globalization and Internationalism: How up-to-date is the *Communist Manifest?*," *Monthly Review*, 50, no. 6.
— (2005), "Destruktiver Fortschritt. Marx, Engels und die Ökologie," *Utopie kreativ*. Berlin, H. 174.
Lukács, Georg (1923), *Geschichte und Klassenbewusstsein*, Malik.（城塚登・古田光訳『歴史と階級意識』白水社、一九九一年）
— (1968), *History and Class Consciousness*, London, Merlin Press.（城塚登・古田光訳『歴史と階級意識』白水社、一九七五年）
— (1974), *Conversations with Lukács*, Cambridge, MA, MIT Press.（池田浩士訳『ルカーチとの対話』合同出版、一九六八年）
— (2003), *A Defence of "History and Class Consciousness": Tailism and the Dialectic*, London,

──（二〇〇八）「実践的唯物論のエコロジー的形態」『一橋社会科学』第四号
──（二〇一三）「マルクスにおける生活者の思想」『二一世紀の思想的課題』岩佐茂・金泰明編著、国際書院
──（二〇一五）『生活から問う科学・技術』リーダーズノート出版
岩佐茂・高田純（二〇一二）『脱原発と工業文明の岐路』大月書店
Jacoby, Russell (1983), "Western Marxism," in Tom Bottomore, ed., *A Dictionary of Marxist Thought*, Oxford, Blackwell.
Jevons, W. Stanley (1865), *The Coal Question. London, Cambridge.*
Jukes, Joseph Beete (1872), *The Student's Manual of Geology*, third edition, Edinburgh, Adam and Charles Black.
神田敏英（一九八五）「『資本論』における「技術」の概念」『岐阜大学教養部研究報告』二一号
Kapp, K. William (1971), *The Social Costs of Private Enterprise*, New York, Shocken Books.（篠原泰三訳『私的企業と社会的費用』岩波書店、一九五九年）
加藤哲郎（二〇一三）『日本の社会主義』岩波書店
川鍋正敏（二〇〇五）『資本と恐慌』光陽書房
Keussler, Johannes von (1876), *Zur Geschichte und Kritik des bäuerlichen Gemeindebesitzes in Russland*, Th. 1, Riga.
김민정 (2009), "오코너의 2차 모순에 대한 비판적 검토",『경제와 사회』84호, p.302-328.
木本忠昭（一九八一）「ドイツ官房学とテヒノロギーの形成」『社会文化研究』vol.6/7
Kliem, Manfred (1970), *Karl Marx. Dokumente seines Lebens 1818 bis 1883,* Leipzig.
Klitgaard, K. (2013), "Heterodox Political Economy and the Degrowth Perspective", *Sustainability* 5 (1), 276-297.
Knauer, Ferdinand (1861), *Die Rübe, das wichtigste Cultur-Gewächs der gemässigten Zone*. 2. Aufl, Halle.
小出裕章（二〇一〇）『隠される原子力・核の真実』創史社
小西一雄（二〇一四）『資本主義の成熟と転換』桜井書店
Krader, Lawrence ed. (1974), *The Ethnological Notebooks of Karl Marx*, Assen, The Netherlands, Van Gorcum.
Krafft, Guido (1875), *Lehrbuch der Landwirthschaft auf wissenschaftlicher und praktischer Grundlage*, Bd. 1, Berlin.
久留間鮫造（一九七六）「恐慌論体系の展開方法について（二）」『経済志林』第四四巻第三号、一〜三二頁
久留間鮫造編（一九七六）『マルクス経済学レキシコン⑨　恐慌Ⅳ』大月書店
權五範（二〇一五）, "21세기의 식량폭동: 신자유주의적 식량체제에 대한 정치적 도전,"

piketty.pse.ens.fr/files/Guerriero2012.pdf.
Haberl, Helmut, Fischer-Kowalski, Marina, Krausmann, Fridolin, Martinez-Alier, Joan and Winiwarter, Verena (2011), "A Socio- Metabolic Transition Towards Sustainability?: Challenges for Another Great Transformation," *Sustainable Development* 19.
Haeckel, Ernst (1880), *The History of Creation*, vol. 2, translation supervised and revised by E. Ray Lankester, New York, D. Appleton and Co.
Hagedorn,T. (1873), *Ackerbau und Viehzucht nach den Gesetzen der Natur und der Praxis für strebsame Landwirthe*, Leipzig.
韓立新(二〇〇一)『エコロジーとマルクス――自然主義と人間主義の統一』時潮社
Hansen, James (2009), *Storms of My Grandchildren*, New York, Bloomsbury.(枝廣敦子監訳『地球温暖化との闘い』日経BP社、二〇一二年)
―― (2013), "An Old Story But Useful Lessons," September 26, http://columbia.edu/~jeh1/.
Hardin, Garrett (1968), "The Tragedy of the Commons," *science* 162.
Hartig, Georg Ludwig (1795), *Anweisung zur Taxation der Forste*, Giessen.
―― (1871), *Lehrbuch für Förster* <1795>, Nach der 3. Aufl. <1811>, bearb. durch Bernard Borggreve, Berlin.
Harvey, David (2012), "History versus Theory: A Commentary on Marx's Method in Capital," *Historical Materialism* 20, no. 2.
Hegel, G. W. F.(1839), *Enzyklopädie der philosophischen Wissenschaften im Grundrisse*, 1839, *G.W.F.Hegel Werke in zwanzig Bänden*, Bd.8, Frankfurt a.M. Suhrkamp, 1970.(ヘーゲル『小論理学』(下)松村一人訳、岩波文庫、一九五二年)
Henderson, W. O. (1976), *The Life of Friedrich Engels*, vol. 1, London, Frank Cass.
Hennings, Ch. (1869), *Ueber die agrarische Verfassung der alten Deutschen nach Tacitus und Caesar*, Kiel.
Herr, Hansjörg und Rogall, Holger (2013), "Von der traditionellen zur nachhaltigen Ökonomie," *Jahrbuch Nachhaltige Ökonomie* 2011/2012. 2., korr. Aufl., Marburg.
星野芳郎(一九七八)『星野芳郎著作集　第二巻』勁草書房
Hulme, Michael (2009), "On the Origin of 'The Greenhouse Effect': John Tyndall's 1859 Interrogation of Nature," *Weather* 64, no. 5.
Humboldt, Alexander von (1831), *Fragments de géologie et de climatologie asiatiques*, Paris.
이병희 (2015), "노동소득분배율 측정 쟁점과 추이," 『월간 노동리뷰』 2015년 1월호, p. 25-42.
石谷清幹(一九五四)「動力史の時代区分と動力時代の変遷」『科学史研究』第二八号
岩佐茂(一九九四)『環境の思想――マルクス主義とエコロジー』創風社
―― (二〇〇七)『環境保護の思想』旬報社

Fourier, Charles (1841), *Théorie d'unité universelle*, Bd. 3, Paris.

Fraas, Carl (1847), *Klima und Pflanzenwelt in der Zeit. Ein Beitrag zur Geschichte beider*, Landshut.

── (1857), *Die Natur der Landwirthschaft*, München. Bd. I.

── (1865), *Geschichte der Landbau- und Forstwissenschaft*, München.

── (1866), *Die Ackerbaukrisen und ihre Heilmittel*, Leipzig, 1866.

Fromm, Erich (1970), *The Crisis of Psychoanalysis*, Greenwich, CT, Fawcett Publications.(岡部慶三訳『精神分析の危機』東京創元社、一九七四年)

福冨正実(一九八九)『経済学と自然哲学』世界書院

Golley, Frank Benjamin (1993), *A History of the Ecosystem Concept in Ecology*, New Haven, Yale University Press.

Gordon, H. Scott (1954), "The Economic Theory of a Common Property Resource: The Fishery," *Journal of Political Economy* 62, no. 2.

後藤道夫(一九七六)「マルクスにおける科学と生産」『現代と思想』第二六号

── (一九七七)「『経済学批判要綱』における機械労働の把握」『唯物論』第七号

── (一九八四)「科学・技術批判とマルクス主義」『唯物論研究』第一〇号

── (一九九五)「資本主義批判の現在と変革イメージ──新保守主義革命への対抗戦略のパースペクティブ」尾関周二、佐藤和夫、後藤道夫編『新たな社会への基礎イメージ』大月書店

── (二〇〇〇)「市場批判の射程──新たな福祉国家構想との関わりで──」『比較経済体制研究』第七号

── (二〇〇九)「現代における市場批判と搾取批判──福祉国家とマルクス」『生きる意味と生活を問い直す──非暴力を生きる哲学』青木書店

Gramsci, Antonio(1947), *Lettere dal carcere*, Einaudi, Torino. (山崎功監修『グラムシ選集』合同出版、一九六一年)

── (1971), *Selections from the Prison Notebooks*, London, Merlin Press.

Gropp, Hermann (1868), *Untersuchungen und Erfahrungen über das Verhalten des Grundwassers und der Quellen, mit besonderer Berücksichtigung für den Ackerbau und die Wiesenwässerung*, Lippstadt.

"Groundbreaking Study Finds U.S. Security Industry to be $350 Billion Industry" (2013), *ASIS Online*, August 12, http://asisonline.org.

Grundmann, R.(1991), "The Ecological Challenge to Marxism," *New Left Review*, No. 187.

Guevara, Ernesto Che (1973), "Man and Socialism in Cuba," *Man and Socialism in Cuba: The Great Debate*, ed. Bertram Silverman, New York, Atheneum.

Guerriero, M. (2012), "The Labour Share of Income around the World: Evidence from a Panel Dataset", Institute for Development Policy and Management Retrived from http://

Dunayevskaya, Raya (1991), *Rosa Luxemburg, Women's Liberation and Marx's Philosophy of Revolution*, Second Edition, Chicago.

Eckersley, Robyn (1992), *Environmentalism and Political Theory*, Albany, State University of New York Press.

Engels, Frederick (1939), *Anti-Dühring*, New York, International Publishers. (大内兵衛・細川嘉六監訳『マルクス=エンゲルス全集』第二〇巻、大月書店、一九七三年)

— (1956), *On Marx's Capital,* Moscow, Progress Publishers.(大内兵衛・細川嘉六監訳『マルクス=エンゲルス全集』第一六巻、大月書店、一九六六年)

— (1964), *Dialectics of Nature*, Moscow, Progress Publishers. (秋間実・渋谷一夫訳『[新メガ版] 自然の弁証法』新日本出版社、一九九九年)

— (1975=1979), *The Housing Question*, Moscow, Progress Publishers. (大内兵衛・細川嘉六監訳『マルクス=エンゲルス全集』第一八巻、大月書店、一九六七年)

Ferkiss, Victor (1993), *Nature, Technology, and Society*, New York, New York University Press.

Feuer, Lewiss (1989), "Introduction," in Karl marx and Frederick Engels, *Basic Writings on Politics and Philosophy*, ed. Lewis Feuer, Garden city, NY, Anchor Books.

Fischer-Kowalski, Marina (1997), "Society's Metabolism," in Michael Redclift and Graham Woodgate, eds., *International Handbook of Environmental Sociology*, Northampton, MA, Edward Elgar.

Foster, John Bellamy (1995), "Marx and the Environment," *Monthly Review* 47, no. 3.

— (2000), *Marx's Ecology: Materialism and Nature*, New York, Monthly Review Press. (渡辺景子訳『マルクスのエコロジー』こぶし書房、二〇〇四年)

— (2010), "Marx's Ecology and Its Historical Significance," in Michael R. Redclift and Graham Woodgate, eds., *International Handbook of Environmental Sociology*, 2nd ed., Northamption, MA, Edward Elgar.

— (2013a), "James Hansen and the Climate-Change Exit Strategy," *Monthly Review* 64, no. 9.

— (2013b), "The Epochal Crisis," *Monthly Review* 65, no. 5.

Foster, John Bellamy and Burkett, Paul (2000), "The Dialectic of Organic/Inorganic Relations: marx and the Hegelian Philosophy of Nature," *Organization & Environment* 13, no. 4.

Foster, John Bellamy, Clark, Brett and York, Richard (2010), *The Ecological Rift*, New York, Monthly Review Press.

Foster, John Bellamy and Holleman, Hannah (2014), "A Theory of Unequal Ecological Exchange: A Marx-Odum Dialectic," *Journal of Peasant Studies*, forthcoming

Foster, John Bellamy, Hannah Holleman and Robert W. McChesney (2008), "The U.S. Imperial Triangle and Military Spending," *Monthly Review* 60, no. 5.

(2002) symposium in *Science & Society*, 66, no. 1.

Burkett, Paul (1999), *Marx and Nature: A Red and Green Perspective*. New York, St. Martin's Press.

— (2006), *Marxism and Ecological Economics*, Boston, Brill.

— (2014), *Marx and Nature: A Red and Green Perspective*, Haymarket Books.

Burkett, Paul and Foster, John Bellamy (2006), "Metabolism, Energy and Entropy in Marx's Critique of Political Economy: Beyond the Podolinsky Myth," *Theory and Society*, forthcoming.

Canadell, J. G., et. al. (2000), "Carbon Metabolism of the Terrestrial Biosphere," *Ecosystems* 3.

Carlowitz, Hannß Carl von (1713), *Sylvicultura Oeconomica*, Leipzig.

Carpenter, Geoffrey (1997), "Redefining scarcity: marxism and Ecology Reconciled," *Democracy & Nature* 3, no. 3.

Chattopadhyay, Paresh (1986), "Socialism: Utopian and Feasible," *Monthly Review* 37, no. 10.

Ciriacy-Wantrup, S. V. and Bishop, Richard C. (1975), " 'Common Property' as a Concept in Natural Resource Policy," *Natural Resources Journal* 15, no. 4.

Clark, Brett and Foster, John Bellamy (2012), "Guano: The Global Metabolic Rift and the Fertilizer Trade," in Alf Hornborg, Brett Clark, and Kenneth Hermele, eds., *Ecology and Power*, London, Routledge.

Clas, G. (1869), *Die geognostischen Verhältnisse und Bodenarten Würtembergs in ihrer Beziehung zur Landwirthschaft*, Ravensburg.

Colletti, Lucio (1973), *Marxism and Hegel*, London, Verso.

コモナー、B.（一九七二）『なにが環境の危機を招いたのか』講談社ブルーバックス

Commoner, Barry (1976), *The Poverty of Power*, New York, Bantam.（松岡信夫訳『エネルギー――危機の実体と展望』時事通信社、一九七七年）

Cook, Deborah (2011), *Adorno on Nature*, Durham, UK, Acumen.

Cotta, Heinrich (1872), *Grundriß der Forstwissenschaft*, 6. Aufl., Leipzig.

Daly, Herman E. (1992), *Steady-State Economics*, 2nd ed., London, Earthscan.

Deiters, K. F., Guelich, C. L. (1869), *Der Kartoffelbau* mit C. L. Gülich's Verfahren, Wismar, Rostock und Ludwigslust.

De Kadt, Maarten and Engel-Di Mauro, Salvatore (2001), "Failed Promise," *Capitalism, Nature, Socialism* 12, no. 2.

Dühring, Eugen (1865), *Carey's Umwälzung der Volkswithschaftslehre und Socialwissenschaft*, München.

Dühring, Eugen (1866), *Kritische Grundlegung der Volkswirthschaftslehre*, Berlin.

参考文献

明石英人(二〇一三)「資本の拡大能力と弾力性――生産過程を中心に」東京唯物論研究会『唯物論』第八七号、六八〜八一頁

Anderson, Kevin (2010), *Marx at the Margins: On Nationalism, Ethnicity, and Non-Western Societies*, Univ of Chicago Pr (Tx).(平子友長監訳『周縁のマルクス』社会評論社、二〇一五年)

Araghi, F. (2009), "Accumulation by Displacement: Global Enclosures, Food crisis, and the Ecological Contradictions of Capitalism," *Review* XXXII(1), 113-146.

有井行夫(一九九一)『株式会社の正当性と所有理論』青木書店

有吉佐和子(一九七五)『複合汚染』(上)新潮文庫

Arnd, Karl (1864), *Justus Liebig's Agrikulturchemie und sein Gespenst der Bodenerschöpfung*, Frankfurt a. M.

浅川雅巳(二〇〇四)「『生命の再生産』と『人間と自然とのあいだの物質代謝』」『唯物論』第四九号、札幌唯物論研究会編

Au, J. (1869), *Die Hilfsdüngemittel in ihrer volks- und privatwirthschaftlichen Bedeutung*, Heidelberg.

Auerbach, Paul and Skott, Peter (1993), "Capitalist Trends and Socialist Priorities," *Science & Society* 57, no. 2.

Ayres, Peter (2012), *Shaping Ecology: The Life of Arthur Tansley*, Oxford, John Wiley and Sons.

Baran, Paul A. and Sweezy, Paul M. (1966), *Monopoly Capital*, New York, Monthly Review Press.(小原敬士訳『独占資本』岩波書店、一九六七年)

――(2012), "The Last Letters" *Monthly Review* 64, no. 3.

Baur, Franz (1869), *Der Wald und seine Bodendecke im Haushalt der Natur*, Stuttgart.

Benton, T. (1989), "Marxism and Natural Limits," *New Left Review*, No. 178.(植村恒一郎訳「マルクス主義と自然の限界」『唯物論』第六八号、東京唯物論研究会編、一九九四年)

――(1992), "Ecology, Socialism and the Mastery of Nature," *New Left Review*, No. 194.

Bernstein, H. (2010), *Class Dynamics of Agrarian Change*, Fernwood Publishing.

Bhaskhar, Roy (1979), *The Possibility of Naturalism*, Atlantic Highlands, NJ: Humanities Press.(式部信訳『自然主義の可能性――現代社会科学批判』晃洋書房、二〇〇六年)

Biel, Robert (2000), *The New Imperialism*, London, Zed Books.

Braverman, Harry (1974), *Labor and Monopoly Capital: The Degradation of work in the Twentieth Century*, Monthly Review, New York.(富沢賢治訳『労働と独占資本』岩波書店、一九七八年)

Brinkman, H.J. and Hendrix, C.S. (2011), "Food Insecurity and Violent Conflict: Causes, Consequences, and Addressing the Challenges," World Food Programme.

"Building Socialism Theoretically: Alternatives to Capitalism and the Invisible Hand"

編者

岩佐茂（いわさ・しげる）
一九四六年生まれ。一橋大学名誉教授。著書に『環境の思想――エコロジーとマルクス主義の接点』(創風社、一九九四年)、『環境保護の思想』(旬報社 二〇〇七年)、『生活から問う科学・技術――疎外された工業化からもう一つの工業化へ』(リーダーズノート出版、電子版、二〇一五年)、共著に『グレタさんの訴えと水害列島日本』(学習の友社、二〇二〇年）等。

佐々木隆治（ささき・りゅうじ）
一九七四年生まれ。立教大学経済学部准教授。日本ＭＥＧＡ編集委員会編集委員。著書に『マルクスの物象化論〔新版〕――資本主義批判としての素材の思想』(堀之内出版、近刊予定)、『私たちはなぜ働くのか――マルクスと考える資本と労働の経済学』(旬報社、二〇一二年)、『カール・マルクス――「資本主義」と闘った社会思想家』(ちくま新書、二〇一六年)、『マルクス 資本論』(角川選書、二〇一八年）等。

著者・訳者

明石英人（あかし・ひでと）
一九七〇年生まれ。駒澤大学経済学部教授。日本ＭＥＧＡ編集委員会編集委員。共訳にアクセル・ホネット『自由であることの苦しみ――ヘーゲル「法哲学」の再生』(未來社、二〇〇九年)、ミヒャエル・クヴァンテ『カール・マルクスの哲学』(リベルタス出版、二〇一九年)、共著に岩佐茂編『マルクスの構想力――疎外論の射程』(社会評論社、二〇一〇年)等。

斎藤幸平（さいとう・こうへい）
一九八七年生まれ。大阪市立大学大学院経済学研究科准教授。日本ＭＥＧＡ編集委員会編集委員。著書に*Natur gegen Kapital: Marx' Ökologie in seiner unvollendeten Kritik des Kapitalismus*, Campus, 2016.（『大洪水の前に――マルクスと惑星の物質代謝』堀之内出版、二〇一九年)、『人新世の「資本論」』(集英社新書、二〇二〇年)、共著に『労働と思想』(堀之内出版、二〇一五年）等。「ドイッチャー記念賞」を二〇一八年に受賞。

隅田聡一郎（すみだ・そういちろう）
一九八六年生まれ。オルデンブルク大学客員研究員。日本ＭＥＧＡ編集委員会編集委員。共著に『労働と思想』（堀之内出版、二〇一五年）、共訳に『周縁のマルクス――ナショナリズム、エスニシティおよび非西洋社会について』（社会評論社、二〇一五年）。

羽島有紀（はじま・ゆうき）
一九八三年生まれ。駒澤大学経済学部講師。

梁英聖（りゃん・よんそん）
一九八二年東京生まれ。一橋大学大学院言語社会研究科博士課程修了。反レイシズム情報センター（ＡＲＩＣ）代表。著書に『日本型ヘイトスピーチとは何か』（影書房、二〇一六年）、『レイシズムとは何か』（ちくま新書、二〇二〇年）。

クォン・オボム〔梁英聖訳〕
一九八六年生まれ。慶尚大学校政治経済学科博士課程修了（博士論文執筆中）。慶尚大学校非常勤講師。論文に"21세기의 식량 폭동：신자유주의적 식량체제에 대한 정치적 도전（二一世紀の食糧暴動――新自由主義的フード・レジームへの政治的挑戦）"（한국서양사연구회,〈서양사연구〉52권 2015년（韓国西洋史研究会『西洋史研究』五二巻））等。問い合わせは njw1871@naver.com まで。

ポール・バーケット〔佐々木隆治訳〕
インディアナ州立大学教授。著書に *Marx and Nature: A Red and Green Perspective*, Palgrave Macmillan, 1999, *Marxism and Ecological Economics: Toward a Red and Green Political Economy*, Brill Academic Publishers, 2006. 等。

ジョン・ベラミー・フォスター〔隅田聡一郎訳〕
オレゴン大学教授、『マンスリー・レヴュー』編集委員。著書に『マルクスのエコロジー』（渡辺景子訳、こぶし書房、二〇〇四

年)、*The Ecological Revolution: Making Peace with the Planet*, Monthly Review Press, 2009等。

カール＝エーリッヒ・フォルグラーフ〔斉藤幸平訳〕

一九五〇年生まれ。博士(経済学)。マルティン・ルター大学、マルクス・レーニン研究所などを経て、一九九四年から二〇一五年までベルリン・ブランデンブルク科学アカデミー(ＢＢＡＷ)研究員として、MEGA I/27, II/3.5, II/4.3, II/11, II/14, II/15を編集。国際マルクスエンゲルス財団(ＩＭＥＳ)編集委員会メンバー。Beiträge zur Marx-Engels-Forschung編集委員。邦訳論文に「草稿から草稿へ——エンゲルスによる『資本論』第三部草稿の編集」(ユルゲン・ユングニッケルとの共著)『マルクス・エンゲルス マルクス主義研究』第二三・二四号。

初出情報

第一部第二章　マルクスと自然の普遍的な物質代謝の亀裂　ジョン・ベラミー・フォスター
John Bellamy Foster, "Marx and the Rift in the Universal Metabolism of Nature," *Monthly Review* 65, no. 7 (December 2013), 1–19.

第一部第三章　持続可能な人間的発展についてのマルクスのヴィジョン　ポール・バーケット
Paul Burkett, "Marx's Vision of Sustainable Human Development," *Monthly Review* 57, no. 5 (October 2005), 34–62.

Nύξ叢書　02

マルクスとエコロジー
——資本主義批判としての物質代謝論

二〇一六年六月一〇日　第一刷発行
二〇二一年五月一五日　第三刷発行

編　著　岩佐茂／佐々木隆治

発行所　株式会社　堀之内出版
〒一九二―〇三五五
東京都八王子市堀之内三―一〇―一二
フォーリア二十三　二〇六号室
TEL 〇四二―六八二―四三五〇
印刷製本　株式会社シナノパブリッシングプレス
造本設計　大崎善治（SakiSaki）

　ISBN978-4-906708-60-4
落丁・乱丁の際はお取り換えいたします。